# VOLAR DEMASIADO CERCA DEL SOL

## MITOS EN EL ARTE, DEL CLÁSICO AL CONTEMPORÁNEO

# VOLAR DEMASIADO CERCA DEL SOL

## MITOS EN EL ARTE, DEL CLÁSICO AL CONTEMPORÁNEO

# PRÓLOGO

DIANE FORTENBERRY
Y REBECCA MORRILL

Del toque de Midas a los trabajos de Sísifo, de la caja de Pandora al talón de Aquiles, los personajes de la mitología clásica griega y romana cuentan con una presencia ineludible en la vida cotidiana y el lenguaje. Sus historias se han narrado una y otra vez en todas las culturas, tanto en novelas, poemas y obras de teatro, como en óperas o en canciones pop y en todo tipo de artes visuales, desde la pintura y la escultura de la Antigüedad hasta las instalaciones artísticas y de videoarte actual.

Las historias pueden parecer inverosímiles, desconcertantes. Abundan los monstruos y las criaturas híbridas, son frecuentes las transformaciones mágicas (de ser humano a animal o vegetal, de dios a ser humano o animal, y todo lo que hay entremedias) y la vida de los dioses se entrelaza con la de los seres humanos. Sin embargo, estos fascinantes relatos han perdurado durante milenios y se han convertido en parte del ADN de la cultura occidental. No solo son narraciones llenas de dramatismo, sino que también representan aspectos de la condición humana tan relevantes ahora como cuando los griegos las imaginaron por primera vez; son historias de dioses hechos a imagen y semejanza de los seres humanos. Estos mitos exploran el amor y la lujuria, la envidia y la ira, el rechazo y la pérdida, la violencia y la muerte y cualquier tipo de relación familiar. Nos identificamos con los personajes de estas historias porque sus emociones, deseos y luchas son las nuestras.

Este volumen incluye veinticinco de los mitos clásicos más conocidos, que se utilizan habitualmente en contextos como el cine, las bellas artes y la publicidad. Cada capítulo se centra en un único mito –por ejemplo, el de Narciso o el de Ícaro– o reúne varios relatos bajo un tema general, como el crimen y el castigo. Se inicia narrando la versión más común del mito. (Los mitos son infinitamente mutables: durante siglos, los autores de la Antigüedad idearon nuevos elementos y cambiaron episodios para adecuarlos al propósito que perseguían.) A continuación, se muestran obras de arte –del presente y el pasado– que representan cada mito, subrayando las conexiones a lo largo de los siglos y la geografía. La obra más antigua data de mediados del II milenio a.C. y la más moderna, de la 57 Bienal de Venecia de 2017. Algunas son representaciones directas de escenas mitológicas, mientras que otras ilustran y examinan sus temas y motivos de forma más tangencial. En cualquier caso, todas las obras expresan la profunda y continua inspiración que ha ejercido la mitología clásica sobre los artistas.

Uno de los aspectos más fascinantes de la mitología clásica es cómo una cultura interpreta, se apropia y replantea las creencias y los relatos tradicionales de otra sociedad, un proceso que sigue produciéndose en la actualidad. Cuando los romanos adoptaron y adaptaron la mitología de los griegos, usaron distintos nombres para la mayoría de los dioses y los protagonistas humanos. En este libro, la elección de nombres griegos o latinos depende del contexto de la obra de arte; la razón subyacente a cada elección se explica, junto con un glosario de nombres, en la página 247.

Las relaciones familiares de los dioses, de los dioses con los seres humanos y de los seres humanos entre sí son tan intrincadas como la elección de los nombres que identifican a cada personaje. En las páginas 248-253 se muestran varios árboles genealógicos con el parentesco entre la mayoría de los dioses y los mortales.

Al analizar cómo los artistas han interpretado los mitos clásicos, sentimos atracción por dos aspectos: la continuidad y el cambio. La mera persistencia de estos relatos y sus personajes contrasta con las infinitas propuestas artísticas a la hora de abordarlos. La continuidad y el cambio son quizá los principales temas de los mitos y las imaginativas respuestas que suscitan son más importantes que nunca para los artistas y los amantes del arte.

# ESA OSCURIDAD

# EL PAPEL CAMBIANTE DEL MITO EN EL ARTE

JAMES CAHILL

¿Qué es la mitología? Una respuesta podría ser una colección de narraciones del pasado remoto: historias de dioses y héroes, romance y tragedia. Relatos irreales, cuentos chinos. La mitología evoca un mundo fantástico de personajes que desbordan la realidad, repleto de monstruos y de extrañas metamorfosis. Pensemos en el Cíclope, gigante de un solo ojo a quien Ulises deja ciego, o en el Minotauro, monstruo con cuerpo de hombre y cabeza de animal, nacido de la agitada pasión entre la reina de Creta y un toro. El mito está repleto de este tipo de irrealidades. El propio término (del griego *muthos*, «historia», «cuento») implica una ficción elaborada, fantasiosa y muy inconstante, tan sinuosa y desconcertante como el laberinto que hubo que construir para encerrar al Minotauro.

¿Pero son los mitos tan remotos, tan oscuros? Los trabajos de Hércules, la bella Helena de Troya, que fue secuestrada (o se fugó) de Grecia y desencadenó la guerra de Troya, las aventuras de Ulises... estas leyendas son la materia prima de los textos griegos y romanos, pero también son «leyendas vivas». Nos llegan a través de innumerables fuentes posteriores al mundo antiguo: pinturas renacentistas, psicoanálisis freudiano, épica hollywoodiense, dibujos animados de Disney, anuncios, canciones, refranes. Y, por supuesto, el arte. Este libro demuestra que la mitología clásica no es una reliquia de las antiguas Grecia y Roma, sino un producto de la imaginación artística a lo largo de la historia. Desde los escultores de la antigua Grecia hasta los pintores de frescos de Pompeya a principios del Imperio romano, desde las majestuosas pinturas mitológicas del Renacimiento hasta el actual mundo globalizado del arte contemporáneo, los mitos han seguido adoptando nuevas formas. Mediante ejemplos que abarcan más de tres milenios, este libro muestra que el mito es (y ha sido siempre) tanto una imagen especular de la vida en el presente como un salto hacia pasado imaginario.

## TEJER REALIDAD Y FICCIÓN

Enhebrando el pasado y el presente, la mitología también media entre la realidad y la fantasía. Algunos críticos han afirmado que los mitos de la Antigüedad se basan en hechos reales. Por ejemplo, se dice que el monstruo marino Escila, que Ulises conoció en sus viajes, había sido una bella prostituta que vivía en la isla. ¿El Minotauro (el «toro de Minos») era simplemente un toro o un hombre tan feroz que parecía un toro? Incluso si seguimos las interpretaciones más literales, es posible entender que el mito refleja la realidad. Pero es un reflejo que miente y distorsiona. La idea de contar historias como vehículo de la realidad es un tema explícito de la literatura antigua, desde los discursos de los mensajeros en las tragedias griegas hasta los soliloquios profundamente realistas de las mujeres míticas e irreales de las *Heroidas* de Ovidio.

*La Odisea,* el poema épico de Homero, contiene un episodio que aclara la relación ambivalente de la mitología con lo «real», su capacidad para disfrazar y, a la vez, revelar lo que es cierto. El héroe Ulises –en su largo viaje a casa después de la guerra de Troya– llega al reluciente y dorado palacio de Alcinoo, rey de los feacios, y permanece allí de incógnito. Un bardo narra a los reunidos la historia de Afrodita y Ares, cuya relación ilícita fue descubierta por el marido de Afrodita, Hefesto, dios del fuego y la forja, quien tejió una red de oro casi invisible para atrapar a los amantes y luego convocó al resto de los dioses del Olimpo para que los sorprendieran *in fraganti*. Es una comedia divina, un episodio fantasioso. Pero en otra ocasión, el bardo narra un altercado más cercano: la disputa entre Ulises y su rival Aquiles durante la guerra de Troya. Es un acontecimiento del pasado de Ulises, pero ya ha entrado en los anales del mito. Al escuchar sus propias experiencias cantadas por un bardo en un país extranjero, Ulises rompe a llorar. La vida real se ha introducido en el arte. Por la misma razón, el arte ha magnificado y ha dado forma a los aspectos más incipientes de la vida. Más tarde, a instancias de Ulises, el bardo describe el truco del caballo de Troya, por el que Ulises y sus compatriotas griegos entraron en Troya escondidos en un caballo de madera y arrasaron la ciudad (una «vida real» paralela al relato de la ingeniosa red de Hefesto). Ulises se siente inclinado a explicarse y cuenta su propia historia, ampliándola: una serie de acontecimientos fantásticos, como su encuentro con el Cíclope, al que deja tuerto después de que el monstruo lo mantuviese preso en una cueva. ¿Hemos de creerle? En el resplandeciente palacio de Alcinoo, una maravilla de muros de bronce y ornamentos de brillante oro, se demuestra que el relato es una forma de cambiar y remodelar la realidad, desnudándola o vistiéndola.

## REFLEXIONES Y ECOS

La historia de la *Odisea* es también un vivo ejemplo de la tendencia del mito a hacerse eco de sí mismo. Con frecuencia, un mito refleja o se parece a otro mito. Los jóvenes Narciso y Hermafrodito ven su belleza reflejada en aguas cristalinas; la ninfa Io y el cazador Acteón, transformados por los dioses vengativos en una vaca y un ciervo, respectivamente, toman conciencia de su metamorfosis cuando, horrorizados, contemplan su reflejo en el río. Las historias, y también sus personajes, son imágenes especulares.

Tomemos, por ejemplo, la historia de Ícaro, el muchacho que voló demasiado cerca del Sol. Él y su padre, Dédalo, escapan del cautiverio al que estaban sometidos en Creta utilizando unas alas hechas de plumas y cera. Dédalo advierte a Ícaro que siga el camino entre el cielo y el mar, pero el hijo ignora los consejos del padre y asciende hacia el Sol, que con su calor derrite la cera y las plumas se desprenden. Ícaro se precipita al mar Egeo y muere. La historia está inmortalizada en *Paisaje con la caída de Ícaro,* de Brueghel (década de 1560; p. 87), representación de un tranquilo paisaje medieval en el que las piernas del muchacho solo se perciben agitándose sobre las olas. El poeta W. H. Auden (1907–1973) escribió refiéndose a esta pintura:

> «... cómo todos dan la espalda
> indiferentes a la tragedia;
> el labrador pudo haber
> escuchado el chapoteo en el mar;
> el grito de desesperación,
> pero para él no fue una pérdida importante...»

La historia de Ícaro comparte varios elementos con la de Faetón, hijo del dios Sol, quien toma el carruaje de su padre para dar un paseo por los cielos, ignorando también sus advertencias. Faetón pierde el control del vehículo y se desploma sobre la tierra.

Contar una historia es siempre insinuar otras historias y los artistas han aprovechado a menudo la capacidad de los mitos para difuminarse. En la serie de grabados *Los cuatro caídos* (1588), del holandés Hendrick Goltzius, aparecen Ícaro y Faetón, así como los pecadores Tántalos e Ixión, mientras se agitan y caen. Cualquiera de las imágenes del grupo, despojada de su título, podría representar a uno de los cuatro hombres. Las historias, como las imágenes que evocan, son prácticamente intercambiables. Esta compresión de distintas tramas también puede afectar a cómo interpretamos las imágenes, especialmente las que no pretenden ilustrar ningún episodio en particular. Tomemos el ejemplo más reciente de la célebre fotografía de Yves Klein, de 1960, titulada *Salto al vacío* (p. 88), que muestra al artista arrojándose figuradamente al vacío en una tranquila calle en las afueras de París. La imagen es un montaje ficticio –un mito moderno–, aunque con tintes clásicos. La imagen del hombre en pleno vuelo evoca las historias de Ícaro y Faetón. Klein parece volar y caer al mismo tiempo. Su salto encarna la misma ambición vertiginosa y el mismo trasfondo de triste imposibilidad que hallamos en los mitos antiguos. Y como en la pintura de Brueghel, el mito está rodeado de realidad mundana, ya que la vida sigue, los personajes continúan con sus tareas, la vida continúa su ciclo.

## CAMBIAR DE TIEMPO Y DE LUGAR

El mar Egeo, un suburbio parisino: la mitología va más allá de un lugar fijo. En un paisaje indefinible e ilimitado tienen lugar antiguas historias de deseo, castigo y cambio de forma, como las que cuenta el poeta romano Ovidio en su poema épico *Metamorfosis.* Las distintas regiones de Grecia son coordenadas sueltas y cambiantes. Cuando el dios Apolo espía a la bella ninfa Dafne, ella vaga «por los bosques sin sendero». Los antiguos llamaron a ese terreno indefinido *locus amoenus,* refiriéndose a un lugar idealizado de seguridad y tranquilidad. *Leda,* del pintor belga Paul Delvaux (1948; p. 117), parece jugar con el «no-lugar» o la portabilidad de la mitología, reinterpretando la historia de Leda y el cisne en un escenario complejo. Un amoroso cisne –el dios Zeus en uno de sus muchos disfraces de animales– se enfrenta a una Leda de ojos saltones inmersa en un escenario tipo *collage* que combina un paisaje industrial, con un suelo ajedrezado y las agujas de un campanario medieval.

La directora norteamericana Mary Zimmerman creó un escenario igualmente versátil para su adaptación teatral de las *Metamorfosis* de Ovidio, en 1998. El poema cobró vida para miles de personas que nunca antes habían oído hablar del poeta. Ambientada en torno a un estanque, la producción de Zimmerman trasladó las historias de Ovidio a un contexto decididamente contemporáneo: Midas fue concebido como un rico hombre de negocios, quizá simbolizando el «mito» del sueño americano. Parte del interés del espectáculo de Zimmerman –como de muchas otras obras de arte de este libro– radica en jugar a «identificar el mito» en clave contemporánea.

Del mismo modo que se traslada de un lugar a otro, el mito también se sitúa fuera del tiempo. Este libro traza una cronología informal que comienza con la primera raza de deidades, los titanes, y su expulsión por parte de los dioses olímpicos, y continúa con las proezas de los dioses, los semidioses y los hombres hasta la guerra de Troya y los acontecimientos que la rodearon. Pero ninguno de estos capítulos puede determinarse con precisión en el tiempo. Incluso la guerra de Troya pertenece más al reino del mito que a la historia, pese a que los arqueólogos aseguran haber encontrado el lugar «real» de la ciudad caída en la moderna Turquía. El mito condensa el tiempo: la Troya de Homero es un híbrido anacrónico (parte ciudadela de la Edad de Bronce, parte ciudad-estado del siglo VIII a.C.).

Para un ejemplo muy distinto del mismo fenómeno, podemos recurrir a la película *Caravaggio,* de 1986, realizada por el cineasta y artista Derek Jarman (1942–1994). Jarman convierte la vida del pintor italiano del siglo XVII en una amalgama irreal de diferentes épocas, insertando en el relato latas de Coca-Cola, máquinas de escribir y pinturas recompuestas. Una escena muestra a un Caravaggio adolescente coronado con una guirnalda de hojas de vid y bebiendo de una botella de vino: una evocación informal del autorretrato del propio artista en *Baco enfermo* (1593). La forma en que Jarman contempla las obras de Caravaggio e imagina su vida, conecta con quién era Caravaggio.

En consecuencia, las raíces de los mitos son, por lo general, indeterminables, aunque las sociedades se las hayan apropiado repetidamente para propósitos determinados. Por esta razón, el término «clásico» es potencialmente engañoso cuando se refiere a su origen, a un momento en el tiempo. La mitología no se inventó en la antigua

Grecia y Roma (sociedades que habitualmente se consideran «clásicas»). La Biblia, especialmente el Antiguo Testamento, constituye en sí misma todo un corpus de mitos. Luego están los antiguos mitos de Egipto, Mesopotamia e India, muchos de los cuales preceden y se superponen a los relatos griegos y romanos. Se cree que el dios Dioniso tuvo su origen en Oriente; de ahí su personalidad desenfrenada y exótica. La leyenda de Europa –la joven que Zeus raptó disfrazado de toro– no tiene sus raíces en el continente europeo, sino en Fenicia, el Líbano moderno. Los romanos tenían sus propios mitos ancestrales (la fábula de Rómulo y Remo, por ejemplo, los gemelos abandonados que fueron amamantados por una loba), pero también importaron y adaptaron mitos de la antigua Grecia y de otros lugares, incluyendo su panteón de dioses. El Júpiter romano, rey de los dioses, deriva del griego Zeus, Baco de Dioniso y así sucesivamente (p. 247).

El término «clásico» es difuso e inclusivo, y lo ha sido desde la Antigüedad; sin embargo, hay algo distintivo en la categoría de la mitología clásica en el arte. Las historias que circulaban en las culturas griega y romana han ocupado un lugar especial en el canon occidental. Desde el principio, la mitología no fue simplemente un almacén de temas para el arte y la literatura, sino una condición subyacente de la cultura visual grecorromana basada en las ideas de emulación y reproducción. Muchas de las célebres obras de Grecia y Roma pueden considerarse, hasta cierto punto, mitológicas: el canon está repleto de dioses familiares, héroes e híbridos. Incluso muchas obras «realistas» del arte de la Antigüedad conservan un aura mitológica o un rastro posterior: un atleta desnudo puede interpretarse como Aquiles y una figura histórica como Octavio, que se convirtió en el primer emperador de Roma en el año 27 a.C., podría interpretarse como un dios, como el *Augusto de Prima Porta,* una estatua del siglo I d.C. en la que el hombre adopta la postura y la estatura del dios Apolo.

## REESCRIBIR EL MITO EN EL ARTE RENACENTISTA

El prestigio de la mitología clásica en el arte posclásico se remonta, por lo menos, hasta el Renacimiento. En Europa, los siglos XIV y XV marcaron la era del Humanismo, una corriente cultural basada en la idea de aprender de la Antigüedad. Los relatos y las estatuas griegas y romanas se convirtieron en la razón de ser del arte. Se cree que Miguel Ángel estaba presente, en 1506, en la excavación de *Laocoonte y sus hijos*, un grupo escultórico romano que representa al sacerdote troyano y a sus hijos rodeados de serpientes (p. 210). Las retorcidas extremidades del protagonista se repiten en muchas de las esculturas y frescos de Miguel Ángel. Tiziano también aludió a esta obra en *Baco y Ariadna* (1520–1523; p. 62), el retrato de un sátiro luchando con serpientes.

Las pinturas de Tiziano que se muestran en este libro constituyen algunas de las descripciones más potentes del mito clásico. En la década de 1550, el artista realizó una serie de pinturas para el rey Felipe II de España (que cortejó a Isabel I de Inglaterra). Estas magníficas telas mitológicas representan algunos temas de las *Metamorfosis* de Ovidio, escritas a finales del siglo I a.C., durante el mandato de Augusto. El tema recurrente en la larga y serpenteante secuencia de relatos es la transformación de los cuerpos en nuevas formas. Esta obra poética fue tan popular entre los artistas renacentistas que en la época de Tiziano se conocía como la «biblia de los pintores». Las versiones de Tiziano sobre sus episodios incluyen a *Dánae recibiendo la lluvia de oro,* representación del mito en que Zeus se transforma a sí mismo en una lluvia dorada para violar a la bella princesa (p. 107), y *Venus y Adonis,* una historia trágica en la que la diosa del amor se enamora de un bello joven que ignora sus advertencias sobre los peligros de la caza y muere por el ataque de un jabalí (p. 101). En las pinturas de Tiziano, las antiguas fábulas se dirigen hacia el presente:

Dánae, reclinada, parece una cortesana veneciana en su tocador, mientras que Adonis es un cazador aristocrático que hace caso omiso de los consejos de su protectora matrona.

En el Renacimiento, la mitología clásica se modernizó. El arte y los textos antiguos fueron igualmente influyentes para servir de inspiración a una nueva moda en las representaciones de la mitología, pero esta respuesta no adoptó necesariamente la forma de préstamo de estilos o composiciones antiguas. La mitología ya no era simplemente un libro de cuentos medieval y difería en gran medida del arte de la Antigüedad. Las escenas mitológicas de Tiziano eran una mirada consciente al arte y la literatura de las antiguas Grecia y Roma y, aun así, su visión revelaba tanto sobre el arte y el pensamiento del Renacimiento como sobre sus antiguas fuentes. Probablemente, estamos acostumbrados a pensar en el arte mitológico como en una historia «ilustrada» de los relatos de la Antigüedad y en parte es cierto, pero es fácil pasar por alto la idea de que el arte mitológico pertenece siempre a *su presente*.

De hecho, el mito tiende a reescribirse a sí mismo cuando la ocasión así lo exige. En el siglo XV a.C., el dramaturgo griego Eurípides reescribió la historia de Helena de Troya alegando que ella nunca puso los pies en la ciudad, sino que pasó los diez años de la guerra en Egipto y que la Helena que desencadenó la guerra era tan solo una ilusión creada por los dioses. Lo que se considera como la versión original o autorizada de un mito es, a menudo, todo lo contrario: las historias antiguas suelen tener variantes, muchas de las cuales se han perdido u olvidado con el tiempo. La *Medea* de Eurípides explica que la princesa de la Cólquida fue traicionada por su amante Jasón y que, para vengarse de él, asesinó a sus hijos. Pero este espantoso acontecimiento, que es la parte más conocida, fue una invención de Eurípides. En versiones anteriores, Medea protege a sus hijos.

## EL MITO COMO ALEGORÍA

Gracias a su flexibilidad, el mito clásico ha perdurado a lo largo de la historia, incluso cuando otros aspectos de la tradición clásica han caído en desgracia. En arte, la modernidad se considera a menudo un momento de ruptura con lo clásico: una época en la que los artistas dejaron de prestar atención a los modelos antiguos y prescindieron de las ideas de antaño, especialmente del concepto de verosimilitud o «parecido con la vida». Muchos artistas modernos atacaron y rechazaron las reglas «clásicas», estancadas, de la formación académica. En algunos momentos, estos ataques fueron literales y violentos, como la destrucción de los yesos que tradicionalmente se usaban en las escuelas de arte para la práctica del dibujo. Pero, en general, ese rechazo de lo clásico fue más retórico que real y la mitología continuó siendo una de las principales formas de conservación del poder y la vigencia de la tradición grecorromana. Las representaciones del minotauro de Picasso, donde la criatura se convierte en una especie de monstruoso sustituto del artista que envejece, demuestran cómo podía usarse el relato clásico para sondear los aspectos más ocultos de la individualidad y la sexualidad. En su grabado *Suite Vollard* (1930–1937; p. 44), un canoso minotauro trepa sobre una niña durmiente; como dijo Próspero en *La tempestad*: «A esa negra oscuridad declaro mía».

Así, el mito puede ser alegórico: sirve para hablar de otras cosas o para encriptar significados ocultos. Con frecuencia, las antologías medievales de la mitología antigua impartían moral cristiana dando un nuevo significado a esos relatos. Por ejemplo, la historia de Zeus y Dánae podría reinterpretarse como una advertencia a un hombre que usase oro como soborno para entrar en el dormitorio de la princesa. Durante siglos, el mito ha proporcionado una especie de velo digno para expresar pensamientos y sentimientos transgresores. La obra *Baco,* de Miguel Ángel (1496–1947; p. 70), sin copa de vino ni uvas, sería solo un desnudo masculino. Para algunos observadores, la estatua de Miguel Ángel no era lo suficientemente mitológica: el poeta romántico Shelley se quejó de que «parecía borracho, brutal y estrecho de miras, y tenía una expresión disoluta de lo más repugnante». La escultura quedó legitimada (aunque solo en parte) al pasar a ser mitológica a través del personaje de Baco. Dentro de los patrones clásicos, Miguel Ángel fue capaz de crear una obra atrevida y original.

En el siglo XIX, artistas y escritores utilizaron cada vez más personajes mitológicos para sublimar –y para expresar secretamente– el deseo homoerótico. Un buen ejemplo es *Dédalo e Ícaro*, pintura de Frederic Leighton de aproximadamente 1869 (p. 82), en la que retrata al anciano Dédalo poniendo las alas a Ícaro. El tema y la pose del joven son de corte clásico, incluso apolíneo (Ícaro se parece al dios). Sin embargo, el subtexto de la pintura es sensual hasta el exceso. Una reluciente tela azul ondea alrededor de la figura juvenil, revelando y enmarcando su brillante desnudez. Lejos de actuar como tapadera de la sensualidad, el clasicismo de esta escena irradia un fuerte erotismo: es más que una simple imagen de solicitud paternal.

El mito también se ha usado como una alegoría para las innovadoras teorías contemporáneas sobre la psique. El desorden de personalidad narcisista y el deseo edípico son conceptos modernos expresados con metáforas mitológicas. Sigmund Freud (1856–1939) utilizó la historia de Edipo, relatada por el dramaturgo ateniense Sófocles en el siglo V a.C., para ilustrar su teoría sobre el «complejo de Edipo»: «Tal vez es el destino de todos dirigir nuestro primer impulso sexual hacia nuestra madre y nuestro primer odio y primer deseo asesino hacia nuestro padre». Para Freud, el mito no era simplemente un símbolo adecuado, sino una evidencia literal de la sexualidad infantil masculina: un texto que ejerce de prueba. La mitología es material útil para la alegoría porque presenta capas superpuestas; sus significados superficiales tienden a ser transitorios y difusos, mientras que sus temas y narraciones subyacentes –el deseo, la justicia, la venganza o el tabú– persisten y prevalecen.

## EL MITO Y LA MODERNIDAD

Las obras de arte moderno y contemporáneo de este libro demuestran hasta qué punto el mito clásico ha continuado siendo una fuente fértil y popular de temas, por mucho que se piense en «lo clásico» como *recherché*. En los siglos XX y XXI, los artistas han seguido refiriéndose a historias antiguas, desde los minotauros de Picasso hasta el *Edipo* de Louise Bourgeois, escultura hecha con retazos de tela rosa (2003; p. 241), pasando por la *performance* de Ícaro del artista conceptual norteamericano Chris Burden, en la que este descansa entre dos «alas» flamígeras de vidrio laminado rociadas con gasolina (1973, p. 93).

El artista británico Damien Hirst, más conocido por sus animales conservados en tanques de formaldehído y sus enormes «gabinetes de medicina», presentó en Venecia (2017) una gran exposición de obras referidas a los mitos, *Tesoros del naufragio de lo increíble*. Entre otros trabajos, había esculturas de bronce y mármol a varias escalas e infinidad de artefactos de oro, plata, malaquita, jade y demás materiales preciosos. Una de las mayores esculturas de la muestra representaba la leyenda de Andrómeda y el monstruo marino. Este diorama de bronce, del tamaño de un camión, presenta a la heroína mitológica encadenada a una roca (antes de ser rescatada por el héroe Perseo), gritando agónicamente mientras un enorme tiburón blanco se aproxima. El espectáculo se acerca al de un parque temático construido en fibra de vidrio, tan solo moderado por la tintura azul marino del bronce. La primera exposición de Hirst fue una virtuosa pieza de creación de mitos: una enciclopedia visual de motivos grecorromanos mezclados con incongruentes referencias egipcias, precolombinas y modernas, como la película *Tiburón* de Steven Spielberg (1975), los personajes de Mowgli y Baloo de *El libro de la selva* (1967) y el arte surrealista de la década de los años treinta, por citar solo algunos ejemplos. El artista creó su propio museo o «mitoesfera» combinando los papeles de artista, coleccionista y conservador. Citando a la poetisa norteamericana Hilda Doolittle (1886–1961), refiriéndose a Freud en su estudio, dijo que se convirtió «en una especie de conservador de museo, rodeado por su inestimable muestrario de tesoros griegos, egipcios y chinos».

El mito antiguo es, pues, una presencia viva en el arte contemporáneo. Pero las obras modernas de este libro dejan patente que el mito es, y tal vez siempre fue, algo más que un relato visual de cuentos, un acerbo de historias ilustradas una y otra vez. Es también una manera de ver. El crítico literario francés Roland Barthes (1915–1980) consideraba que el mito era una interpretación ideológica (narrativa o pictórica) de acontecimientos, una glosa proyectada sobre hechos intrínsecamente insignificantes. El mito, en su opinión, pertenece a un segundo orden de significación, distinto de la realidad ordinaria. Se caracteriza por la apropiación de un signo existente (un cuerpo desnudo, por ejemplo, o un paisaje italiano) y su transformación en un componente de un nuevo sistema. El mito es, pues, un metalenguaje.

Muchas de las imágenes de este libro alimentan la idea del mito como modo de interpretación: una manera de ver. Cuestionan qué significa «ver» un mito clásico en obras que no pretenden ilustrar esos mitos. ¿La historia clásica revela algo sobre la obra y ayuda a entender su poder y su significado? El váter de oro macizo de *América*, de Maurizio Cattelan (2016; p. 157), instalado en el Museo Guggenheim de Nueva York en 2016, puede no ser una referencia a la historia de Midas. Pero sí es una encarnación precisa de lo que provocó el poder de Midas: la transformación de la realidad mundana en oro.

La serie de fotografías titulada *Lo tengo todo* (2000; p. 106), de Tracey Emin, es otra obra que insinúa el mito clásico en vez de construir una referencia explícita. Esta serie de instantáneas de Polaroid muestran a la artista tendida en el suelo y riéndose, con un montón de billetes y monedas en la entrepierna. La escena parece una reencarnación involuntaria del mito de Dánae: la historia de la violación (o seducción) divina en la que Zeus se transforma en lluvia de oro. Tanto si es o no un punto de referencia, el mito antiguo ofrece un medio para interpretar las imágenes de Emin y viceversa. El acto de tumbarse y fotografiarse a sí misma sitúa su imagen en un diálogo inmediato con muchas otras imágenes de mujeres en el arte: su postura no es muy distinta de la de muchas Dánaes que pueblan la historia del arte. En palabras de John Berger, la mujer «se convierte a sí misma en un objeto y, más concretamente, en un objeto de la visión, en un espectáculo»; «ofrece su feminidad para que sea analizada». Además, las fotografías de Emin ayudan a comprobar que la influencia clásica no tiene que ser directa y explícita. La historia de Dánae es, en sí misma, un símbolo de la influencia velada y la unión inconsciente. Si Emin no conoce la historia que describe, tampoco Dánae era consciente del significado de la lluvia de oro que apareció en sus aposentos y penetró en ella. La mitología es así: difusa y omnipresente. Puede pillarnos por sorpresa.

A través de ejemplos como las fotografías de Emin, este libro es, deliberadamente, algo más que una serie de ejemplos evidentes de la mitología en el arte. Especialmente en el arte moderno y contemporáneo, el deseo de ilustrar ha dado paso a una concepción de intenciones o significados mucho más abierta y ambigua. Este libro incluye obras en las que el mito clásico no es un punto de referencia explícito ni tan solo intencionado, pero sin embargo se invoca de algún modo, aportando un significado nuevo y poderoso a la obra de arte. En este sentido, el libro retoma el momento en que la mitología es, por naturaleza, un juego de semejanzas o de medias semejanzas. Es posible reconocer una narración mitológica en una obra que no busca ilustrar explícitamente un relato y este proceso de reconocimiento refleja hasta qué punto el mito es «un laberinto textual revestido de espejos», como escribió Jacques Derrida (1930–2004) refiriéndose a la novela posmoderna. O un reluciente palacio metálico, como el del rey Alcinoo en *La Odisea*, que se hace eco de historias familiares. Cuando contemplamos obras de arte, también (de forma activa o subliminal) transmitimos narraciones, mitificamos.

### EL MITO ESTÁ VIVO

El mito es tan prevalente y vívido en el arte porque hace lo mismo que el arte: resonar a lo largo del tiempo, metamorfoseándose y reinventándose a sí mismo, pero conservando una estructura medular reconocible. Como el arte, posee la capacidad de comprimir el pasado y el presente. Abundan en él las divisiones y las contradicciones: ¿el Hércules que se afanó para lograr finalizar los doce trabajos es el mismo que enloqueció y asesinó a su esposa y a sus hijos? Por encima de todo, el mito requiere que el espectador deje al margen su incredulidad: nos repele o nos atrae hacia una sensación de complicidad con su propia ficción. Y lo hace siendo, increíble y verdadero a la vez. La locura y el deseo humanos se combinan en una fábula increíble –un joven volando con unas alas hechas a mano, por ejemplo–, pero no por eso son menos reconocibles.

La mitología clásica ha disfrutado de una influencia generalizada y diversa en la literatura, la filosofía, la música y otros muchos ámbitos. Este libro se concentra principalmente en el arte visual occidental desde la Antigüedad hasta nuestros días. En el proceso, celebra lo que es y lo que ha sido, la mitología. Afirma la capacidad de esta para infiltrarse, informar e, incluso, fusionarse con la vida cotidiana. También revela la naturaleza vital del mito: su capacidad para aparecer con formas inesperadas y subliminales. El mito parece exigir ser trasplantado al presente, reinterpretado según las ideas o las ansiedades actuales. En el proceso, ofrece un medio para encubrir o enfrentarse a la vida real.

*La Odisea* de Homero proporciona una vez más una metáfora del mito en sí mismo en términos de sus continuas metamorfosis y renovaciones. Es el tapiz que la esposa de Ulises, Penélope, teje durante todo el día, mientras una banda de pretendientes compite por casarse con ella. Decidida a resistir su presión y esperar el regreso de su marido, Penélope teje el tapiz de día y deshace su trabajo por la noche, para volverlo a rehacer al día siguiente. Este ciclo de hacer y deshacer, tejer y destejer, capta la naturaleza del mito: una multiplicidad de diversas hebras narrativas que pueden formarse, deconstruirse y rehacerse, ya sea en forma de palabras, hilos, pintura o bronce.

Y, sin embargo, el hecho de que los mitos se revelen y entrelacen no significa que se combinen en un gigantesco e ingenioso código que pueda ser descifrado. El personaje del señor Causabon en la novela *Middlemarch* (1874), de George Eliot, que intenta escribir una enciclopédica *Llave a todas las mitologías* que corrija las numerosas «interpretaciones erróneas» de otros eruditos, es una figura tragicómica que realiza una tarea inútil, una tarea de Sísifo. Por el contrario, deberíamos pensar en los mitos como en un torniquete en constante movimiento. Volver a contar es metamorfosearse. El significado nunca es fijo, sino siempre fluido, tan proclive a detenerse como el reflejo del agua que dejó hechizado a Narciso.

# LOS MITOS DE LA CREACIÓN

# EL ORIGEN DE LOS DIOSES Y LOS HOMBRES

Incluso los antiguos dioses fueron jóvenes en su día. La leyenda cuenta que antes del universo reinaba el caos, un estado de ciega confusión. Del caos surgió Gaia, la Tierra, acompañada por una multitud de deidades primordiales. El universo empezaba así a cobrar vida. Gaia engendró a Urano (el cielo), quien se apareó con ella para engendrar a los titanes, primera raza de dioses. Apenas se había instituido la familia divina cuando estalló la primera discordia. El poeta griego Hesíodo (cuyo poema *Teogonía* se traduce como «el nacimiento de los dioses») cuenta que Gaia convenció a su hijo Cronos (Saturno para los romanos) para que castrara a su propio padre con una enorme hoz. Cronos arrojó los genitales de Urano al mar y de los fragmentos que quedaron entre la espuma nació Afrodita, diosa del amor. El momento ha sido inmortalizado en obras pictóricas como *El nacimiento de Venus,* de Botticelli (p. 32), en el que la esbelta deidad se balancea sobre una gran concha. Mientras, la sangre derramada de Urano se mezcló con la tierra para crear la raza de los gigantes.

Cronos se convirtió en el rey de los titanes, pero temiendo que sus propios hijos fueran violentos con él –castración o algo peor–, los devoraba en cuanto su esposa Rea daba a luz. Francisco de Goya representó el canibalismo de Cronos, como un infanticidio sangriento y cruel, en su célebre pintura *Saturno devorando a sus hijos* (p. 20). Pero Rea logró ocultar y proteger a uno de sus vástagos, Zeus, que se crio en Creta. Zeus regresó bajo la apariencia de un copero y dio de beber a su padre una mezcla de mostaza y vino, provocándole el vómito de todos sus retoños. Zeus y sus hermanos regurgitados se alzaron contra su padre, lo que dio pie a una guerra celestial, la Titanomaquia (guerra de los titanes). Zeus salió victorioso y arrojó a Cronos y a los demás titanes al Tártaro, la mazmorra del inframundo. Otro de los titanes, Atlas, fue castigado a cargar el cielo (Urano) sobre sus hombros durante toda la eternidad.

A partir de entonces reinó un panteón de dioses y diosas, los llamados olímpicos, que residían en el monte Olimpo bajo el dominio de Zeus. Pero pronto estalló otra guerra entre los olímpicos y los gigantes, de la que saló victorioso Zeus. Muchos de los gigantes fueron enterrados bajo las islas, donde siguieron causando problemas con terremotos y erupciones volcánicas.

Los mitos de la creación que rodean a los dioses griegos son, obviamente, historias para dar sentido al mundo natural, desde el cambio de las estaciones hasta los caprichos del clima. Según una versión, el titán Prometeo, que había logrado sobrevivir a la batalla intergeneracional con Zeus y sus hermanos, creó al primer hombre modelándolo con arcilla húmeda a imagen de los dioses. Siguió una Edad de Oro en la que hombres y dioses compartieron el mundo. Pero Prometeo pronto se convirtió en una molestia para Zeus, ya que desafió los deseos del divino patriarca al conceder el fuego a los humanos.

En represalia, Zeus ordenó la creación de la primera mujer, Pandora (que significa «todos los dones»), como un «bello mal» para la humanidad. Todos los dioses se unieron para ofrecer atributos y talentos seductores a Pandora: Atenea le dio la habilidad de tejer y realizar labores de aguja, Afrodita la dotó de belleza y Hermes le otorgó el poder de hablar, pero también una naturaleza engañosa y mentirosa. Como Eva en la tradición cristiana, Pandora es la responsable de todos los males del mundo. Fue entregada como esposa a Epimeteo, hermano tonto de Prometeo, y llevó consigo un frasco (más tarde mal traducido como caja). A pesar de las advertencias de que no lo abriera, le venció la curiosidad y lo destapó, extendiendo la muerte, la enfermedad y la discordia por todo el mundo y destruyendo la Edad de Oro en un instante. Como castigo eterno, Prometeo permaneció encadenado a una roca en el Cáucaso, donde un águila se alimentaba diariamente de su hígado.

# ANTES DE LOS OLÍMPICOS

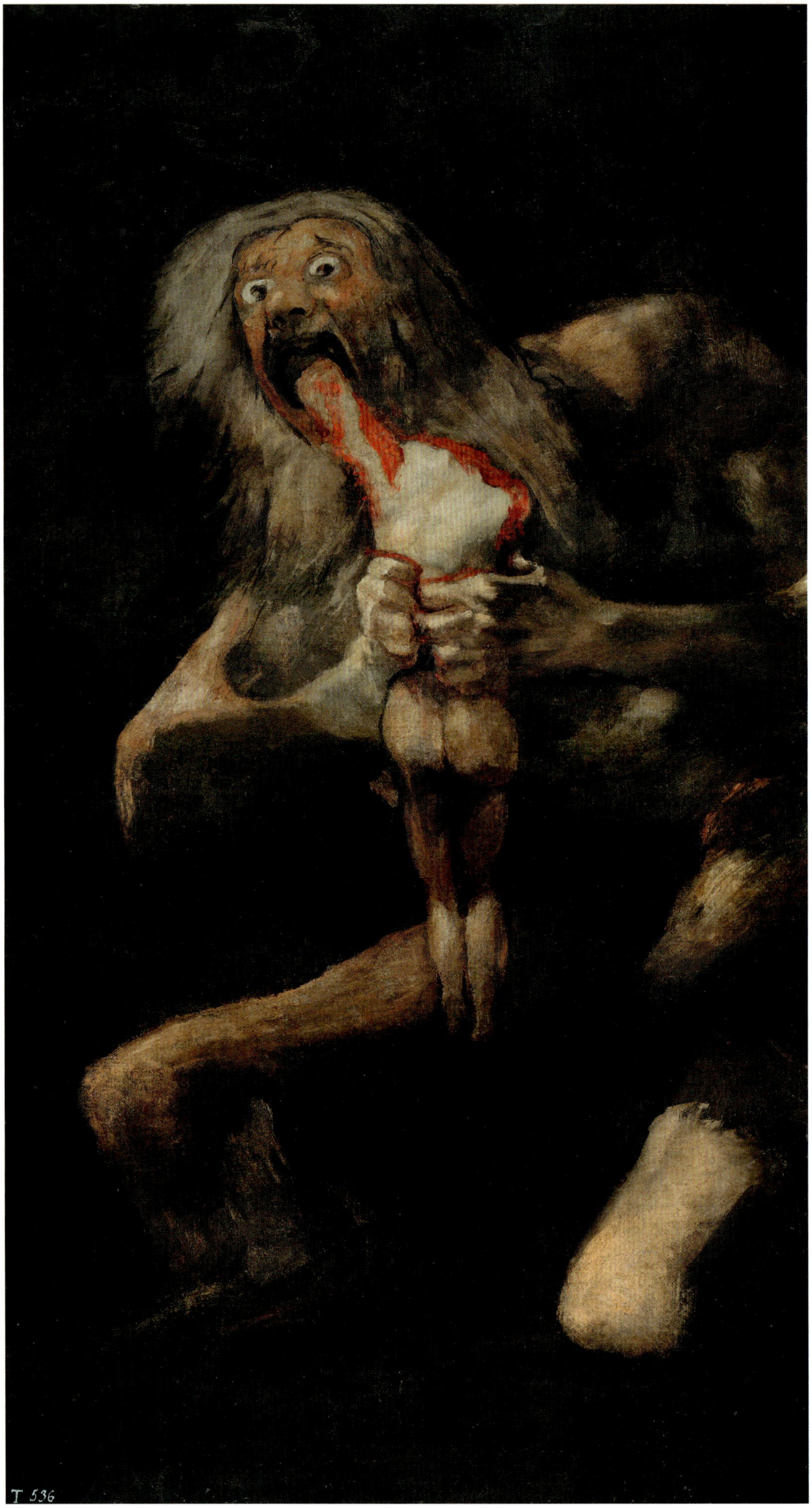


## FRANCISCO DE GOYA

*Saturno devorando a sus hijos,* 1820–1823
Óleo y técnica mixta sobre yeso, transferido al lienzo
143,5 x 81,4 cm
Museo Nacional del Prado, Madrid

En 1819, Francisco de Goya (1746–1828) compró la Quinta del Sordo, una casa en las afueras de Madrid, donde aquel invierno sufrió una enfermedad casi mortal. Durante su convalecencia, comenzó a trabajar en un nuevo proyecto para «ocupar su imaginación». El proyecto, iniciado en 1820, se tradujo en una serie de poderosos murales, las denominadas «pinturas negras», que pintó en las paredes de su casa durante los tres años siguientes. Entre esas pinturas negras estaba esta terrorífica imagen de Saturno devorando a uno de sus hijos. Nadie conoce por qué Goya eligió este tema, ni siquiera los motivos que subyacen en la imaginería de los catorce murales, que aparentemente no tienen ningún punto en común. Sin embargo, sí se sabe que Goya también estaba trabajando en una serie de grabados sobre la locura humana, *Disparates*, cuyas escenas inquietantes y enigmáticas, repletas de sombras y demonios, están estrechamente relacionadas con las pinturas negras por el impacto que causan y por reflejar el mismo estado de ánimo del artista. Viviendo en una España conservadora, plagada de represión, superstición y fanatismo religioso, Goya siempre había luchado contra estos males. La serie *Disparates* y las sombrías «pinturas negras» parecen un clamor de protesta, pero su significado es oscuro. Saturno podría ser la personificación infernal de la ignorancia y la inhumanidad, pero también un símbolo del dios del tiempo, que acaba devorándonos a todos.

## GIORGIO VASARI Y CHRISTOFANO GHERARDI

*La castración de Urano*, c.1556
Fresco
Palacio Vecchio, Florencia

La castración es un tema poco frecuente en el arte, aunque se convierte en protagonista de este fresco pintado en el techo, que representa el mito clásico sobre el origen del universo. Bajo la influencia de su madre Gaia, diosa de la Tierra, Cronos usó una larga guadaña para mutilar los genitales de su padre, Urano. Y es que el dios del cielo odiaba a sus hijos y los volvía a introducir en el vientre de su madre después de nacer. En un intento de romper el ciclo, Gaia instruyó a su hijo más joven, Cronos, para que castrara a su padre. Giorgio Vasari (1511–1574) recibió el encargo de pintar este panel, con la ayuda de Christofano Gherardi (1508–1556), como parte integrante de la hermosa decoración de la Sala de los Elementos del Palacio Vecchio de Florencia. La pintura ocupa el panel central del techo, junto a otros frescos de Vasari que representan los cuatro elementos (tierra, aire, fuego y agua) en las paredes colindantes. En este panel, Urano se reclina sobre un lecho de nubes, como si se estuviera sometiendo voluntariamente al proceso. Detrás de los personajes principales, una enorme esfera armilar simboliza el universo. El tratamiento extrañamente tranquilo de esta violenta narración sugiere que la acción era necesaria para restaurar el orden en el universo, como señalan las fuentes clásicas a las que probablemente recurrió Vasari.

## ISAMU NOGUCHI

*Cronos*, 1947, fundición 1986
Bronce con cable de acero
215,9 x 58,4 x 94 cm
Museo de Arte Moderno, San Francisco

Noguchi (1904–1988) creó su reflexión surrealista sobre la historia del caníbal titán Cronos (Saturno para los romanos) en madera de balsa y, posteriormente, realizó la escultura en bronce. Evitando una descripción literal de la historia de Cronos, que devoró a sus propios hijos después de que una profecía predijo que uno de ellos le usurparía el trono, Noguchi usa formas orgánicas para aludir al mito. Una forma vertical a modo de arco se apoya sobre el suelo; por su postura erguida y su forma de dos piernas recuerda a una figura humanoide. Del interior cuelga un cable con pequeños objetos suspendidos. Aunque abstractos, estos elementos también hacen pensar en fragmentos biológicos: huesos, cuernos, intestinos o extremidades. La contención de la forma principal parece aludir a la deglución por parte de Cronos de su progenie. Las formas más pequeñas parecen restringidas, como si compitieran e impactaran entre sí, luchando por el espacio. El elemento cinético de la escultura permite que cobre vida, ya que el viento y los cuerpos de los visitantes de la galería hacen que las formas más pequeñas giren y se balanceen. Al igual que muchos artistas de la posguerra, Noguchi halló inspiración en la mitología antigua, en parte como medio para dar significado a un mundo que se estaba recuperando del trauma de la guerra.

# PROMETEO

## AUTOR DESCONOCIDO

*Prometeo crea la raza de los hombres*
Siglo III d.C.
Mármol
38 x 117,3 x 43,5 cm
Museos Capitolinos, Roma

Probablemente, la creación de este extravagante sarcófago infantil era ilegal. La ley romana prohibía el luto público y los entierros aparatosos de niños de corta edad, pero muchos padres afligidos ignoraban esas leyes y conmemoraban la muerte de sus hijos. En el centro de esta multitudinaria escena, en la base del sarcófago, un ser humano recién creado se alza sobre un pedestal, mientras Prometeo crea a otro hombre con trozos de arcilla. Minerva le da vida colocando una mariposa sobre su cabeza. Detrás están las Parcas: una (sin brazos) enhebra el hilo de la vida y la otra dibuja el destino del hombre en un globo terráqueo. La tercera se sienta a la derecha, sobre el cuerpo de un difunto, leyendo las gestas de su vida en un papiro. El alma del hombre emprende el vuelo como una Psique alada, transportada por Mercurio. La brevedad de la vida se representa por el tránsito del sol y la luna; el carro de Apolo, a la izquierda, se convierte en el de Selene, a la derecha, cuando el día da paso a la noche. En la tapa del sarcófago (no se ve) se representa el cuerpo idealizado del niño muerto, de identidad desconocida, sosteniendo cabezas de adormidera y acompañado de esclavos en miniatura y un pequeño perro (muy dañados).

**ROGER HIORNS**

*Sin título*
2005–2010
Banco, fuego y joven
Dimensiones variables
Vista de la instalación, *British Art Show 7: In the Days of the Comet*, Hayward Gallery, Londres, 2011

*Sin título* (2005–2010), instalación del artista británico Roger Hiorns (nacido en 1975), incluye un banco, un joven desnudo y un pequeño fuego. Según el artista: «El joven entra en el espacio; alguien prepara el fuego; el joven se desnuda y guarda la ropa doblada; se enciende el fuego; el joven se sienta en el banco. Elige contemplar las llamas o enfrentarse a la mirada del público hasta que el fuego se apaga». La combinación de desnudez y fuego sugiere las primeras etapas de la civilización: podríamos pensar en Prometeo robando el fuego del monte Olimpo para ofrecérselo a los hombres. Pero el mobiliario urbano habla del presente, enfrentando nuestra sociedad industrial «avanzada» con sus orígenes «primitivos». El contraste se desarrolla en otras obras de la serie *Juventud*, en la que, además de bancos y mesas, Hiorns muestra un elenco de hombres jóvenes e impasibles sentados sobre motores de coches y componentes de aviones a reacción. Estas piezas oscuras y oxidadas parecen arcaicas y los muchachos, embajadores del futuro. Dejando a un lado los complejos procesos industriales –y las disputas entre titanes y dioses–, la civilización continúa siendo, fundamentalmente, carbón y fuego.

## PIERO DI COSIMO

*El mito de Prometeo*
c. 1515
Óleo sobre panel
68 x 120 cm
Alte Pinakothek, Múnich

Esta obra justifica plenamente la reputación de excentricidad y extraña imaginación asociada a Piero di Cosimo (1462–1522) gracias a la vívida biografía de Vasari en *Vidas de los más excelentes pintores, escultores y arquitectos* (1550). Como parte de un grupo de dos, el panel de Cosimo difiere de la narración de otros artistas en su descripción de la primera parte del mito de Prometeo.
A la izquierda, Júpiter destruye la figura de un hombre de arcilla creada por el hermano menos inteligente de Prometeo, Epimeteo, quien lo mira horrorizado. Júpiter, ofendido por la audacia de Epimeteo al crear este ser miserable, lo castiga transformándolo en un mono, símbolo de la locura, al que puede verse encaramado al árbol que hay detrás. A la derecha, Prometeo, vistiendo un fajín blanco, presenta su noble creación a Minerva, patrona de la sabiduría y el aprendizaje, pero le indica que el espíritu de la humanidad brilla por su ausencia. Después, Minerva emprende el vuelo con Prometeo en busca del fuego olímpico que dará vida a los seres humanos. Entre las nubes se ven dos carros; uno pertenece a Cupido y el otro a Saturno, padre de Júpiter. Mientras, en el suelo, en el extremo derecho, hay un hombre medio aplastado por una roca, posible alusión al estado de opresión e incultura de la humanidad antes del don de la iluminación prometeica.

## GABRIEL OROZCO

*Mis manos son mi corazón*, 1991
Copia en gelatina de plata entonada
Cada una: 23,2 x 31,8 cm

Gabriel Orozco (nacido en 1962) solo usa arcilla y sus manos para formar un corazón, el órgano que nos da vida. La reflexión de Orozco sobre el acto de creación del artista evoca la historia griega de Prometeo, que creó al hombre con arcilla a imagen de los dioses y luego fue castigado por Zeus por regalar el fuego a los seres humanos para que pudieran hacer sus herramientas. Debido a esta asociación con la tierra, es lógico que Orozco use la arcilla empleada para construir ladrillos. *Mis manos son mi corazón* está hecha con un gesto directo: el artista aplicó presión con los dedos de ambas manos sobre un trozo de arcilla, que luego coció. Además de la pequeña escultura, realizó un díptico fotográfico: el artista con sus dedos apretando la arcilla, luego con las manos abiertas en proceso de creación de la obra. Las culturas egipcia, cristiana, china e indígena americana comparten los mismos mitos sobre el origen, en los que las personas son creadas por los dioses a partir de arcilla, tierra o polvo. La cultura maya creía, en cambio, que sus dioses habían creado a las personas a partir del maíz, tal era la importancia de este cereal para su civilización. Para este artista mexicano, la arcilla sigue siendo parte de su práctica, de forma clara en esta obra simple y evocadora.

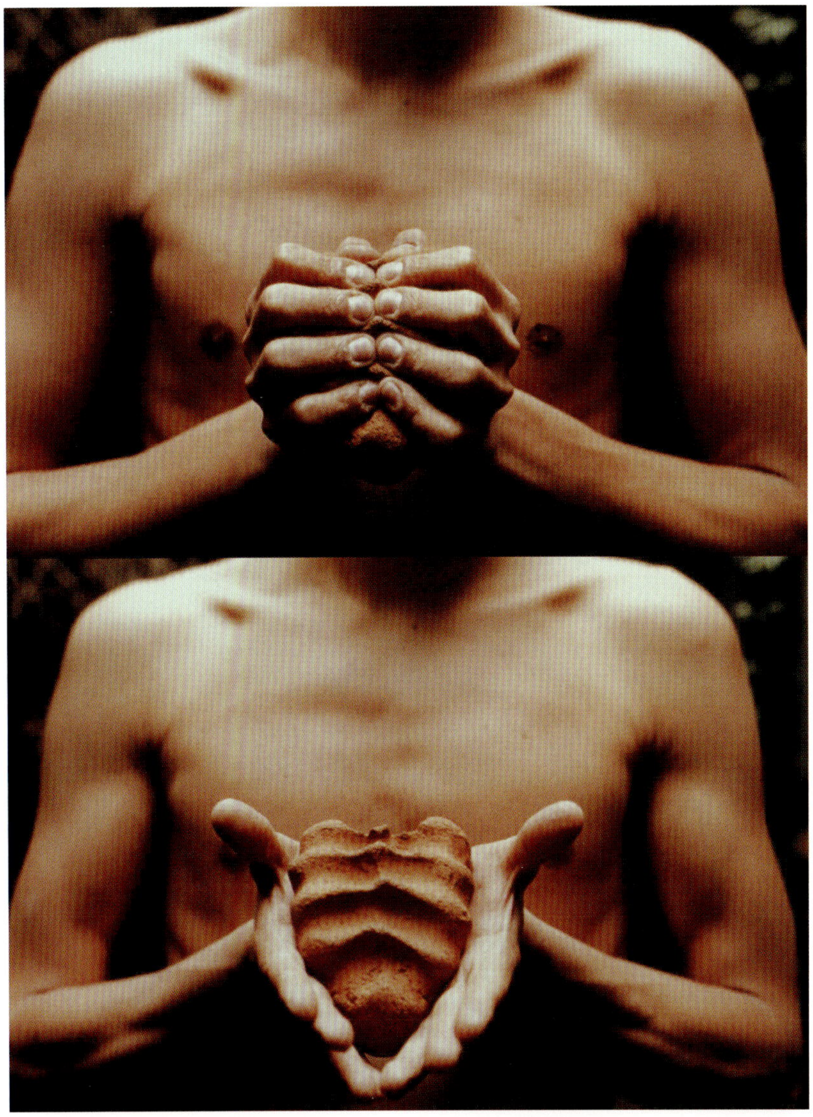

## BRUCE NAUMAN

*Pies de barro*
1966–7/1970/2007
Impresión de chorro de tinta, copia de exposición (originalmente impresión cromogénica)
55,2 x 59,7 cm

El origen de la expresión «pies de barro» es bíblico, pero las palabras también pueden evocar el mito del titán Prometeo, quien esculpió a los humanos a partir de barro o arcilla. Esta fotografía, realizada por el estadounidense Bruce Nauman (nacido en 1941), forma parte de la serie *Once fotografías a color* –que incluye el célebre *Autorretrato como fuente*–, que explora la relación entre imagen y lenguaje tomando como referencia juegos de palabras y giros populares. Tener «pies de barro» indica contar con un defecto oculto de carácter desconocido para los que te admiran. Al igual que otros de la serie, la imagen muestra un primer plano bien definido del cuerpo del artista, cubierto con una capa de arcilla aplicada toscamente. Una interpretación visual literal de esta frase contrarresta sus asociaciones mitológicas y su origen bíblico, una inversión característica de un artista que realiza obras fotográficas con su propio cuerpo en el estudio, aprovechando la banalidad del habla para explorar las funciones del lenguaje. Se trata de uno de los primeros trabajos de Nauman, considerado uno de los artistas más influyentes de la generación de posminimalistas de finales de los sesenta.

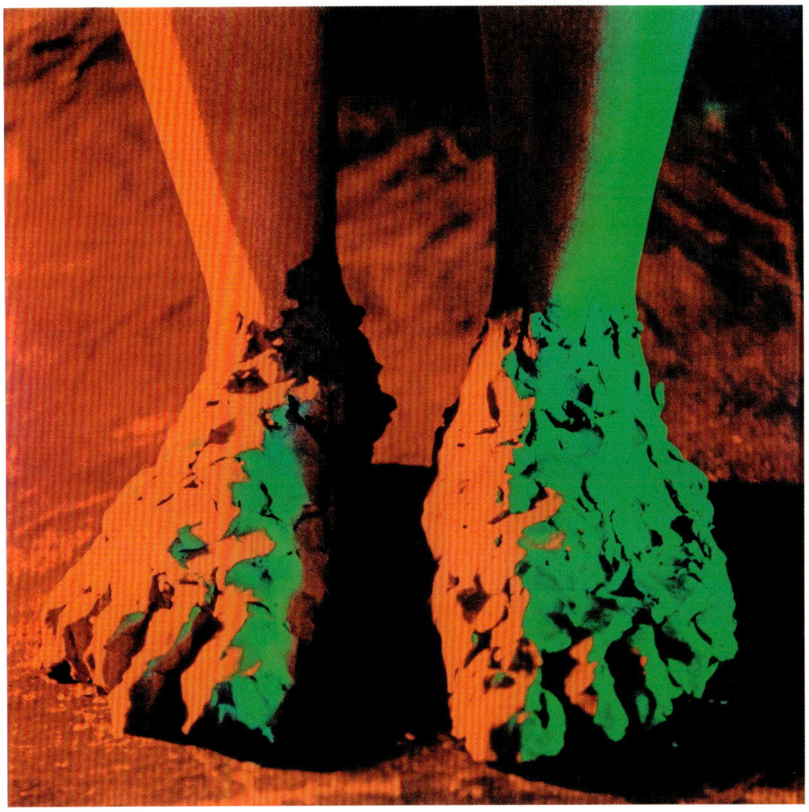

## CONSTANTIN BRANCUSI

*Prometeo*
1911
Mármol
13,7 x 17,8 x 13,7 cm
Museo de Arte de Filadelfia, Pensilvania

Junto con su título, *Prometeo*, esta forma elemental –una cabeza ovalada que yace de costado– evoca múltiples identidades: al titán que creó a los seres humanos con arcilla y les enseñó el dominio de las artes, al creador que fue castigado por robar el fuego para ofrecérselo a los humanos, a un recién nacido o a un niño durmiendo. En apariencia, todos los indicios de carácter y dramatismo han sido eliminados, pero como explicó Constantin Brancusi (1876–1957), su esencia se transmite en el posicionamiento de la escultura y en la inclinación de la cabeza. Según él, si se inclinase a la derecha, el espectador vería cómo la cabeza de Prometeo «cae sobre su hombro cuando el águila le devora el hígado». Quizá Brancusi tenía en mente *Prometeo encadenado*, de Rubens (p. 29), cuando le pidió a su joven modelo que posara con el brazo levantado y la cabeza echada hacia atrás. Esta pose ha sido reducida a la inclinación del cráneo, mientras que el brazo, los hombros y casi toda la nuca, han desaparecido. Las cejas y el puente de la nariz se insinúan con una delicada línea, y la nariz, la boca y las orejas son leves señales. Siempre preocupado por el formato de exposición, Brancusi hizo originalmente un taburete de madera para que *Prometeo* pudiera sentarse, una combinación que sugiere la existencia de otra persona, la del propio artista.

## PIERRE HUYGHE

*Recuerdo (Zoodram 4, a partir de la Musa dormida de Constantin Brancusi)*
2011
Ecosistema marino vivo, acuario, máscara de resina basada en *Musa dormida* (1910) de Constantin Brancusi
135 x 99,1 x 76,2 cm
Museo de Arte del Condado de Los Ángeles

El artista conceptual francés Pierre Huyghe (nacido en 1962) crea mágicas instalaciones cambiantes que combinan esculturas con animales vivos, insectos, plantas y, a veces, seres humanos. El tiempo se ralentiza en estas *performances* que animan a la contemplación de las maravillas de la naturaleza y a considerar el papel de la humanidad y el arte dentro de ella. *Recuerdo* muestra un acuario habitado por un cangrejo ermitaño que ha construido su hogar dentro de una reproducción en miniatura de la escultura *Musa dormida* (1910), de Brancusi. La imagen surrealista del crustáceo –una especie con más de 65 millones de años– arrastrando la escultura moderna de una deidad clásica, sugiere una reflexión sobre la creación artística a lo largo de los siglos y los orígenes de la vida. En la onírica penumbra del ecosistema submarino, casi se puede imaginar a la musa despertando de su sueño, como si la proximidad de un organismo vivo pudiera insuflarle aliento. Huyghe se dio a conocer en los años noventa con un trabajo de Estética relacional que ponía de relieve la interacción social y el azar en el arte. Como si fuera un experimento de laboratorio, Huyghe sitúa la vida bajo el microscopio, acabando con las jerarquías del mundo natural para explorar comportamientos humanos y animales en un entorno controlado pero impredecible.

## PINTOR DE ARKÉSILAS

*Castigo de Prometeo y de su hermano Atlas*
c. 555 a.C.
Terracota pintada, técnica de figuras negras
Diámetro: 20,2 cm
Museo Gregoriano Etrusco, Museos Vaticanos, Roma

En la escena del interior de esta copa, dos titanes se enfrentan entre sí, soportando cada uno la eternidad de su propia agonía. En el extremo occidental del mundo, Atlas sostiene el cielo, mientras que en el extremo oriental, Prometeo está encadenado de pies y manos a una columna en las montañas del Cáucaso. Atlas, tambaleándose bajo el peso de los cielos, es atormentado por una serpiente (posiblemente Ladón, la que guardaba las manzanas de las Hespérides). A Prometeo le tortura un águila que se alimenta de su hígado; otra se cierne sobre él, esperando su turno. La escena ofrece una imagen completa del mundo: el disco de la Tierra, la columna que emerge del inframundo y Atlas sosteniendo el cielo.
La decoración pintada es obra del pintor de Arkésilas (activo en c. 565– 555 a.C.), un artista anónimo de Esparta. En esta pintura, realizada con la técnica de las figuras negras, con siluetas y detalles incisos, el color rojo se emplea para destacar ciertos elementos y aumentar el efecto decorativo. Probablemente, esta pieza se realizó para la exportación, ya que se encontró en una tumba etrusca en Cerveteri, Italia central; además, los espartanos preferían copas más profundas con decoración exterior.

## PEDRO PABLO RUBENS Y FRANS SNYDERS

*Prometeo encadenado*
1611/1612–1618
Óleo sobre lienzo
2,4 x 2,1 cm
Museo de Arte de Filadelfia, Pensilvania

Prometeo, encadenado a una roca, se estremece y se retuerce de dolor cuando una gran águila le arranca el hígado. Es el castigo diario que Zeus ha decretado para el titán por haber robado el fuego a los dioses y ofrecérselo a los humanos. La antorcha encendida es un recordatorio de su crimen. Rubens (1577–1640) fue aclamado por su habilidad para infundir un dramatismo convincente a la pintura narrativa. Las contorsiones del enorme cuerpo de Prometeo y el realismo de su tensa musculatura intensifican la sensación de agonía. La dramática diagonal de la composición exagera el efecto teatral. Rubens había pasado ocho años estudiando el arte clásico y renacentista en Italia antes de regresar a su Amberes natal y esta pintura es el resultado de su investigación. El cuerpo de Prometeo recuerda tanto a la escultura clásica como a los expresivos desnudos de Miguel Ángel, aunque su fuerza emocional no tiene parangón en el arte anterior. En realidad, se trata de un cuadro hecho en colaboración. Rubens encargó a Frans Snyders (1579–1657), pintor de animales y naturalezas muertas, que realizara el águila; no era inusual que contratara a asistentes. Sus estilos característicos –Rubens, suelto y expresivo; Snyders, preciso y detallado– se distinguen con claridad.

# PANDORA

## DANTE GABRIEL ROSSETTI

*Pandora*
1871
Óleo sobre lienzo
131 x 79 cm
Colección privada

Los espíritus del mal rodean a Pandora mientras esta abre una pequeña caja con un lema inscrito que alude a su modelado con arcilla cocida: *Nescitur Ignescitur* («nacida de las llamas»). La nostálgica y melancólica Pandora fue dibujada por Jane Morris, esposa de William Morris, amigo del artista prerrafaelita Dante Gabriel Rossetti (1828-1882). Equívocamente, el trabajo puede interpretarse como un reflejo de la atracción de Rossetti por Jane, una relación que fue destructiva, pero también un catalizador positivo para su imaginación creativa. Rossetti era un personaje único entre la Hermandad Prerrafaelita porque tenía tanto éxito como artista que como poeta. Esta pintura, un encargo del escocés John Graham en 1869, se acompaña de un soneto que se publicó en *Poemas* (1870): «Pandora (para una pintura)». Rossetti rara vez exhibía su trabajo, pero *Pandora* se presentó en Glasgow en 1872 (en contra de sus deseos) y, en 1883, tras su muerte, se incluyó en una pequeña exposición conmemorativa en Londres. Cuando volvió a mostrarse en esta ciudad, en 1894, *The Art Journal* admiró la fascinación que producía: «Se intuye una tragedia inminente, el rico colorido está en perfecta armonía con la expresión del rostro, reflexiva y visionaria, mientras ella lleva la misteriosa caja de la que emana la llama destructora que, a medida que asciende, adopta las formas de mensajeros del mal con alas carmesíes.»

**DAVID MEDALLA**

*Cosmic Pandora Micro-Box*
2010
Técnica mixta
c. 45 x 35 x 25 cm
Colección privada

Durante una estancia en Brasil, el filipino David Medalla (nacido en 1942) reunió varios objetos relacionados con su viaje y los exhibió como una colección. Algunos tienen relación con el artista: unos calcetines colocados con esmero dentro de sus zapatillas, un paquete de papel de aluminio con cáscaras de ostras, la carne que había comido; otros, con sus viajes, como una pastilla de jabón de un hotel, un frasco de tinta y varios folletos de exposiciones. Una obra de arte tridimensional titulada *Paula*, encontrada en una calle de São Paulo, también pasó a formar parte de la colección. Pueden detectarse afinidades entre estos objetos, desde la forma (círculos, patrones geométricos) hasta la función (empaquetado, dibujo). Presentados dentro de una caja de cartón ordinaria, los objetos actúan como sustitutos del cuerpo del artista mientras este se adentra por un territorio desconocido. Al hacer referencia a Pandora en el título, Medalla crea un vínculo con la caja de la que escaparon los males del mundo. Aquí los objetos representan la belleza inesperada de lo ordinario, un giro caprichoso del castigo divino de los dioses.

# EL NACIMIENTO DE VENUS

## SANDRO BOTTICELLI

*El nacimiento de Venus*
1486
Témpera sobre lienzo
172,5 x 278,5 cm
Galería de los Uffizi, Florencia

Venus, diosa del amor y la belleza, navega hacia la costa sobre una enorme concha, impulsada por Céfiro, dios del viento del oeste, y recibida por su esposa Flora, diosa de las flores y la primavera. En la orilla de la isla griega de Kythera (o quizá Chipre), la espera una ninfa con una túnica rosa destinada a cubrir su desnudez, pero Botticelli hace que la tela se eleve para que el espectador admire el cuerpo de la diosa. Venus nació de la espuma formada en el mar cuando Saturno arrojó los genitales que había amputado a su padre Urano. Botticelli (1445–1510) se había formado en Florencia como pintor de retablos de iglesias y capillas y no tenía conocimientos suficientes para representar la mitología clásica. Su mecenas (probablemente un Medici), o un erudito a su servicio, tuvo que explicarle el relato al artista. Botticelli estudió la escultura clásica para preparar la pintura y se inspiró en la *Venus púdica* y en su pose. Sin embargo, el torso alargado es una desviación del modelo clásico. Haciendo hincapié en el estatus de Venus como parangón de la belleza, Botticelli la idealizó como un grácil personaje casi humano. Su suave piel de porcelana y sus rizos cayendo en cascada son la quintaesencia de la belleza femenina del Renacimiento.

## RINEKE DIJKSTRA

*Kolobrzeg, Polonia, 26 de julio de 1992,* 1992
Copia cromogénica
143,5 x 113,2 x 4,5 cm
Tate, Londres

La fotógrafa holandesa Rineke Dijkstra (nacida en 1959) es conocida por su serie *Retratos de playa*, una colección de retratos de gran formato de niños y adolescentes, principalmente de Europa del Este, realizados entre 1992 y 1998. Todos se caracterizan por la intensidad y la franqueza de la mirada del sujeto; la consistencia de la composición pone de relieve las sutiles diferencias en la vestimenta, la pose y el porte, tal vez invitando a considerar la vida interior de estos niños y niñas como un período extraño y de transición en su existencia. La pose de esta niña polaca recuerda el *contrapposto* de la diosa en *El nacimiento de Venus* de Botticelli, una pintura tan conocida que se diría que la referencia es deliberada. Pero podría ser una coincidencia, un afortunado accidente derivado de la incomodidad de una joven frente a la cámara, que se muestra a la vez segura y consciente de sí misma, confiada y vulnerable. Dijkstra ha dicho de esta serie: «Buscaba poses desinhibidas y no daba demasiadas indicaciones a mis modelos. Al concentrarme en la postura, la mirada y los gestos, estas fotos ofrecen algo que está entre el posado y la naturalidad». Afrodita, diosa del amor, representa un ideal de belleza femenina tanto en la escultura griega clásica como en la pintura renacentista, pero Dijkstra rechaza esta noción idealizada, utilizando la objetividad de la lente para realizar un retrato que halla la belleza en lo real.

## FABRICE MONTEIRO

*Sin título #2*
2013
Copia sobre papel baritado
100 x 150 cm

Una Afrodita exhausta y angustiada surge de las olas en las costas del Senegal del siglo XXI, con el rostro y el cuerpo cubiertos de pegajoso petróleo negro. En una mano sostiene un ave marina muerta; la otra, cubierta de apéndices negros, recuerda a un calamar. Lleva un extravagante vestido impregnado de aceite, un collar de plumas y amplias faldas que se ondulan en las aceitosas aguas a su alrededor. Es un espíritu, un *djinni* africano que envía una advertencia de la Madre Tierra sobre los peligros de la contaminación marina, no solo para África, sino para todo el planeta. Se trata de una de las diez obras que integran *La profecía*, una serie fotográfica centrada en diversos aspectos de la devastación ecológica en Senegal, un país en el que se acumulan los desechos y casi nada se recicla. Para transmitir su mensaje, Fabrice Monteiro (nacido en 1972) ha creado imágenes que evocan el animismo, sistema de creencias que es parte importante de la vida cotidiana en África occidental. Colaboró con Doulsy, un diseñador de moda y de vestuario senegalés que fabrica toda su ropa con telas recicladas. Los materiales para el colosal vestido de plástico que parece «petróleo» se recogieron en una isla frente a la costa, cerca de Dakar, donde había quedado varado un pesquero de arrastre que transportaba 400.000 litros (105.670 galones estadounidenses) de combustible.

# BATALLAS OLÍMPICAS

## RON MUECK

*Hombre salvaje*, 2005
Técnica mixta
285 x 161,9 x 108 cm
Tate, Londres / Galerías Nacionales de Escocia, Edimburgo

Con su escala casi divina, *Hombre salvaje* evoca figuras míticas como las de Atlas o Prometeo. La gigantesca figura parece atormentada por el miedo: la piel pálida ejecutada con un grado extremo de realismo, las manos agarradas a los lados del taburete, los hombros levantados, los dedos de los pies apretados contra el suelo y los talones elevados. Esta obra, característica del trabajo del escultor australiano Ron Mueck (nacido en 1958), se ha concebido para despertar sentimientos de empatía y desencadenar una fuerte respuesta emocional en el espectador. Vemos la figura divina como la de un ser humano sujeto al miedo, la ira y la desesperación. Estas respuestas empáticas y emocionales son una forma apropiada de entrar en la teología grecorromana. Mientras que el cristianismo ve al hombre hecho a imagen de Dios, los antiguos griegos y romanos concibieron a sus dioses como humanos convertidos en dioses por su inmortalidad. La combinación de una escala divina con una vulnerabilidad humana apunta directamente al pilar fundamental de la mitología grecorromana: los dioses y sus defectos humanos.

## GIULIO ROMANO

*La caída de los gigantes*, 1530
Fresco
Altura (hasta el arco): c. 7 m
Palacio del Té, Mantua, Italia

Toda la sala está pintada con un único fresco narrativo, una escala épica adecuada al tema de la pintura: la batalla de los dioses y los gigantes. Giulio Romano (1499–1546) sumerge al espectador en el dramatismo de la escena, creando un efecto a la vez emocionante y confuso. Los gigantes terrestres se han rebelado contra Júpiter, juntando dos montañas para trepar al monte Olimpo. Júpiter los rechaza destruyéndolos con su descarga de rayos. En el fresco de Romano, Júpiter, bajo la mirada de los otros dioses del Olimpo, desciende sobre una densa nube con un haz de rayos. Su trono con cabeza de águila está encima de él, en el centro de un ilusorio espacio abovedado. Los desventurados gigantes se desploman, algunos aplastados por piedras, otros sumergidos en el agua. En una sección, una gran arcada clásica de ladrillos y mármol se derrumba y cae sobre los gigantes, que hacen gestos de horror. Con ese efecto de ilusionismo típico de su período manierista, Romano hace que parezca que la habitación se está desmoronando. Esta ingeniosa y divertida idea convirtió al fresco en un añadido perfecto para el palacio privado de su mecenas, Federico Gonzaga: invitaba a sus amigos a entrar en la sala y observaba su reacción ante el dramático escenario.

## ARTISTA DESCONOCIDO

*La batalla de los dioses y los gigantes*
c. 180–175 a.C.
Mármol
Altura: 2,25 m
Museo de Pérgamo, Staatliche Museen, Berlín

En el siglo II a.C, los devotos que se acercaban al colosal altar de Zeus en lo alto de una colina sobre la ciudad de Pérgamo, en Asia Menor, experimentaban una sensación como de agitación o conmoción inducida por las esculturas en torno a la plataforma del sacrificio. El friso narrativo de 90 metros de largo (295 pies) representa la Gigantomaquia, batalla cósmica de Zeus y los dioses contra los gigantes terrestres. Las figuras de tamaño natural, talladas casi alrededor de todo el perímetro con profundas incisiones que crean sombras dramáticas, se proyectaban hacia el espectador y algunas veces parecían emerger fuera de su marco. El altar de Zeus en Pérgamo, el complejo escultórico más extenso del mundo antiguo, se construyó para celebrar la victoria de la ciudad frente a los invasores galos en el siglo III a.C. Cuando Pérgamo fue destruida cinco siglos más tarde, el altar quedó en ruinas hasta finales del siglo XIX, cuando sus dañados restos se reconstruyeron en Berlín. En esta sección del friso este, Zeus lucha contra tres gigantes. Un gigante caído, a la izquierda, ha sido derribado por uno de los rayos de Zeus. A la derecha, el líder de los gigantes, Porfirio, con patas de serpiente, es atacado por el águila de Zeus, mientras que el dios, de pie a la izquierda, se prepara para lanzar otro rayo. Pese a su estado, los paneles conservan un gran vigor transmitido por la musculatura de las figuras, las ondulantes colgaduras y el juego de luces y sombras.

# EL MONSTRUO EN EL LABERINTO

## TESEO Y EL MINOTAURO

En los primeros tiempos, Creta estaba gobernada por el rey Minos y su esposa Pasifae, hermana de Helios (el Sol). El suyo no fue un matrimonio dichoso. Poseidón, rey del mar, había enviado un toro blanco a Minos con la esperanza de que lo sacrificara en su honor, pero el rey fue incapaz de dar muerte a tan hermosa criatura; Poseidón, enfurecido, hizo que Pasifae se enamorara de la bestia. Ella, trastornada por la lujuria, persuadió a Dédalo (primer gran artista y arquitecto de la Antigüedad) para que construyera una vaca artificial. La reina se escondió dentro para atraer al toro y satisfacer su pasión: Giulio Romano captura esta entrada furtiva en un fresco de 1528 (p. 42). El resultado de este impío acoplamiento fue el Minotauro, una criatura híbrida, mitad hombre y mitad toro. Minos asistió al alumbramiento de quien suponía iba a ser su primer hijo, pero cuando la criatura vio la luz, solo escuchó un diabólico mugido.

El rey decidió esconder al monstruoso fruto del adulterio de Pasifae dentro de un gran laberinto. Pidió a Dédalo –cuyo ingenio había causado el escándalo– que diseñara un tortuoso laberinto junto al palacio de Cnosos: una serie de callejones sin salida e intrincados pasadizos que hacían imposible la huida, y que los artistas han comparado tanto con un espacio físico como mental. El pintor victoriano G. F. Watts imaginó un parapeto abierto en el laberinto desde el que el monstruo prisionero pudiera contemplar el mar con tristeza (p. 45). La historia del laberinto fue especialmente importante para Pablo Picasso, cuyos grabados de la *Suite Vollard* (p. 44) revelan cierta simpatía por el infortunio de la criatura híbrida, incluso cuando se complace en satisfacer su naturaleza bestial.

Así pues, Minos confinó y ocultó a su grotesco «hijastro», alimentándolo con siete jóvenes y siete doncellas atenienses que le enviaban como tributo cada nueve años –un cruento castigo exigido a Atenas tras el asesinato del hijo de Minos en los juegos panatenaicos–. Dispuesto a acabar con esta espantosa tradición, el príncipe ateniense Teseo, hijo del rey Egeo, se ofreció voluntario para convertirse en uno de los jóvenes condenados y navegó hacia Creta para matar al Minotauro y recuperar el orgullo de su ciudad. Una vez allí, se ganó el corazón de la hija de Minos, la princesa Ariadna, quien le ayudó a abrirse camino por el laberinto utilizando un ovillo de hilo que fue desenrollando en su recorrido. Teseo dio muerte al monstruo en el corazón del laberinto y volvió sobre sus pasos hasta la entrada.

Huyó con Ariadna en su barco y le prometió que se casaría con ella. La primera noche hizo escala en la isla de Naxos. Allí abandonó a la princesa y se embarcó con sus camaradas hacia Atenas, donde su padre le esperaba frente a los acantilados de Sunion. Habían acordado que si Teseo conseguía matar al Minotauro y sobrevivir, cambiaría las velas negras del barco, con las que había partido de Atenas, por otras blancas. Pero Teseo olvidó la promesa y cuando el rey Egeo avistó las velas negras del barco, pensó que su hijo había muerto y se arrojó desde los acantilados al mar, que en adelante llevaría su nombre.

La historia del Minotauro, sobrenatural y arcaica, ha logrado captar la atención de los artistas a lo largo de la historia, tal vez porque sus temas centrales –el deseo prohibido, el ansia de satisfacción y el hecho de la peculiaridad sexual– son extremadamente reales, siempre discernibles entre las trivialidades y las neurosis de la vida moderna.

## GIULIO ROMANO

*Pasifae y el toro*
1528
Fresco
Palacio del Té, Mantua, Italia

Martillo en mano, Dédalo ayuda a Pasifae a introducirse dentro de la vaca que él mismo ha diseñado para que la reina pueda consumar su insaciable deseo por el toro. El pasivo animal, animado por Cupido, contempla con adoración a la reina de Creta. El ingenio de Dédalo era legendario; también sería él quien más tarde diseñase el laberinto para encerrar al monstruoso hijo de Pasifae, el Minotauro. Para este fresco, Giulio Romano (1499-1546) se inspiró en varias fuentes, incluyendo las antiguas imágenes romanas de héroes que derrotaban a animales salvajes. En un gesto de ilusionismo muy propio del artista, la cola de la vaca parece proyectarse provocativamente más allá del marco. El fresco está en la Cámara de Psique, la habitación reservada a los invitados más distinguidos de la «villa de las delicias» que Giulio diseñó y decoró para Federico Gonzaga (p. 36-37). Mientras que el esquema decorativo general de la sala muestra episodios de la historia de Psique y Cupido, otros paneles ilustran escenas de romances extraños o trágicos: Polifemo, Acis y Galatea, Júpiter y Olimpia, Baco y Ariadna, Marte y Venus, Venus y Adonis. Sobre ellos puede verse una inscripción que afirma que Federico ordenó que el palacio se construyera «para el ocio virtuoso después del trabajo, para restaurar la fuerza en paz».

## JACKSON POLLOCK

*Pasifae*
1943
Óleo sobre lienzo
142,6 x 243,8 cm
Museo Metropolitano de Arte, Nueva York

Dos figuras vigilantes –una femenina y otra masculina– están de pie a cada lado de un desnudo femenino recostado, mientras que otros personajes, solo esbozados y rodeados de arabescos, ocupan el fondo. Estos indescifrables mensajes crean una maraña de signos y símbolos abstractos puntuados por líneas nítidas y en *stacatto*. Esta es la primera pintura a gran escala realizada por Jackson Pollock (1912–1956) antes de que desarrollara sus radicales técnicas de goteo y vertido por las que se dio a conocer. Pollock, cuyas influencias incluyen el surrealismo y el cubismo, y que había experimentado el análisis psicológico jungiano de primera mano, explicó posteriormente que la fuente de esta pintura era «el inconsciente». Sus obras se desarrollaban sin estudios preliminares. En su opinión, tenían que disfrutarse como se disfruta de la música y los espectadores deberían recibir lo que tienen que ofrecer las pinturas sin fijarse en el tema. En un primer momento, Pollock había dado a esta obra el título de *Moby Dick*. Cuando se le sugirió que lo cambiara por *Pasifae*, respondió: «¿Quién demonios es Pasifae?». Sin embargo, al contarle la historia, se sintió atraído por su extraña mezcla de erotismo y bestialidad. El hecho de que Pasifae fuera la madre del Minotauro, asunto favorito de los surrealistas y fascinante para Picasso, fue un motivo más para su elección.

## PABLO PICASSO

*Minotauro enamorado de una mujer centauro*
1933
Aguafuerte
19,4 x 26,8 cm
Museo Nacional Picasso, París

Esta representación del Minotauro es una de las muchas que sobre este tema realizó Pablo Picasso (1881–1973) desde principios de los años veinte. El artista español no pretende contar una historia concreta de este personaje mitad hombre y mitad toro, sino que lo incorpora en escenas mitológicas generales, acompañado de artistas, marineros y modelos. Posteriormente, representará al Minotauro de forma más feroz y elemental, dominando las características del animal sobre las humanas. Este cambio se evidencia en los centenares de aguafuertes que forman la *Suite Vollard* (1933-1937) y que van desde la presencia casi juguetona de las primeras piezas hasta el depredador sexual de los grabados centrales y la criatura ciega e impotente de los últimos. En este grabado 87, de la tercera etapa, el Minotauro parece que viola a una mujer desnuda. A menudo, los críticos identifican al Minotauro con Picasso durante un turbulento período de su vida amorosa; aunque pueda contener ciertos elementos reales, la fuerza simbólica de imágenes como esta va más allá de lo personal y alude al salvajismo que subyace bajo la vida civilizada, así como a las tensiones políticas de los años treinta.

## GEORGE FREDERIC WATTS

*El Minotauro*
1885
Óleo sobre lienzo
118,1 x 94,5 cm
Tate, Londres

El Minotauro contempla el mar a lo lejos mientras espera su próximo sacrificio. En un arrebato, aplasta un pequeño pájaro entre sus rudas manos. Su grotesca forma híbrida contrasta con la belleza del paisaje marino. G. F. Watts (1817–1904) era consciente de la desigualdad social de su época y algunos comentaristas han visto esta obra como una alusión al problema de la prostitución infantil. La noticia de este negocio se hizo pública en julio de 1885; su impacto fue tal que ese mismo año se aumentó la edad de consentimiento sexual. El mito le permite a Watts abordar temas sociales y quizá el pequeño pájaro simboliza la pérdida de la inocencia arrebatada por el brutal Minotauro. Watts presentó por primera vez la pintura en Liverpool a finales de 1886 –junto con otra obra, *Amor y vida*– y en el catálogo de la exposición explicaba: «La verdadera misión del arte no es simplemente entretener, sino ilustrar y encarnar la configuración mental de lo bello y lo noble, interpretándolos como lo hace la poesía, y también aborrecer lo bestial y lo brutal». *El Minotauro* formó parte de la importante donación que hizo el artista, en 1897, a la recién inaugurada colección de arte británico en la Tate Gallery, que puso su genio visionario a disposición del público para siempre.

## ARTISTA DESCONOCIDO

*Ritón en forma de cabeza de toro*, c. 1450–1400 a.C.
Serpentinita, concha, cristal de roca, jaspe, madera dorada
Altura (sin cuernos): 20,6 cm
Museo Arqueológico de Heraclión, Creta

La imagen del toro impregnó la cultura cretense durante la Edad del Bronce, desde aproximadamente el año 3000 hasta el 1500 a.C. Representaciones estilizadas de cuernos de toro marcaban la entrada de palacios y santuarios, probablemente simbolizando el sol; el mismo animal danzaba en las paredes decoradas con frescos y relieves de estuco; y las cabezas de toro se repetían en joyas de oro, sellos de piedra, estatuillas de bronce y vasijas talladas. La arraigada pugna entre el carácter salvaje del toro y la necesidad de someterlo podría ser el origen del salto del toro, una práctica en la que el atleta, apoyándose en los cuernos del animal, salta sobre su lomo, así como el origen del mito del Minotauro devorador de hombres, confinado en los laberínticos pasillos de Cnosos. Este ritón (recipiente para líquidos con dos entradas), muy restaurado pero aun así exquisito, se encontró con otros objetos rituales en el pequeño Palacio de Cnosos y podría haber sido roto deliberadamente como parte de un ritual. Una posibilidad es que se destinara a servir vino en los banquetes, pero su peso, sus ricos componentes y la cabeza de toro hacen pensar que se utilizó para verter la sangre de un toro sacrificado. Una pintura con la misma escena de sacrificio se conserva en un sarcófago de piedra hallado en la excavación minoica de Hagia Triada, en el sur de Creta.

## WILLIAM BLAKE

*El Minotauro*
1824–1827
Pluma y tinta con acuarela sobre lápiz y tiza
37,1 x 52,3 cm
Museo de Arte de Harvard / Museo Fogg, Cambridge, Massachusetts

El Minotauro, criatura fantasmagórica, se levanta sobre sus patas traseras y eclipsa las figuras de Dante, poeta italiano del siglo XIV, y de su guía, el poeta romano Virgilio, rodeados de volutas de humo. Esta pintura de William Blake (1757–1827) ilustra una escena de *La divina comedia* de Dante en la que este y Virgilio se encuentran con el monstruo que custodia el séptimo círculo del cielo, reservado para los condenados violentos. En el poema de Dante, Virgilio (en azul) se burla del Minotauro recordándole a su asesino, el guerrero ateniense Teseo, hasta que el animal se enfurece. En 1824, Blake recibió el encargo del joven artista John Linnell de ilustrar la alegoría de Dante sobre el viaje del alma hacia la vida del más allá. El visionario pintor-poeta británico falleció antes de finalizar el proyecto, dejando siete grabados y 102 bocetos a color y acuarelas. Este ilustra la imaginativa iconografía de Blake y su personalísimo vocabulario místico. Como cristiano inconformista –era propenso a tener visiones–, Blake consideraba que el artista era más instrumento de la revelación divina que el sacerdote. Si bien admiraba la obra de Dante y compartía su oposición por la autoridad y la opresión, sus anotaciones sugieren una divergencia respecto al racionalismo.

## MARY REID KELLEY Y PATRICK KELLEY

*Priapus Agonistes*
2013
Vídeo HD, sonido, realizado con Patrick Kelley
15 minutos 9 segundos

En *Priapus Agonistes*, la artista y poeta estadounidense Mary Reid Kelly (nacida en 1979) interpreta el mito del Minotauro en clave femenina, presentando al monstruo –fruto de la transgresión de Pasifae con el toro– como una criatura mitad vaca y mitad mujer. Partiendo de una trilogía que explora la historia del Minotauro, el vídeo parodia el clásico drama griego utilizando un coro y máscaras, a la vez que teje referencias con la cultura popular contemporánea, la literatura y la religión en una tragicomedia de múltiples niveles. La propia Kelley interpreta todos los personajes, empleando accesorios, pelucas y disfraces de dibujos animados. Realizado en colaboración con su pareja, Patrick Kelley, este vídeo en blanco y negro combina dibujo, animación y actuación en vivo con una narración subida de tono, aunque erudita, con versos rimados y voz en *off*. *Priapus Agonistes* se inicia con un partido de voleibol entre equipos de iglesias rivales, en el que los perdedores serán sacrificados para satisfacer los deseos del Minotauro. En un laberinto debajo del gimnasio, el híbrido de mujer y vaca se representa como una figura solitaria y absurda, que se pierde tratando de encontrar el lavabo. Ingenuamente, se cree bendecida por una gran belleza y piensa que los obscenos grafitis de sus víctimas son tributos en su honor. Pero debajo de la bravuconería subyace la vulnerabilidad; ella se cuestiona el rechazo de su familia. El vídeo finaliza con la erección fallida del dios de la fertilidad, Príapo –una escena repleta de juegos de palabras obscenos–, que avanza para despachar a la bestia en lugar del noble guerrero Teseo.

**LEONORA CARRINGTON**

*La hermana del Minotauro*
1953
Óleo sobre lienzo
60 x 70 cm
Colección privada

Esta pintura de la artista surrealista británica Leonora Carrington (1917–2011) subvierte las expectativas del espectador. Mientras que, en general, los artistas representan al Minotauro como símbolo de machismo salvaje, Carrington muestra a un animal delicado y triste, junto a una mesa llena de bolas de cristal y frente a dos niños vestidos con capas negras. Domina la escena una presencia severa y espectral engalanada con un elaborado tocado, la hermana del Minotauro que da título a la obra. Este ser poderoso atrae nuestra atención. La sensación de desorientación se consigue con los pilares que retroceden, las volutas de nubes bajo el techo abovedado y una figura danzante a la que miran dos perros. Para Carrington, la mitología era un punto de partida más que un destino. Sus pinturas, ambientadas en reinos de ensueño poblados por extrañas figuras que a menudo participan en misteriosos rituales y criaturas híbridas que recuerdan a las del Bosco, deben tanto al inconsciente como al folclore, los cuentos de hadas, las leyendas y los mitos. Carrington formaba parte del círculo surrealista de artistas y escritores europeos en el que participaban Paul Eluard y Max Ernst, que fue su amante. Después se trasladó a México y creó su propia versión del realismo mágico.

## BAHMAN MOHASSESS

*Minotauro*, 1960
Óleo sobre lienzo
70,5 x 50 cm
Colección privada

El artista iraní Bahman Mohassess (1931–2010) se inspiró en muchos personajes de la mitología griega, especialmente en el Minotauro, la figura mitad animal y mitad hombre que se representa con cuerpo de hombre y cabeza de toro. En este caso, la furia de la poderosa criatura en su cruel situación se hace eco del contexto vital del artista. Mohassess estudió en Irán y en Italia, pero la relación conflictiva con su país de origen le llevó a establecerse permanentemente en Roma en 1968. Como hombre abiertamente homosexual en una cultura que no lo aceptaba, dio la espalda a los temas y las técnicas artísticas persas, encontrando una salida para su arte subversivo y su individualidad provocadora en la mitología antigua y la sociedad liberal contemporánea de Occidente. Sin embargo, a pesar de haber vivido la mitad de su vida en Europa, no podía deshacerse de su propia hibridez: como el Minotauro, que mira con ceño fruncido al espectador por encima de su hombro, con la carne grisácea desprendiéndose de su musculoso cuerpo, Mohassess no era ni una cosa ni otra, ni ambas a la vez. Conocido como el «Picasso persa», realizó pinturas, esculturas, *collages* y escenografías teatrales, y una vez afirmó: «Mis criaturas existen en el escenario de un teatro. Miradlo de cerca: ¡este Minotauro se está muriendo justo delante de los ojos del espectador!».

## RICHARD PATTERSON

*Minotauro azul*, 1996
Óleo sobre lienzo
208,3 x 312,4 cm

Cuando el pintor británico Richard Patterson (nacido en 1963) compró un pequeño muñeco de plástico del Minotauro, quedó impresionado porque la figura no tenía genitales y pensó que esa era la causa de su expresión triste. Años más tarde, el muñeco se convirtió en el tema central de un grupo de obras de Patterson. Aunque el mítico Minotauro tenia una apariencia y unas costumbres monstruosas, también era símbolo de animalidad viril. Sin embargo, el Minotauro azul no ilustra este elemento del mito clásico. En esta serie, Patterson ha invertido las características del Minotauro y le ha otorgado una personalidad inquisitiva al confrontarlo con un escenario urbano nocturno del siglo XX. Aun así, el Minotauro es fiel a su actitud, ya que contempla la vida más allá del laberinto en el que habita. Patterson le da vida a través de una convincente fusión de la presencia palpable del muñeco kitsch y una reflexión sobre la pintura en sí misma. Al igual que el artista, el Minotauro contempla su materia prima, dispuesto para devorarla.

## ARTISTA DESCONOCIDO

*Teseo tras matar al Minotauro*
Siglo I d.C.
Fresco
97 x 88 cm
Museo Arqueológico Nacional, Nápoles

Esta escena del héroe Teseo aclamado por haber dado muerte al Minotauro, se sitúa en uno de los lados del peristilo de la casa de Gavius Rufus, en Pompeya, frente a una pintura de la boda de Piritoo e Hipodamia, en la que un centauro intenta raptar a la novia. Ambos frescos forman una pareja perfecta, ya que los héroes Teseo y Piritoo eran amigos y ambos vencieron a monstruos mitad bestias mitad humanos: el Minotauro en el primer caso y el centauro en el segundo. Las dos bestias habían amenazado la vida de los ciudadanos que los héroes estaban obligados a proteger: los atenienses, en el caso de Teseo, y los lapitas de Tesalia, en el de Piritoo. Como en muchas pinturas de Pompeya, es especialmente significativo el momento que se ha elegido representar. Aquí, Teseo es el vencedor: el Minotauro yace muerto en la entrada del laberinto. Un niño, que ya no será devorado por el monstruo, acaricia la mano del héroe para honrarle, mientras un grupo de agradecidos atenienses se agolpa detrás; otro niño se postra a sus pies. En cambio, la escena de la pared opuesta describe una etapa anterior del relato, cuando Piritoo es besado en la mano por un centauro invitado al banquete de bodas, el mismo que más tarde intentará raptar a la esposa del héroe, Hipodamia. Así, paseando por el peristilo, uno podía contemplar el preludio y el desenlace de los relatos de ambos héroes.

## JENS LAUSEN

*Mapa n.º III: el hilo de Ariadna*
1969
Serigrafía
68 x 56 cm
Tate, Londres

Esta colorida serigrafía muestra una ondulante escalera que conduce a un portal de doble arco a través del cual se adivina un arcoíris y un paisaje montañoso bajo un cielo amarillo. Una sinuosa línea roja fluye desde el umbral y desciende por los peldaños; este perfil ondulante contrasta vivamente con las líneas diagonales rojas y naranjas del fondo. La brillante escena representa el laberinto desde el que Teseo, tras haber dado muerte al Minotauro, logró escapar con la ayuda del largo hilo que le entregó la princesa Ariadna. Esta obra, muy influida por la psicodelia, el diseño gráfico y los suaves contornos del *art déco*, es típica del estilo que el artista alemán Jens Lausen (1937-2017) desarrolló a finales de la década de 1960. Sus pinturas y grabados combinan formas simples y planos de color con un efecto sorprendente y, aunque a menudo bordean lo abstracto, siguieron siendo característicos de su trabajo a lo largo de toda su carrera. Lausen vuelve a imaginar el laberinto mítico como una especie de escenario psicodélico que recuerda los paisajes urbanos oníricos de Giorgio de Chirico (p. 59, 182), una de las principales influencias de Lausen. Pero la imagen es ambigua: ¿representa la esperanza de Ariadna aguardando el regreso de su amado? ¿O su vacuidad apunta a su trágico destino, abandonada por Teseo en la isla de Naxos?

**MAESTRO DE CASSONI CAMPANA**

*Teseo y el Minotauro*
c. 1510–1520
Óleo sobre panel
69 x 155 cm
Museo del Petit Palais, Aviñón

Esta pintura, llena de minuciosos detalles, cuenta la historia de Teseo desde su llegada a Creta hasta su partida a Naxos. Pertenece a una serie de cuatro *spalliere* –paneles engastados en muebles o paredes– y constituye el tercer capítulo de un extenso relato que empieza con la pasión de Pasifae por el toro y finaliza con Ariadna abandonada por Teseo en Naxos. Aquí, la acción principal se refiere a la batalla de Teseo con el Minotauro, representado como un toro con cabeza y torso de hombre, que aparece por primera vez desbocado, a media distancia, más allá del laberinto. Teseo ha sido enviado para poner fin al reino de terror del Minotauro y llega debidamente equipado con una armadura del siglo XVI. Aparece cinco veces: primero cuando conoce a las hijas del rey Minos, Ariadna y Fedra (a la izquierda); luego otra vez con las dos hermanas, cuando Ariadna le entrega el hilo que salvará su vida; a continuación, en su camino hacia el laberinto; luchando con el Minotauro

y, por último, dirigiéndose hacia su barco, flanqueado por Ariadna y Freda. A pesar de las depredaciones del monstruoso hijo del rey Minos, la ciudad parece extremadamente civilizada, con una espléndida arquitectura renacentista y vistas interiores de opulentos edificios. Esta elegancia es de inspiración florentina, ya que la nave de Teseo exhibe escudos con la insignia de los Medici y el artista conocido como Maestro de Cassoni Campana (activo en 1500-1525) vivía en Florencia.

## GRUPO SUB-DIPYLON (ATRIB.)

*Teseo y Ariadna*, c. 735 a.C.
Terracota pintada
Altura: 30,5 cm
Museo Británico, Londres

Pintado en el estilo geométrico tardío con que los artistas griegos representaban figuras con perfiles simples y angulares, la parte frontal de esta vasija está dominada por un enorme barco con dos filas de remeros, cuyos cuerpos son una serie de triángulos repetidos que expresan el ritmo acompasado de su forma de remar. Limitado a un único plano, el artista distorsiona el campo de visión al representar registros apilados en vez de filas paralelas. También juega con la escala: a la izquierda, una figura masculina, más grande que la propia nave, está a punto de subir a bordo, mientras gira la cabeza hacia la mujer cuya muñeca agarra posesivamente. Con el pelo largo y falda de rejilla, es una de las primeras representaciones de una mujer en una vasija griega. Su gran tamaño indica que se trata del motivo central de la composición, pero no sabemos quiénes son estas figuras. Quizá Ariadna y Teseo escapando de Creta, ya que el tocado de ella podría ser la corona mágica que utilizó (en algunas versiones del mito) para iluminar el laberinto. Posiblemente, la vasija se utilizaba en ceremonias nupciales, en las que esta escena de secuestro –mitológica y genérica– se convierte en paradigma y metáfora del matrimonio.

## WILFREDO PRIETO

*Viaje de ida y vuelta (El hilo de Ariadna)*, 2012
Bola de cuerda
Diámetro: 48,3 cm

En esta obra, el artista cubano Wilfredo Prieto (nacido en 1978) enrolla una cuerda blanca hasta formar una bola que alcanza casi medio metro de diámetro. Utilizando los medios que encuentra en el mundo que le rodea, Prieto sigue los pasos de la generación de artistas italianos que cultivaban el Arte Povera, realizando obras con materiales «pobres» y cotidianos (una ampliación y revisión del concepto de *ready made* de Marcel Duchamp). Prieto suele emplear la sátira para comentar temas políticos o como metáfora para orientar las interpretaciones conceptuales del espectador. En este caso, el título nos lleva a imaginar el camino («de ida y vuelta») que ha recorrido esta cuerda, enrollándose sobre sí misma, una vez más, para acabar donde empezó. Este proceso y su eventualidad se hacen eco de la historia de Ariadna, ya que también ella acabó siendo prisionera cuando intentaba escapar en un viaje que finalmente la llevó a ser abandonada por su amante Teseo, a quién ayudó a escapar del laberinto, y a cruzar los mares para después no volver a verlo jamás.

## LAVANYA MANI

*Laberintos rojos (El hilo de Ariadna)*
2009
Tinte natural, aplicación y bordado a máquina sobre algodón
260 x 168 cm

Si no fuera por las manos y por objetos como las tijeras, el ancla, una cinta métrica y una mecedora –aplicados en la superficie de esta tela–, podría parecer una composición abstracta de líneas sinuosas, que hiciera alusión a las composiciones experimentales del arte modernista del siglo XX. En cambio, como sugiere el título, la artista recuerda al espectador el empeño de Ariadna por ayudar a Teseo a escapar del laberinto del rey Minos, tejiendo un hilo conductor a través de la imagen. Lavanya Mani (nacida en 1977) utiliza procesos ancestrales de teñido y estampado, especialmente una técnica llamada *kalamkari*, que por lo general realizan solo los hombres y en la que el algodón se sumerge en leche de búfala, se tiñe y se teje antes de estamparse o dibujarse. La imagen hace referencia a un juego de cuerdas tradicional llamado *cunitas de gato* o *juego de hilos* en el que la cuerda se enrolla entre los dedos para crear una intrincada maraña que debe desenredarse. Interesada en las historias entrelazadas de los tejidos y el comercio colonial, Mani insinúa el pasado imperial de la India y cómo la potencia económica de la industria textil ayuda a llevar a su país hacia la independencia. También apunta a la experiencia universal de las mujeres; tradicionalmente vinculadas a la artesanía y al espacio doméstico, las mujeres han sido olvidadas en la historia del arte a favor de sus homólogos masculinos, del mismo modo que Ariadna fue menospreciada por Teseo al llegar a Naxos.

# PASEANTES DIVINOS

## VAGANDO POR LA TIERRA Y EL INFRAMUNDO

Los mitos clásicos suelen desarrollarse en un mundo hermoso e ilimitado en el que también están presentes la crueldad y la injusticia, un mundo no tan diferente de la vida real. Los dioses Dioniso y Perséfone vagaron por los vastos prados griegos y más allá, hallando, respectivamente, el placer y el dolor. Otro viajero mítico fue Orfeo, un ser humano dotado de virtudes musicales sobrehumanas, cuyas baladas embelesaban a los animales y los árboles que encontraba a su paso.

Teseo, después de matar al Minotauro y fugarse con Ariadna, desembarcó en la isla de Naxos. Allí puso fin a su historia de amor: mientras Ariadna yacía dormida en la playa, Teseo zarpó hacia Atenas con sus camaradas y la princesa, al despertar, aún pudo ver el barco alejándose en el horizonte. Su desconsuelo ha sido recreado por innumerables artistas, como Angelica Kauffman (p. 58). Pero la redención no tardó en llegar encarnada en el dios Dioniso (Baco en la tradición romana), quien vagaba por la isla con su séquito de amantes del vino. Se acercó a Ariadna, que había vuelto a sumirse en un sueño sereno, y le declaró su amor, un episodio célebre evocado por Tiziano (p. 62). El dios del vino y la princesa cretense contrajeron matrimonio en una jubilosa ceremonia en la que la bebida corrió sin límite. Ariadna lanzó su diadema de flores al cielo, donde se convirtió en una constelación, la Corona Boreal, inmortalizando su figura en las estrellas.

Orfeo era un poeta y un músico de la Tracia, en el norte de Grecia. Sus cantos y su lira atraían a todos los seres de la Tierra, incluso a los inanimados, como las rocas y los ríos. Se casó con la ninfa Eurídice, pero la tragedia hizo acto de presencia en la propia boda, cuando la ninfa, tratando de escapar de un lascivo sátiro que la había atacado, tropezó con un nido de víboras. La mordieron en el tobillo y murió en el acto. Orfeo, afligido, viajó al inframundo para suplicar su resurrección. Tras aplacar con su música la furia del Can Cerbero, el perro de tres cabezas, y del barquero Caronte, logró abrirse paso hasta Hades, rey del inframundo, y su reina, Perséfone, para rogarles que liberaran a Eurídice. La música de Orfeo ablandó el corazón de los dioses. Acordaron que Eurídice se fuera con él, pero con la condición de que caminase detrás de su marido y este no mirase hacia atrás hasta que estuvieran en el mundo superior. Pero cuando estaban cerca de la última puerta del inframundo, Orfeo volvió la cabeza para comprobar si su amada lo seguía y ella se desvaneció en el aire, encerrada para siempre en el mundo de los muertos. Desde entonces, Orfeo evitó el amor de las mujeres. Un grupo de ménades, seguidoras del dios Dioniso, se enfurecieron y lo despedazaron en un frenesí orgiástico. Se decía que la cabeza cortada de Orfeo, flotando río abajo, seguía tocando una bella melodía.

Antes de convertirse en reina del inframundo, Perséfone era una joven alegre y despreocupada, hija de Deméter (diosa de la agricultura). Un día, mientras recogía flores con sus amigas en el valle de Nysa, Hades la vio y la raptó, subiéndola en su carro para llevarla al inframundo. Deméter, desolada por la desaparición de su hija, la buscó por todo el mundo. En su desesperación, devastó el ganado de la Tierra y arruinó sus cosechas. Cuando descubrió lo que había sucedido, apeló a Zeus para que liberara a Perséfone, a lo que el dios consintió con la condición de que ningún bocado de comida hubiera atravesado los labios de su hija durante su paso por el inframundo. Pero Perséfone había comido una sola semilla de granada, por lo que nunca consiguió liberarse completamente del dominio de Hades. Fue obligada a permanecer a su lado durante la mitad del año y regresar con su madre en la otra mitad. El mito es una alegoría muy expresiva del papel de Perséfone como diosa de la vegetación, que se desarrolla espléndida en primavera y desaparece tras la cosecha.

# BACO Y ARIADNA

## ANGELICA KAUFFMAN

*Ariadna abandonada en Naxos*, c. 1782
Óleo sobre lienzo
88 x 70,5 cm
Gemäldegalerie Alte Meister, Dresde

Ariadna, al ocaso, aparece envuelta en una túnica bellamente drapeada, en la escarpada isla en la que ha sido abandonada; a sus pies, Cupido llora desconsoladamente por su aciago destino, física y emocionalmente aislada en el yermo peñasco, un infortunio que la luz subraya con dramatismo. La obra es la reelaboración de una composición de figura única sobre el mismo tema que la suiza Angelica Kauffman (1741–1807) había pintado en 1774, en aquella ocasión con una Ariadna yacente. En esta obra posterior, Ariadna señala con el gesto la causa de su infortunio; con la cabeza de perfil y parcialmente sombreada, mira hacia el barco que lleva a su amado Teseo, mientras desaparece en el horizonte. Kauffman fue un importante puente para el estilo neoclásico entre el continente y Gran Bretaña. En 1768, fundó la Real Academia de las Artes de Londres y se convirtió en una de las dos únicas mujeres que formaban parte de esa institución. Posiblemente, durante sus estudios juveniles en Italia, especialmente en Nápoles, vio una célebre representación del abandono de Ariadna, una pintura mural del siglo I a.C. procedente de Herculano, cerca de Nápoles. La representación de una Ariadna de carácter enérgico subraya la obstinada entereza de la heroína.

## TALLER DE JEAN PICHORE

*Ariadna abandonada por Teseo*, c. 1504
Témpera sobre pergamino
32,5 x 21,5 cm
Biblioteca Nacional de Francia, París

Captada justo al despertarse, esta Ariadna tiene un aire vulnerable en su desnudez. En la mano sostiene la toca blanca que usará para hacer señas a la nave en la que se aleja Teseo. La princesa abandonada en una isla inhóspita representa también a un grupo de seres dóciles –leones y osos del tamaño de un juguete y un dragón–. Ariadna escribe en una carta a su amante infiel: «Las bestias más salvajes han demostrado ser más buenas y amables conmigo que tú». Ovidio recreó a la traicionada y abandonada Ariadna en *Las Heroidas* (25-16 a.C.), una serie de epístolas ficticias de las heroínas clásicas a sus amados y abusadores. Unos 1.500 años después, se hizo muy popular una traducción francesa editada en manuscritos ilustrados y libros impresos. Muchas de las imágenes fueron creadas por el ilustrador y grabador parisino Jean Pichore (activo c. 1490–1521) o por su taller. El principal encanto de esta imagen reside en sus detalles: las enormes zapatillas y el gorro de dormir de Ariadna, y el suntuoso pabellón. A pesar de las deliberadas imprecisiones de escala en primer plano, las montañas azules en la distancia demuestran el conocimiento de la perspectiva por parte del artista.

## GIORGIO DE CHIRICO

*Ariadna*, 1913
Óleo y grafito sobre lienzo
135,3 x 180,3 cm
Museo Metropolitano de Arte, Nueva York

Al llegar a París en julio de 1911, Giorgio de Chirico (1888–1978) llevó consigo la mayoría de los ingredientes para sus próximas pinturas metafísicas. Había viajado desde Florencia, pasando por Turín, donde las desiertas plazas porticadas y las solitarias estatuas le habían causado una profunda impresión. Los recuerdos de su infancia en Grecia y de su estancia en Múnich, junto con reminiscencias de las pinturas del Renacimiento italiano, contribuyeron a reforzar su repertorio pictórico. Pero fue la soledad que sintió en París lo que le sirvió de catalizador para las pinturas de Ariadna, símbolo arquetípico del exilio, el abandono y la soledad. El primer modelo para la figura reclinada de Ariadna fue una pequeña escultura de yeso inspirada en una Ariadna dormida que se conserva en los Museos Vaticanos (p. 60). En esta (la séptima de la serie), la escultura yace bajo una franja de luz solar en una composición que evoca un paisaje urbano vacío de casi todo excepto de sombras y silencio. En el horizonte, la nave de Teseo se enfrenta a un tren de vapor combinando pasado y presente, mitología y mundo moderno.

## ARTISTA DESCONOCIDO

*Ariadna dormida*
Siglo II d.C., basada en un original griego de época helenística, c. siglo II a.C.
Mármol
Largo: 195 cm
Museo Pío-Clementino, Museos Vaticanos, Roma

Esta escultura de una mujer recostada, de tamaño superior al natural, la adquirió el papa Julio II en 1512. Durante el Renacimiento, la estatua fue identificada erróneamente con una Cleopatra moribunda, por la serpiente enroscada en uno de sus brazos. No fue hasta finales de la década de 1700 cuando el anticuario italiano Ennio Quirino Visconti identificó a la mujer como Ariadna dormida, abandonada por Teseo en la isla de Naxos. La estatua romana es probablemente una copia de una escultura griega realizada en Pérgamo e ilustra la fascinación helenística por los distintos estados corporales y psicológicos. Aquí no hay simetría clásica: cada parte del cuerpo, en ángulos opuestos, ocupa un plano diferente, mientras que el drapeado del manto fragmenta la forma femenina en numerosas secciones abstractas, un pecho aquí, una rodilla allí, las piernas separadas claramente del torso por un giro de la tela, el vientre enmarcado por pliegues. Esta desunión física expresa el malestar emocional de Ariadna y encarna sus atribulados pensamientos, prediciendo la angustia que el espectador sabe que la aguarda al despertar. Desordenado, su cuerpo se muestra vulnerable a las amenazas visuales y físicas, recordándonos que ese descubrimiento realizado por Dioniso podría dar lugar tanto a una potencial violación como a un rescate.

**JEFF KOONS**

*Esfera reflejante (Ariadna)*
2013
Yeso y vidrio
112,7 x 238,4 x 93 cm

La serie *Esferas reflejantes* es una oda que parodia la historia grecorromana a través del género de la ornamentación de jardines. En ella, Jeff Koons (nacido en 1955) combina esculturas de célebres personajes de la Antigüedad, como Venus, Apolo y los centauros, con objetos anticlásicos, como buzones de correo o muñecos de nieve. Cada una de estas esculturas de inmaculado yeso blanco está adornada con una esfera de cristal. Esta obra parte de *Ariadna dormida* (página anterior), que probablemente se basaba en una escultura helenística anterior, ahora desaparecida. Esa escultura se instaló a principios del siglo XVI como una fuente en los jardines del palacio Belvedere. En la versión de Koons, el mármol es reemplazado por yeso blanco que recuerda a los ornamentos que pueden encontrarse en un centro de jardinería actual. A ello, Koons añade un elemento decorativo inspirado en los jardines estadounidenses de las zonas residenciales: la esfera reflectante. Los orbes de Koons, de vidrio azul soplado a mano, recuerdan a los que se realizan en las islas cercanas a Venecia. La Ariadna de Koons duerme plácidamente, ajena a su precaria posición entre la belleza y la trivialidad.

**TIZIANO**

*Baco y Ariadna*
1520–1523
Óleo sobre lienzo
176,5 x 191 cm
Galería Nacional, Londres

Somos testigos de un *coup de foudre*, un instante congelado en el que una mortal y un dios se enamoran a primera vista. Baco, dios del vino, está a punto de desmayarse, cautivado al descubrir a la princesa Ariadna, quien se gira hacia él y descubre al que será su futuro amante. La constelación de estrellas en la que más tarde Baco transformará la corona de Ariadna –su regalo de bodas– queda suspendida en el cielo, sobre su cabeza. Tiziano (c .1485/90–1576) aísla la mirada de los enamorados, contraponiéndola a la frenética actividad que se desarrolla a su alrededor. Detrás del carro de Baco, tirado por un guepardo (p. 71), hay una procesión de sátiros, faunos y ménades, el séquito habitual del dios. Esta agitada comitiva toca panderetas y címbalos y arrastra partes del cuerpo de un becerro sacrificado, completamente indiferente a la historia de amor que se desarrolla al otro lado del carro. Tiziano recurrió a diversas fuentes clásicas: la narración tal vez procede de los poetas romanos Ovidio y Catulo y algunas de las figuras son alusiones directas a la escultura clásica. El cuerpo de Baco, por ejemplo, recuerda al del conocido lanzador de disco, *Discóbolo*; la figura con cuernos y serpientes enroscadas alude a *Laocoonte* (p. 210). El mecenas de Tiziano, Alfonso d'Este, duque de Ferrara seguro que reconoció estas referencias.

## MAURICE DENIS

*Baco y Ariadna*, 1907
Óleo sobre lienzo
81 x 116 cm
Museo del Hermitage, San Petersburgo

Si no fuera por el título, se podría pensar que esta pintura representa una animada y veraniega escena de playa contemporánea, quizá en la costa británica, donde el artista francés Maurice Denis (1870–1943) pasó algunos años con su familia a principios de la década de 1900. Sin embargo, una observación más detallada revela las claves mitológicas de la imagen. El barco que se aleja pertenece a Teseo, que abandona a Ariadna en la isla de Naxos; el luminoso y engreído niño del centro, con hojas de vid en el pelo, solo puede ser el joven Baco, y las tres muchachas vestidas que están en las rocas podrían ser las ninfas que acompañan a Ariadna. Esta, vistiendo una capa de rayas, se introduce en la comitiva de Baco. Denis era un cristiano devoto, pero también se sentía atraído por la idea de una existencia armoniosa basada en los antiguos mitos grecorromanos. A veces sus pinturas fusionan ambos mundos, pero aquí estamos frente a un sol arcadio (que también aparece en las pinturas de Henri Matisse y Pierre Bonnard y se escucha en la composición de Ravel *Dafnis y Cloe*, de 1912). Para Denis, la historia de Ariadna fue un buen pretexto para representar su perpetua búsqueda de armonía entre la humanidad y el esplendor de la naturaleza.

## ARTISTA DESCONOCIDO

*Comitiva nupcial de Baco y Ariadna*
Siglo II d.C.
Mármol
53,5 x 219 x 64,5 cm
Museo Británico, Londres

En este panel frontal de un sarcófago romano, Baco y Ariadna aparecen a la izquierda, sentados en una carreta y precedidos por una extensa comitiva de juerguistas que incluye a sátiros y ménades que beben y bailan, Sileno ebrio sobre un asno, Pan con patas de cabra y un par de centauros. La boda de Baco y Ariadna fue un tema habitual para la ornamentación de los ataúdes de piedra conocidos como sarcófagos –«devoradores de carne»–, que se pusieron de moda en Roma en el siglo II d.C. Su uso se extendió rápidamente por todo el Imperio romano, generando una gran demanda, de modo que los canteros disponían de existencias suficientes para que los compradores pudieran elegir el modelo. Muchos estaban profusamente decorados con escenas mitológicas elegidas por su carácter general, como en este caso, o por alguna conexión simbólica con el difunto. Aquí solo aparece un intruso: un pequeño y extraño elefante añadido erróneamente por un restaurador del siglo XVII para reemplazar a una pantera que faltaba. Este sarcófago, en concreto, fue uno de los preferidos por los artistas desde el Renacimiento; se conservan numerosos dibujos en los que se ve cómo sus figuras se usaron de modelo para la forma humana en varias poses.

## CAESAR VAN EVERDINGEN

*Baco y Ariadna*
1660
Óleo sobre lienzo
147 x 161 cm
Gemäldegalerie Altemeister, Dresde

Como espectadores, al estar posicionados debajo de este grupo íntimo, nuestra separación subraya, por contraste, su propia proximidad física. Todas las figuras centrales están conectadas entre sí por el contacto de la piel, que infunde a la escena una carga sensual y erótica. La princesa cretense Ariadna, figura central de la composición, nos observa por encima del hombro, reclinada sobre un lujoso manto, con la pierna derecha extendida sobre las rodillas de Baco, rey del vino. Los demás personajes la observan fascinados. Baco, encarnación de la satisfacción sosegada, contempla la belleza de su nueva esposa mientras bebe vino de un fino vaso. Entre los recién casados está Venus, diosa del amor, que abraza a Ariadna, acercando su rostro al de la princesa. Venus, figura poco habitual en las escenas de Baco y Ariadna, subraya el tema del amor, así como su hijo Cupido, que sostiene un ánfora y un vaso que espera ser rellenado. El pintor holandés Caesar van Everdingen (1617–1678) fue famoso por su clasicismo sin estridencias. Este estilo lo convirtió en el artista preferido de los mecenas que deseaban decorar su residencia con pinturas que encarnaran tanto la sofisticación intelectual del pasado clásico como el atractivo sensual del cuerpo desnudo.

## GEORGE CONDO

*Pareja joven*
2004
Óleo sobre lienzo
101,6 x 127 cm
Colección privada

Este lienzo, ejecutado con gruesas pinceladas por el artista estadounidense George Condo (nacido en 1957), contiene numerosas referencias a varios géneros académicos: tramas mitológicas entre dioses y mortales, el desnudo femenino y el romance pastoril. Al representar una pareja desnuda en un entorno natural, la imagen evoca los encuentros sexuales de los relatos mitológicos que fascinaron a pintores de todas las épocas, desde el Renacimiento hasta el siglo XIX. Situadas en primer plano, las figuras de Condo se deleitan bajo el sol en un paisaje idílico. En la parte inferior de la tela, una figura femenina recostada y desnuda atrae nuestra mirada: con los dientes apretados, un ojo oculto y el otro abierto, parece transmitir un horror callado. Detrás, un joven desnudo, cuyos rasgos recuerdan a los de un sátiro lascivo, sonríe con la boca abierta. El tenso drama psicosexual se expresa mediante la mano que descansa en la parte superior del muslo de la figura femenina, un gesto que transmite sensación de pertenencia y violación en contradicción con el entorno arcádico. La imagen recuerda la pasión de Dioniso por Ariadna, el rapto de Perséfone por Hades (pp. 76–79) y de Dafne por Apolo (pp. 120–122) o incluso a Zeus disfrazado de sátiro contemplando con ojos lascivos a la bella Antíope. Dentro de esta tradición, *Pareja joven* invierte el clasicismo, los tropos pastoriles de la desnudez y la naturaleza, con una maligna dinámica de poder sexual inherente a las representaciones del desnudo femenino en el arte a lo largo de la historia.

## JACQUES-JOSEPH COINY

*Baco y Ariadna*
1798
Grabado
32,3 x 23,6 cm
Colección privada

Durante gran parte de la historia, los artistas han utilizado la mitología clásica para validar un tema que iba más allá de la autoría convencional. Este grabado del ilustrador francés Jacques-Joseph Coiny (1761–1809), de finales del siglo XVIII, es solo un ejemplo. Sus orígenes se remontan a la década de 1520, cuando Giulio Romano realizó una serie de dibujos de temas sexuales explícitos basados libremente en la escultura antigua, que se conocieron como *I Modi* («Las posturas»). Esos dibujos, hoy perdidos, los realizó el gran grabador renacentista Marcantonio Raimondi en 1524. Casi de inmediato, las placas de cobre fueron confiscadas y destruidas por la Iglesia católica y Raimondi, encarcelado. En 1527 reapareció una segunda edición, con poemas igualmente explícitos de Pietro Aretino, cuyo nombre se convirtió en sinónimo de cualquier obra pornográfica que utilizara escenas mitológicas. Estas copias también fueron destruidas, pero la reputación del libro sobrevivió y se convirtió en un modelo para publicaciones eróticas posteriores, incluyendo una famosa serie de grabados de Agostino Carracci (1557–1602) de la década de 1580. *Baco y Ariadna*, de Coiny, pertenece a un libro que se dice grabado por Aretino a partir de Carracci, aunque lo más probable es que sus imágenes estuvieran inspiradas en un conjunto de grabados holandeses llamados *Los amores de los dioses*. Pero el confuso mito de las publicaciones eróticas de Aretino/Giulio Romano/Carracci no finalizó aquí: en Inglaterra, en 1824, un burdel anunciaba las delicias de una habitación con pinturas de «las posturas de Aretino basadas en Giulio Romano y Ludovico Carracci, intercaladas con grandes espejos».

## ARTISTA DESCONOCIDO

*Crátera de Derveni*
c. 370 d.C.
Bronce dorado, cobre y plata
Altura: 92 cm
Museo Arqueológico de Tesalónica, Grecia

Esta crátera de grandes volutas, un recipiente en el que se mezclaba vino con agua y especias antes de servirse, se utilizó como urna de incineración para contener las cenizas de un hombre de edad mediana, posiblemente un oficial macedonio a las órdenes de Alejandro Magno y de una mujer joven. Este recipiente de bronce está decorado con una escena forjada con la técnica del repujado, cuatro figuras fundidas por separado en las asas y detalles como zarcillos de vid en plata. La escena figurativa que rodea el cuerpo muestra a un joven Dioniso recostado y con una pierna en el regazo de Ariadna; al otro lado, Sileno y un grupo de ménades bailan acompañados por un cazador, probablemente Penteo o tal vez Jasón. El tema dionisíaco es apropiado para la crátera de vino, pero aquí la escena podría aludir a un culto misterioso o a un ritual de iniciación. Tres de las estatuillas de bronce –dos ménades y un sátiro– están durmiendo mientras que la cuarta, Dioniso, permanece alerta. Las imágenes evocan el misticismo de los ritos órficos, reflejados asimismo en las máscaras del inframundo de las asas de voluta.

## ANNIBALE CARRACCI

*Triunfo de Baco y Ariadna*
c. 1597–1600
Fresco
Longitud: 20,2 m
Galería Farnesio, Palacio Farnesio, Roma

Un cortejo triunfal, en algunas partes majestuoso y en otras, alocadamente festivo, transita por el paisaje. A la izquierda de la pintura están sus líderes: Baco, dios del vino, exhibiendo un simbólico racimo de uvas y un tirso, y su nueva esposa Ariadna, con una corona de estrellas sobre su cabeza, sostenida por un amorcillo. Sus carros gemelos, tirados por tigres y cabras blancas respectivamente, siguen la procesión de ménades y sátiros. A la derecha, Sileno, seguidor de Baco, está ebrio y monta al revés en un burro; algunos amorcillos llevan ánforas y cestos de uvas y danzan en el aire. Carracci (1560–1609) realizó esta pintura para la gran galería abovedada del palacio privado del cardenal Eduardo Farnesio, en Roma. Los otros frescos de Carracci en esta galería exploraban también el tema de los amores de los dioses, aludiendo tal vez a la reciente boda del hermano de su mecenas. El flujo horizontal de la composición revela cuán cuidadosamente estudió el artista la antigua escultura romana, sobre todo los sarcófagos, que a menudo estaban decorados con frisos que representaban este mismo tema (p. 63). El fresco, enmarcado por dos figuras en los laterales –a la izquierda un sátiro abrazando una cabra y, a la derecha, una lánguida ménade–, revive el pasado clásico, como si la escultura de la Antigüedad hubiese cobrado vida de repente.

## MIGUEL ÁNGEL

*Baco*
1496–1497
Mármol
Altura: 203 cm
Museo Nacional del Bargello, Florencia

Baco, disoluto dios del vino, el éxtasis y la locura, se tambalea como si estuviera ebrio, apenas manteniéndose en pie sobre una base rocosa mientras alza su copa. Escondido detrás de él, un pequeño fauno muerde las uvas que cuelgan de la otra mano del dios junto a una piel de león. Como en *David* (1501–1504), la escultura más conocida del maestro renacentista Miguel Ángel (1475–1564), en esta también representa a Baco en *contrapposto*, lo que refuerza su aspecto vacilante, ya que el peso del cuerpo descansa sobre el pie izquierdo en un equilibrio precario. Con la postura tambaleante del dios y el giro coqueto del fauno en el tronco del árbol, Miguel Ángel logra dar interés al movimiento. A pesar de ser una obra maestra de la escultura, *Baco* suscitó las críticas de sus contemporáneos, que la consideraron grotesca y obscena. Giorgio Vasari censuró el aspecto un tanto andrógino de la figura, mientras que otros hallaron fallos en la extraña postura, la desgarbada inclinación de la cabeza, la expresión tímida y el vientre protuberante. Aunque esta escultura no se ajustara a la sensibilidad estética del público, la figura ofrece una descripción muy precisa de la embriaguez. La escultura fue un encargo del cardenal Raffaele Riario, que posteriormente la rechazó. Más adelante, sería adquirida por el banquero de Riario, Jacopo Galli –amigo de Miguel Ángel–, que la instaló en su jardín de antigüedades romanas.

## ARTISTA DESCONOCIDO

*Dioniso montando un guepardo*
Finales del siglo IV a.C.
Mosaico
2,7 x 2,6 m
Museo Arqueológico de Pella, Macedonia, Grecia

Un Dioniso desnudo y decadente se sienta de lado sobre un guepardo en pleno salto, con la cabeza tocada por una corona de hojas de parra y empuñando su tirso característico, un bastón forrado de vid y rematado por una piña. Una cinta ondulada, sujeta al extremo del bastón, imita el giro ascendente de la cola del animal, lo que acrecienta la sensación de movimiento. El dios y la bestia están representados de perfil sobre un fondo negro liso. La obra forma parte de un grupo de magníficos mosaicos hallados en Pella, capital del antiguo reino griego de Macedonia durante la época de Alejandro Magno. Los mosaicos, hechos con pequeñas teselas, cubrían el suelo de dos casas de la ciudad, conocidas como la Casa de Dioniso y la Casa del Rapto de Helena. En general, los mosaicos de Pella se distinguen de sus predecesores por la incorporación de sombras y efectos tridimensionales, así como por el uso de materiales y técnicas innovadoras y sofisticadas. Por ejemplo, aquí, el artista ha utilizado tiras de plomo y terracota cocida para subrayar el contorno de la cara de Dioniso y la cabeza del guepardo, y piedras semipreciosas –hoy inexistentes– para destacar sus ojos.

# ORFEO Y EURÍDICE

## BARNETT NEWMAN

*La canción de Orfeo*
1944–1945
Óleo, lápiz al óleo y lápiz de cera sobre papel
50,8 x 37,6 cm
Museo Metropolitano de Arte, Nueva York

Cuando Orfeo cantaba y tocaba la lira, nada ni nadie podía resistirse. Su música embelesaba a todos. Sin embargo, cuando descendió al inframundo, fracasó en su intento de devolverle la vida a su esposa Eurídice. Hacia el final de la Segunda Guerra Mundial, cuando Barnett Newman (1905–1970) realizó esta obra, probablemente pretendía contar las dos partes de la historia de Orfeo. Newman no solo sentía un especial amor por la naturaleza, sino que, en aquella época, también estaba preocupado por la muerte; él y su esposa acababan de saber que sus familiares en Polonia y Francia habían sido víctimas de los nazis. *La canción de Orfeo,* uno de los pocos dibujos que se conservan de su primera etapa (Newman destruyó todas sus obras anteriores a 1944), está repleta de referencias a las plantas, la fertilidad, el crecimiento y los orígenes de la vida, pues a principios de los años cuarenta, el artista había estudiado ciencias naturales: botánica, geología y ornitología. No es habitual que este trabajo lleve título, ya que la mayoría de los de aquella época no tienen nombre. Se trata de una obra experimental, tanto por las imágenes como por la técnica. Además de óleo y pastel, Newman utilizó el más insoluble de los medios, el lápiz de cera, que le obligó a dibujar líneas nítidas y áreas borrosas.

## GEORGE FREDERIC WATTS

*Orfeo y Eurídice*
1900–1903
Óleo sobre lienzo
185,4 x 104,1 cm
Watts Gallery, Compton, Guildford, Reino Unido

A mediados del siglo XIX, Francia y Gran Bretaña presentaban grandes contrastes. En 1858, Jacques Offenbach estrenó su opereta *Orfeo en los infiernos,* en París: una versión hilarante y satírica del mito de Orfeo y Eurídice que acababa con el *Galope infernal,* hay conocido como la música del «can-can». En la Inglaterra victoriana, por el contrario, el principal objetivo de G. F. Watts (1817–1904) era pintar telas con trasfondo moral, a menudo historias tomadas de la Biblia, la poesía y los mitos clásicos, entre las que estaban Orfeo y Eurídice, que representó en más de una ocasión. Con su mezcla de amor y muerte, su contenido mítico y su pretexto para representar figuras (semi) desnudas en pro de la narrativa moral, el tema era ideal para un público británico culto, capaz de congratularse al reconocer la inspiración de los mármoles del Partenón transmitida con un estilo derivado del arte veneciano, sobre todo de Tiziano. En este caso, Watts muestra el instante en que Orfeo pierde a su esposa Eurídice cuando, en su trayecto hacia el mundo superior, rompe su promesa y mira hacia atrás. Eurídice se desvanece de inmediato, hundiéndose para siempre en lo más profundo de las sombras estigias. La desesperación de Orfeo es evidente en su expresiva actitud al aferrarse a Eurídice, cuya ondulante túnica sugiere que está a punto de desintegrarse y desaparecer. Un instante de impaciencia ha traído un destino terrible.

**FÉLIX GONZÁLEZ-TORRES**

*Sin título (Dos veces, Orfeo)*
1991
Espejo, en total 190,5 x 139,7 cm
Dos partes, cada una 190,5 x 64,8 cm
Vista de la instalación, Andrea Rosen Gallery, Nueva York, 1991

Esta instalación se presentó en el mismo año en que Félix González-Torres (1957–1996) perdió a su pareja de toda la vida, que falleció ocho antes que él por una enfermedad relacionada con el sida. La alusión a Orfeo en el título y, por lo tanto, a la desaparición de su amada Eurídice, se interpreta a través de la pérdida personal del artista, aunque evitando una lectura puramente autobiográfica. Esta obra engañosamente simple consta de dos espejos que parecen puertas –¿al infierno?–, alineados con la pared y con un espacio de separación entre ellos de 10 cm. Esta obra minimalista es una puesta en escena del mito. El espectador solo puede distinguir un único reflejo, ya que el segundo reflejo imaginado queda fuera de su alcance, desaparecido, como Eurídice. Los espejos también evocan el mito de Narciso y la parte menos conocida del mito de Orfeo, aquella en que la pérdida de su esposa le lleva a rechazar el amor heterosexual a favor de la homosexualidad y a ser finalmente asesinado por las ménades de Dioniso, enojadas por su desprecio. Como buena parte de las obras de González-Torres, *Sin título (Dos veces, Orfeo)* es un trabajo simple y complejo a la vez, serio y ligeramente humorístico, una pieza bella en lo formal pero con una decidida carga política y una desgarradora evocación del amor y la pérdida.

## ARTISTA DESCONOCIDO

*Orfeo y Eurídice*
Siglo I d.C., copia de original griego del siglo V a.C.
Mármol, 118 x 100 cm
Museo Arqueológico Nacional, Nápoles

Probablemente este relieve adornó el interior de una villa privada, donde su estilo abiertamente clásico creaba un ambiente culto y refinado y permitía a su propietario romano demostrar su conocimiento del arte y la mitología griegos. Representa el momento en que Eurídice es obligada a regresar al Hades. Ella permanece de pie, cubierta con un velo, en el centro de la escena, flanqueada a la derecha por Orfeo, con gorro tracio y lira, y a la izquierda por Hermes, reconocible por su sombrero de caminante, su capa y sus botas. El dios aparece aquí en calidad de mensajero de las almas y hay cierta ironía en la similitud de su pose con la de Orfeo: ambos girados hacia el centro, de perfil y con el peso apoyado en la pierna situada hacia el interior; además, los dos visten un *chiton* ligero y tocan a Eurídice, entrelazando sus brazos en un trágico *pas de trois*. Aunque Eurídice solo devuelve el gesto a Orfeo, su pierna toca la de Hermes, confirmando que se irá con él porque no le da otra opción. Las inscripciones en la parte superior subrayan la inminente separación de los amantes: los nombres de Hermes y Eurídice están escritos de izquierda a derecha, mientras que el de Orfeo se muestra escrito al revés.

## ANSELM FEUERBACH

*Orfeo y Eurídice*, 1869
Óleo sobre lienzo
200 x 126,5 cm
Museo Belvedere, Viena

La luz del sol emana de la esquina superior izquierda de la pintura, iluminando el rostro de Orfeo mientras asciende con Eurídice desde Estigia hacia el mundo superior. Orfeo trata de avanzar sin mirar a su esposa y Eurídice baja su mirada: ha de seguir siendo una sombra antes de salir a la luz. El artista alemán Anselm Feuerbach (1829–1880) representa a Orfeo llevando una lira, un instrumento que tocaba con tanta perfección que embelesaba a todo ser viviente, incluso a Hades, rey del inframundo. Perfectamente talladas, las volutas y las cuerdas del arpa de madera atrapan la luz del sol, dispuestas a ser tocadas. El drapeado de los vestidos de la pareja cae en cascada en una serie de pliegues que recuerdan al estilo de los antiguos maestros italianos, como Miguel Ángel, al que Feuerbach debió estudiar en Roma, donde vivió de 1854 a 1873. Durante su estancia en Italia también visitó Florencia y la postura de ambas figuras podría ser una referencia a la *Expulsión del jardín del Edén*, de Masaccio (1425). Feuerbach, considerado el principal pintor clasicista de Alemania, solía recibir encargos para realizar copias de los maestros del Renacimiento italiano, junto con la representación de mitos eternos.

# PERSÉFONE

## GIANLORENZO BERNINI

*El rapto de Proserpina*, 1621–1622
Mármol. Altura: 2,25 m
Galería Borghese, Roma

Plutón, dios del inframundo, se esfuerza por controlar a Proserpina (en griego, Perséfone), hija de la diosa de la agricultura, sujetándola contra su voluntad para arrastrarla hacia su reino. La dinámica escultura de Bernini (1598–1680) capta la tensión muscular del dios al intentar contener el cuerpo de la mujer, que se retuerce entre sus brazos. El excepcional dominio del mármol que tenía el artista queda de manifiesto en los dedos del dios, apoyados en la cintura y los muslos de ella, clavándose en la piel. Proserpina grita desesperada, con las mejillas bañadas en lágrimas y el pelo agitado por la brisa. Con la palma de su mano, golpea con fuerza a Plutón en la sien; él reacciona con cierto desconcierto ante la inutilidad de su resistencia. Tras las dos figuras, como contrapeso a los elementos no sustentados de la escultura, está Can Cerbero, el perro de tres cabezas que vigila las puertas del inframundo. A pesar del tema y los personajes, la intención de Bernini no es dar una versión literal de la historia. Por el contrario, representa el intenso drama a través del naturalismo de los cuerpos y el drapeado, los contrastes entre la carne suave y dura, tierna y codiciosa, y las violentas emociones de ambas deidades.

## THOMAS HART BENTON

*Perséfone*, 1938–1939
Témpera al huevo y resina oleosa sobre caseína en lienzo montado sobre panel
183,2 x 142,6 cm
Museo de Arte Nelson-Atkins, Kansas City, Missouri

La diosa griega Perséfone se traslada aquí a la zona agrícola del Medio Oeste americano, despojada de su vestido rojo y sus zapatos negros de tacón para recostarse en la exuberante orilla de un río. El papel de Hades lo representa un granjero que espía a la diosa y planea su secuestro. En los años treinta, Thomas Hart Benton (1889–1975) se dio a conocer por sus pinturas costumbristas de la época de la Depresión en Estados Unidos. Benton rechazaba el Modernismo europeo y abogaba por un arte que celebrara los valores y la historia de América. Más tarde, desencantado con ese planteamiento, dirigió su atención a la mitología griega. La abierta desnudez de esta obra y de otras similares causó mucha controversia. De hecho, el Instituto de Arte de Kansas City, donde Benton realizó esta pintura, la consideró tan escandalosa que el artista perdió su trabajo como profesor. Algunos han identificado al lascivo granjero con el propio Benton, quien, como atestiguan otras obras del mismo período, cosificaba desvergonzadamente a las mujeres. El uso de temas mitológicos puede haber sido un intento de legitimar este tipo de imágenes.

## PAUL CÉZANNE

*El rapto*, 1867
Óleo sobre lienzo, 88 x 170 cm
Museo Fitzwilliam, Cambridge, Reino Unido

La imponente y bronceada figura de un musculoso Hades arranca a Perséfone de su inocente pasatiempo de recoger flores en compañía de las ninfas Ciane y Aretusa, espectadoras impotentes de este inmutable acto del destino. La figura exánime de Perséfone parece combinar la palidez de la muerte y la desesperanza de su situación. Nunca ha existido un consenso pleno sobre la escena representada en esta obra preimpresionista de Cézanne (1839–1906). Forma parte de un grupo de pinturas de la década de 1860 que representan actitudes eróticas y violentas, con imágenes brutales. En general, se piensa que *El rapto* muestra al dios del inframundo raptando a Perséfone para violarla. Cézanne estaba familiarizado con la mitología griega y romana, y él y su amigo íntimo Émile Zola, para quien se dice que pintó este cuadro, se escribían en un latín pastiche que imitaba el de los escritores romanos. La pintura también es una mezcla, ya que traslada la Sicilia de Ovidio a un paisaje inconcreto de la Provenza de Cézanne. El tema del rapto tal vez no se haya representado nunca con tanta violencia como aquí.

**ARTISTA DESCONOCIDO**

*Hades raptando a Perséfone*
c. 340 d.C.
Fresco
1 x 3,5 m
Tumba I (Tumba de Perséfone), Vergina, Macedonia, Grecia

Aunque la pintura mural y sobre tabla de la Grecia clásica era muy apreciada en la Antigüedad, sabemos poco sobre ella porque casi ninguna ha llegado hasta nuestros días. Los relatos de los testigos oculares son bastante detallados, ya que describen los colores, el sombreado, la iluminación y la perspectiva múltiple. Pero los descubrimientos hechos a finales de la década de 1970 en las tumbas macedonias sacaron a la luz algunas muestras reales de pinturas murales y las revelaciones fueron extraordinarias. El fresco *Hades raptando a Perséfone,* quizá de Nicómaco de Tebas, ocupa toda la pared de una pequeña tumba; muestra a Hades en su veloz carro agarrando a la aterrorizada Perséfone, mientras Hermes, en su papel de Psicopompo (guía de almas), dirige al grupo galopando hacia el inframundo. La compañera de Perséfone queda rezagada, petrificada por el horror. La sensación de movimiento la transmite, en parte, la postura inclinada de Perséfone y sus ropas arremolinadas y, por otra parte, la perspectiva del carro con ruedas superfinas. Aunque los caballos y Hermes, con su encintado caduceo, son más difíciles de ver, también avanzan a un ritmo vertiginoso. La composición se dibujó primero con líneas incisas y luego se pintó con cuatro colores y un delicado sombreado. En otras dos paredes de la tumba hay murales de Deméter llorando a su hija Perséfone y de las tres Parcas.

# VOLAR DEMASIADO CERCA DEL SOL

DÉDALO E ÍCARO

Dédalo era un artista tan ingenioso que se decía que sus estatuas podían moverse: según Platón, sus figuras «no están sujetas, juegan a esconderse y huyen». Pero ni siquiera Dédalo era ajeno a los celos profesionales. Siendo profesor de su sobrino Pérdix, en su Atenas natal, sospechó que un día el niño lo superaría y lo asesinó. Como castigo, fue desterrado a Creta y sirvió en la corte del rey Minos. Tras diseñar el laberinto para encerrar al Minotauro, el monstruoso hijo de la reina Pasifae, mitad hombre y mitad toro, Dédalo fue detenido por Minos, que ordenó encerrarle en una torre del palacio de Cnosos para que el conocimiento de su maravilloso invento no se divulgara.

Como Dédalo no podía escapar de la isla por mar, ideó otro medio de evasión para él y para su hijo Ícaro: creó unas alas con plumas, cordeles y cera de abeja en una hábil imitación de las alas de un pájaro. Cuando terminó su meticuloso trabajo, Dédalo probó las alas batiéndolas en el aire; su anciano cuerpo logró levantarse del suelo. Ese momento tierno e inquietante en el que puso punto final a su trabajo y fijó las alas a la espalda de su hijo menor se representa en un antiguo relieve romano, adquirido y restaurado por el cardenal Albani en el siglo XVIII (p. 83). El pintor victoriano Frederic Leighton evocó la misma escena, con Ícaro representado como un esbelto adolescente y no como un niño de corta edad (p. 82).

Dédalo advirtió a Ícaro que volase a media altura sobre el mar Egeo: si lo hacía demasiado bajo, el mar empaparía las alas y, si se elevaba demasiado, el sol las chamuscaría y derretiría la cera que unía las plumas. El joven debía seguir a su padre. Cuando Dédalo e Ícaro emprendieron el vuelo, los divisaron desde tierra un pescador, con su captura enganchada en la caña, un labrador y un pastor. Los atónitos testigos los tomaron por dioses. A medida que se elevaban, Ícaro, exaltado, empezó a disfrutar de su regalo y se atrevió a volar cada vez más alto. Pero en un momento determinado, la euforia dio paso al desastre. El calor del sol derritió la cera de las alas, las plumas ondearon a su alrededor y el muchacho cayó en picado al mar.

El fresco de Picasso para la sede de la Unesco en París (1958) podría evocar el momento en que el cuerpo de Ícaro se desploma en caída libre, girando boca abajo contra un cielo azul brillante (p. 91). Dédalo lanzó un grito al ver que su hijo se ahogaba y luego distinguió las alas rotas entre las olas. La célebre pintura de Brueghel el Viejo del siglo XVI sobre este mito (p. 87) muestra cómo la vida sigue su curso, impertérrita, mientras se produce la tragedia.

Dédalo maldijo su habilidad artística, que solo le había causado dolor. Con la muerte de su hijo, recibió su merecido castigo por el asesinato de su sobrino Pérdix. La historia de Dédalo e Ícaro, con su contraste de locura juvenil y sabia experiencia, ha inspirado a los artistas. Es un relato sobre ir demasiado lejos y trascender los límites y, sin embargo, es el viejo Dédalo, junto con su imprudente hijo, quien personifica la falta de moderación. Tradicionalmente se le ha considerado una persona que transgredió el arte y la naturaleza (incluso sus estatuas intentaron romper sus ataduras) y, en última instancia, se convirtió en víctima de su propia imaginación arrogante y desenfrenada.

## FREDERIC LEIGHTON

*Dédalo e Ícaro*
c. 1869
Óleo sobre lienzo
138,2 x 106,5 cm
Colección Faringdon, Buscot Park, Oxfordshire, Reino Unido

En un elevado precipicio con vistas a una amplia bahía, Dédalo sujeta al cuerpo de su hijo Ícaro las cuerdas de las alas enceradas que acaba de diseñar. La capa azul oscuro del hijo se hincha con el viento tempestuoso que facilitará su huida de Creta. La capa proporciona al artista británico Frederic Leighton (1830–1896) una lámina para acentuar la suave perfección del ágil cuerpo del joven. La escena, bañada por el sol, incorpora los bocetos topográficos que Leighton había tomado en la isla de Rodas dos años antes. Su elección de la ubicación es muy relevante, ya que Rodas fue el lugar donde se produjo la fructífera unión de Helios, padre de la reina Pasifae, y la ninfa Rodo.

Leighton mostró por primera vez esta pintura en la Real Academia de las Artes de Londres, en la exposición de verano de 1869, junto con otra escena mitológica relacionada, *Helios y Rodo.* Para su composición, Leighton estudió numerosas fuentes de la Antigüedad y para la bella figura de Ícaro se basó libremente en la célebre escultura del *Apolo de Belvedere,* en el Vaticano. También tomó como referencia la representación en mármol de Canova (p. 85). La revista mensual *The Art Journal* señaló que la pintura, debido a sus contornos tan bien definidos, «podría ser comparada con un camafeo griego».

## ARTISTA DESCONOCIDO

*Dédalo e Ícaro*
Siglo II d.C.
Mármol
78 x 60 cm
Villa Albani, Roma

Dédalo da los últimos toques a un par de alas monumentales, mientras su hijo Ícaro espera. La escena de este relieve de mármol rememora la historia del mito según las *Metamorfosis* de Ovidio y, a pesar de su atmósfera sosegada, está cargada de mal augurio. La expresión de Dédalo oscila entre la concentración y la desesperación, y las correas cruzadas sobre el cuerpo de Ícaro llaman la atención sobre su desnudez –convirtiéndolo en un objeto deseable–, pero también anticipan su torso destrozado y sus extremidades rotas cuando le fallen las alas. Es una imagen que insinúa lo inevitable del destino y los peligros de intentar cambiarlo. Incluso el tipo de mármol utilizado para esta pieza sugiere una tragedia inminente: el *rosso antico* se extraía en la Antigüedad del monte Taigeto, al sur de Grecia, donde se decía que había una entrada al inframundo; el vívido color rojo de la piedra sugiere la carne de Ícaro, que pronto quedará magullada. El relieve fue restaurado parcialmente durante el siglo XVIII, cuando lo adquirió el cardenal Alessandro Albani, y una grieta traza el contorno de los brazos del niño y fractura las puntas de ambas alas, separando la parte restaurada (arriba) de la que no lo está (abajo). Esto fragmenta aún más el cuerpo de Ícaro, completando la narración mitológica.

## JOHN ARMSTRONG

*Ícaro*
1940
Témpera sobre tabla
53,3 x 37,5 cm
Tate, Londres

Al pintor británico John Armstrong (1893–1973), el mito de Ícaro no le evoca a un hermoso muchacho cayendo al mar. Armstrong representa a Ícaro como un globo fracturado con dos alas dañadas, como los pétalos de una flor moribunda. Para Armstrong, profundamente afectado por la Segunda Guerra Mundial, Ícaro simboliza «el mundo volando demasiado cerca del sol, del conocimiento, y siendo destruido en el proceso». La estructura fragmentada del globo se hace eco de las vigas del techo de una granja bombardeada que Armstrong había pintado aquel mismo año y alude a los horrores de los bombardeos aéreos.

La pintura es un recordatorio de la potencia del antiguo mito para un artista que estaba viviendo la guerra europea. Al principio de su carrera diseñó escenografías para el teatro, con una producción paralela de pinturas de influencia surrealista que a menudo hacían referencia a la mitología griega y romana. El teatro modula estas pinturas, con figuras de ballet y fondos de paisajes y ruinas clásicas. El mito, la *performance* y la naturaleza se combinan en *Ícaro*, la primera de un gran número de obras sobre este tema que el artista realizó a partir de los años cuarenta.

## ANTONIO CANOVA

*Dédalo e Ícaro*
1778–1779
Mármol
200 x 95 x 97 cm
Museo Correr, Venecia

Cuando realizó *Dédalo e Ícaro*, su primera gran escultura en mármol, Antonio Canova (1757–1822) tenía poco más de veinte años. Al presentarla en Venecia, en 1779, fue muy admirada por su naturalismo y su ingeniosa respuesta a la Antigüedad clásica, sobre todo por el contraste entre ambas figuras y sus emociones en conflicto. Al parecer, la figura de Dédalo tenía semejanzas con el retrato de una persona real, tal vez un conocido gondolero o el abuelo del escultor. Las herramientas de picapedrero, a los pies de Dédalo, parecen corroborar la segunda hipótesis, ya que el viejo Canova era propietario de una cantera. El virtuosismo técnico del joven Canova era excepcional. Esculpía de forma tradicional, trabajando con modelos de arcilla de tamaño natural de los que, posteriormente, realizaba moldes de escayola en los que marcaba determinados puntos, lo que facilitaba la transferencia de las medidas a un bloque de mármol. A continuación, esculpía el mármol puliendo la pieza con cinceles, taladros y escofinas. El éxito de *Dédalo e Ícaro* le permitió visitar Roma y Nápoles para estudiar en profundidad la escultura, la mitología y los clásicos de la Antigüedad. Esta obra maestra de principios de su carrera no parece tanto una advertencia sobre el peligro de volar demasiado alto, como una representación de Dédalo como el primer artista y una metáfora de la escultura en sí misma.

## GIULIO PAOLINI

*Aria (Aire)*
1983–1984
Dos fotografías montadas entre láminas de plexiglás, hojas de laurel, fragmentos de fotografías, lámina de plexiglás, cable de acero
Parte colgante: 210 x 190 cm
Lámina de plexiglás: 90 x 90 cm

Colgado de un cable de acero, un facsímil fotográfico recortado en blanco y negro de una estatua grecorromana representa a un hermoso joven o dios. Las alas están enredadas entre sus piernas, como dislocadas. La lámina de plexiglás en el suelo está rota y cubierta de hojas, presagiando el impacto del cuerpo sobre la tierra. El joven que cae, con las alas abiertas, rememora el mito de la caída y la agitación de Ícaro. Aquí, el hijo del gran escultor Dédalo se convierte en una imagen escultórica –un mármol clásico precipitándose hacia el suelo–, como si el joven herido se hubiera fusionado con su propio recuerdo. Al darle a este móvil el título de *Aria (Aire)*, el artista italiano Giulio Paolino (nacido en 1940) sugiere una personificación del propio aire: el cuerpo mecido por el viento se convierte en una alegoría, similar al antiguo dios Eolo, guardián de los vientos. Paolini es uno de los principales representantes del movimiento del Arte Povera («arte pobre»), que nació en Italia en los años sesenta. Estos artistas trataron de disolver la dicotomía entre el arte y la vida incorporando materiales no tradicionales en sus obras de arte, como tierra, trapos o ramitas. Paradójicamente, la escultura clásica, en particular la de moldes de escayola, fue uno de los motivos dominantes de este nuevo repertorio, un emblema irónico pero poderoso del patrimonio artístico italiano.

## PIETER BRUEGHEL EL VIEJO

*Paisaje con la caída de Ícaro*
Década de 1560
Óleo sobre lienzo
73,5 x 112 cm
Museos Reales de Bellas Artes de Bélgica, Bruselas

En esta particular interpretación del mito de Ícaro, realizada por el pintor flamenco Pieter Brueghel el Viejo (1525–1569), el drama ya ha tenido lugar. Al derretirse las alas, el joven se ha precipitado al mar y sus piernas aún se agitan, visibles en el extremo inferior derecho de la escena. Mientras que la mayoría de los artistas se centran en el momento culminante de la caída de Ícaro, Brueghel convierte el paisaje, con su perspectiva por capas, en el tema de su obra: el labrador, el pastor y el pescador siguen ocupados en sus tareas, ajenos al destino del muchacho. La mirada queda atrapada por la camisa roja del labrador y desde ahí se desplaza hasta el caballo y los surcos en la tierra, en el primer plano. El plano medio lo ocupa un exuberante paisaje marino salpicado de veleros, afloramientos rocosos y una isla-fortaleza, posiblemente Creta, de la que huyen Dédalo e Ícaro. En la nebulosa distancia, el puerto se dibuja en suaves tonos pastel contra las montañas, las nubes y el sol poniente. Algunos estudios técnicos han puesto en duda su autoría. Sugieren que podría ser una habilidosa copia a partir de un original perdido de Brueghel. Se trata de una obra maestra que puede interpretarse como una moraleja contra los vanos esfuerzos del hombre o sobre la permanencia de la naturaleza frente a la fugacidad de la vida humana.

## YVES KLEIN

*Salto al vacío*
1960
Copia a la gelatina de plata
25,9 x 20 cm
Museo Metropolitano de Arte, Nueva York

Un hombre con traje y corbata imita el salto de Ícaro desde un edificio; su inminente choque contra el asfalto parece inevitable. *Salto al vacío* es una icónica *performance* fotográfica producida hacia el final de la corta carrera de Yves Klein (1928–1962), el mismo año en que se fundó en París la asociación informal conocida como Nouveau Réalisme. La imagen parece mostrar al fotógrafo saltando desde un edificio en un tranquilo suburbio parisino. Como era de esperar, esta imagen, aparentemente temeraria, es un montaje fotográfico realizado por los colaboradores del artista Harry Shunk y János Kender, que combinaron impecablemente dos negativos diferentes. Podríamos comparar el deseo de volar de Ícaro ayudado de sus prótesis aladas con la manipulación de la foto por parte de Klein para crear una imagen mitológica del artista como ser sobrehumano. La fotografía se presentó en un falso periódico de gran formato, producido por el propio artista, titulado *Dimanche – Le journal d'un seul jour* (Domingo – El periódico de un único día), que parece dar credibilidad y autenticidad a esta acción aparentemente milagrosa.

## HENRI MATISSE

*Ícaro*
1947
Estampación con plantillas
41,9 x 26 cm
Museo Metropolitano de Arte, Nueva York

En esta composición engañosamente simple, hecha recortando papel pintado, Ícaro parece atrapado a medio caída, desplomándose en el cielo entre estrellas, o quizá bombas, que explotan. Aquí, el joven que voló demasiado cerca del sol se reduce a una silueta claramente definida, pero con una asombrosa economía de medios, el artista, dibujante y escultor francés Henri Matisse (1869–1954) transmite la vitalidad temeraria de Ícaro con una mancha rojo brillante a modo de corazón y dota su cuerpo agitado de una gracia casi de bailarín de ballet. Ícaro es la lámina 8 de una serie de veinte que Matisse realizó con maquetas recortadas y pegadas para su libro *Jazz*, de 1947. El título del libro refleja su pasión por ese tipo de música y las audaces formas simplificadas de las láminas, fruto de un estallido de creatividad cuando su vida estaba ya cerca del final, evocan acertadamente esos ritmos improvisados. Matisse empezó a recortar formas de papel pintado –que él llamaba dibujar con tijeras– en 1943, en pleno apogeo de la Segunda Guerra Mundial, cuando estuvo postrado en cama por la enfermedad, incapaz de pintar. A pesar de su manifiesta debilidad, el artista no se dejó acobardar por su vista deteriorada y, luchando contra el tiempo, trabajó febrilmente, junto con sus ayudantes, para producir una serie de *collages* sobre papel de excepcional vivacidad e inventiva. Aunque muchos de sus contemporáneos criticaron estos «recortes» tachándolos de regresiones infantiles, estas últimas obras confirmaron la reputación de Matisse como uno de los artistas más innovadores del siglo xx.

## ARTISTA DESCONOCIDO

*La caída de Ícaro*
c. 20 a.C.– 50 d.C.
Fresco
Casa del sacerdote Amandus, Pompeya

Esta pintura, un paisaje mitológico expuesto en el comedor de la casa de un sacerdote –o *sacerdos*– en Pompeya, es un ejemplo interesante del tercer estilo pompeyano de pintura, con una perspectiva confusa y detalles arquitectónicos poco realistas. Los pintores de paisajes romanos utilizaron la historia de Dédalo e Ícaro como motivo para centrarse en el decorado: en este caso, rocas y agua con el palacio de Cnosos al fondo. Los sucesivos episodios de la historia se incluyen en un panel, como si fuera un friso integrado en una única escena: Ícaro está, a la vez, en el cielo, volando o en plena caída, pero también sobre las rocas, inerte, con las alas derretidas. Los pescadores de dos botes y un par de mujeres sentadas junto a una columna miran hacia arriba, observando la caída del joven. La escala es tan incoherente como la narración –Ícaro tiene mayor tamaño que los pescadores en el mar– y la perspectiva resulta confusa, con figuras representadas frontalmente y la ciudad vista desde arriba. A pesar de estas incongruencias, o quizá a causa de ellas, la escena narra perfectamente la historia, abarcando tanto la inevitabilidad del destino de Ícaro y sus tristes secuelas, como la arrogancia de su padre, en una única escena global: una bella composición y una lección moral al mismo tiempo.

## PABLO PICASSO

*La caída de Ícaro*
1958
Acrílico sobre 40 tableros
10,6 x 9,1 m
Sede de la Unesco, París

A pesar del título, este enorme mural con una superficie de más de 90 m² sobre 40 tableros de contrachapado de madera, obra del artista español Pablo Picasso (1881–1973), no representa forzosamente la caída de Ícaro. La Unesco, que encargó la obra para su sede de París, la llamó *Las fuerzas de la vida y del espíritu triunfando sobre el mal*, como símbolo de sus prioridades tras la Segunda Guerra Mundial. Fue el director de los Museos de Francia, George Salles, quien rebautizó la obra como *La caída de Ícaro*. La ambigüedad que rodea el título se acentúa con la representación de los bañistas bajo el blanco resplandor del sol. En el centro, una blanca y esbelta figura se zambulle en el agua azul. Picasso congela el instante de la caída, con los brazos y las piernas extendidas y rodeadas de un halo negro, evocando una mariposa en vuelo o un insecto atrapado en ámbar. Las otras figuras parecen ajenas al drama, inmóviles. Algunos han interpretado esta obra como una fusión del mito de Ícaro con la lucha entre el bien y el mal: la luz conquista la oscuridad. Mientras el *Guernica* de Picasso, de 1937, contenía un poderoso mensaje antibélico, el mural de la Unesco ofrece solo una visión tentativa de la paz.

## CARLO SARACENI

*Paisaje con el entierro de Ícaro*
1606–1607
Óleo sobre cobre
40 x 52,5 cm
Museo Nacional de Capodimonte, Nápoles

Esta inusual coda a la historia de Dédalo e Ícaro es la última imagen de una serie de tres pinturas de Carlo Saraceni (1579–1620). La secuencia se inicia con Dédalo e Ícaro sobre un acantilado preparándose para emprender el vuelo. La segunda pintura muestra a Ícaro cayendo desde el cielo mientras sus alas de plumas se derriten. La escena final representa a Dédalo dando sepultura a su hijo, tal como se describe en las *Metamorfosis* de Ovidio. La única desviación del texto de Ovidio es el pájaro. En la pintura, Dédalo levanta la vista y ve un águila volando en el cielo. En la historia de Ovidio, un pequeño pájaro aparece en el sepelio, pero no volando. ¿Es esta enorme ave una burla del vuelo fallido de Ícaro o quizá es el alma del joven? Carlo Saraceni era un pintor veneciano que trabajó en Roma, donde conoció a Caravaggio y al alemán Adam Elsheimer (pp. 218–219), cuyas influencias se reflejan en el formato de esta pintura, el paisaje y el acentuado claroscuro. *Paisaje con el entierro de Ícaro* y las dos escenas que lo acompañan fueron un encargo de la familia Farnesio, importantes mecenas y coleccionistas de arte, para su palacio de Roma. Para las figuras de Dédalo e Ícaro y el sarcófago, Saraceni probablemente se basó en alguna escultura antigua de su colección.

## CHRIS BURDEN

*Ícaro, 13 de abril, 1973*
1973
*Performance* documentada en copias cromogénicas y a la gelatina de plata
18,6 x 23,7 a 19,8 x 24,6 cm
Museo Metropolitano de Arte, Nueva York

Cuando Chris Burden (1946–2015) realizó esta *performance,* sus ayudantes levantaron una lámina de vidrio de 1,8 metros sobre cada uno de sus hombros, inclinándolas para que formasen un ángulo recto con el torso. Después de verter gasolina sobre el vidrio, le prendieron fuego. Al cabo de unos segundos, Burden se levantó de un salto y el cristal en llamas se estrelló contra el suelo. Burden recreó el instante en que el sol destruía las alas de Ícaro, junto a fotografías y «reliquias»: el cristal roto se exhibe en el Museo de Arte Moderno de Nueva York. El mito de Dédalo e Ícaro es una advertencia contra la arrogancia de imitar a los dioses. Para el artista, esta moraleja era menos interesante que la potente imagen de las alas en llamas, con la que pretendía escandalizar al público estadounidense, insensible ante el horror de la guerra de Vietnam. A principios de la década de 1970, Burden se propuso poner a prueba sus límites psicológicos y físicos: hizo que un amigo le disparara en el brazo (*Shoot,* 1971), se arrastró sobre cristales rotos (*Through the Night Softly,* 1973), fue crucificado sobre un Volkswagen (*Trans-Fixed,* 1974) y arrojado por dos tramos de escaleras (*Kunst-Kick,* 1974).

**ANSELM KIEFER**

*Ícaro – Arena de la Marcha de Brandeburgo*
1981
Óleo, emulsión, goma laca, arena y fotografía sobre lienzo
290 x 360 cm
Colección privada

El mito de Ícaro se traslada al escenario de una histórica batalla en Alemania. Ícaro, motivo recurrente en la obra de Anselm Kiefer (nacido en 1945), cae sobre un paisaje devastado, con las alas negras chamuscadas por las llamas. Su cabeza adopta la forma de una paleta, posiblemente representando la aspiración de Kiefer de que el arte vaya más allá del pasado militarista de Alemania. La figura alada recuerda a un ave de mal agüero, acentuando la atmósfera de inquietud conjurada por las nubes opresivas, los incendios y el humo. Los lienzos apocalípticos de Kiefer combinan mitología, política e historia para presentar su visión de la humanidad. Las gruesas capas de pigmento y material convierten sus pinturas en construcciones táctiles. En Ícaro, los límites que separan el pasado del presente, el artificio de la naturaleza y el mito de la realidad se disuelven en una mezcla de arena, goma laca, óleo, emulsión y fotografía. Gran parte de la obra de Kiefer desde la década de 1980 refleja sus intentos de confrontar el Holocausto, incorporando con frecuencia símbolos y leyendas culturales explotadas por los nazis. Kiefer parece cuestionarse si la redención –tal vez a través del arte– es posible desde lo más hondo de la destrucción.

## PAUL-AMBROISE SLODTZ

*Ícaro muerto,* 1743
Mármol
38 x 64 cm
Museo del Louvre, París

Tras precipitarse al mar, el cuerpo sin vida de Ícaro es arrastrado por el oleaje. La superficie dura y fría del mármol está cincelada con finas líneas que aportan dinamismo y textura a las olas, que mecen las finas plumas de las alas rotas del joven, y esa dramática sensación de movimiento queda compensada por los desordenados mechones de pelo y las onduladas cintas de seda. Slodtz (1702–1758) reprodujo con elegancia la bruñida musculatura de los brazos, el torso y las piernas de Ícaro, convirtiendo esta escultura en un preciso estudio del desnudo (dibujar al natural era un ejercicio habitual en la academia parisina de arte en la que se formó). La figura conserva una postura de *contrapposto*, con el cuerpo torcido en una dinámica asimetría que aquí, irónicamente, refuerza la falta de vida del joven. En esta escultura, creada en el período rococó del siglo XVIII en Francia, las molduras decorativas, el tema mitológico y las elegantes curvas con forma de concha son características del arte asociado al reinado de Luis XV. Slodtz fue uno de los tres hijos artistas del escultor francés Sébastien Slodtz, quien trabajó en la decoración de Versalles; juntos formaron una dinastía que contribuyó a un siglo de arte oficiado por la monarquía francesa.

## LOUISE LAWLER

*Madres afligidas (Adjunto)*, 2005
Copia a la gelatina de plata entonada (Cibachrome)
116,8 × 104,1 cm
Instituto de Arte Contemporáneo, Boston

Estas dos alas esculturales, copias en yeso de parte de la célebre *Victoria alada de Samotracia*, combina la crítica institucional y la protesta política, a la vez que constituye una referencia a la difusión cultural de la Antigüedad a través de las tradiciones museológicas occidentales. Como gran parte de la obra de la artista estadounidense Louise Lawler, nacida en 1947, la fotografía está tomada en un estilo que recuerda a las revistas de moda o el reportaje fotoperiodístico; sin embargo, la obra se realizó durante la guerra de Irak de 2005, un conflicto que produjo grandes pérdidas en ambos bandos y dejó tras de sí a muchas madres afligidas, a las que alude el título. La imagen genera varias narraciones interconectadas que el espectador puede relacionar con el mito de Dédalo y su hijo. El joven Ícaro voló demasiado cerca del sol, una historia de arrogancia con conmovedora resonancia si se ve a través del prisma de la victoria imposible y de la pérdida de vidas jóvenes en el conflicto de Irak. Con esta obra, Lawler cuestiona conceptos como el de vencedor y botín; las alas desprendidas hablan de desmembramiento, evocando los peligros del conflicto y el aciago final de Ícaro.

# DIOSES APASIONADOS

## CINCO RELATOS DIVINOS DE AMOR Y LUJURIA

Muchos mitos aluden a los amoríos de los dioses, pero la línea entre el amor y la lujuria es muy fina y lo que parece un romance divino, puede estar muy cerca de la violación. La lista de conquistas de Zeus es larga y sus amores han proporcionado materia fértil para los artistas. Otras deidades también han vivido amores y desamores.

Adonis fue el fruto de una unión incestuosa –su madre sedujo a su propio padre– y el niño se convirtió en un joven de excepcional belleza y casta virtud; su nombre es sinónimo de belleza masculina. Afrodita (Venus) se enamoró de él, con un amor profundo y demoledor, al clavársele accidentalmente una flecha de Eros. Tuvo la premonición de que Adonis sería herido mientras cazaba y le advirtió que no persiguiera a las bestias salvajes. Tiziano la representa agarrándose en vano a él, intentando detenerle o frenar su destino (p. 101). Shakespeare, en su poema *Venus y Adonis* (1593), convierte el relato en una historia de rechazo amoroso: Adonis se muestra cruel y desdeñoso con Venus («Le gustaba cazar y el amor desdeñaba»). Ignorando las advertencias de la diosa, Adonis es atacado por un jabalí y muere. La Venus de Shakespeare especula con que la bestia salvaje, embelesada por la belleza del joven, solo quería besarle y acariciarle. Mientras Adonis yace moribundo, la diosa rocía su sangre con néctar y de allí surge la anémona, una flor efímera. Así, Adonis también simboliza el declive y la resurrección de la naturaleza.

El rapto de Europa es una de las historias amorosas de Zeus que más se han ilustrado. La joven jugaba con sus amigas junto al mar en Sidón, cuando la vio el rey de los dioses. Para seducirla, se transformó en un hermoso toro blanco y se ganó la confianza de las jóvenes. Europa engalanó al toro con flores y se montó sobre su grupa. Zeus aprovechó la oportunidad para correr hacia el mar, con la muchacha aterrada y asida con fuerza a sus cuernos. El dios-toro nadó hasta Creta, donde forzó a la angustiada Europa. De su unión nació Minos.

Dánae era hija del rey Acrisio de Argos. Un oráculo profetizó que engendraría un hijo que mataría al rey, por lo que este la encerró. Así estaba a salvo de los pretendientes humanos, pero no de Zeus. El dios, transformado en una lluvia de oro, se introdujo en el dormitorio de la princesa y la dejó embarazada. Dánae dio a luz al héroe Perseo, quien luego decapitaría a la Medusa, un monstruo con piel de serpiente cuya mirada convertía a los hombres en piedra. Acrisio, recordando la profecía del asesinato, arrojó a la madre y al hijo al mar dentro de un cofre de madera, que alcanzó la isla de Serifos. Al final, Perseo mató accidentalmente a su abuelo mientras competía en unos juegos funerarios.

La mayoría de los amores de Zeus fueron heterosexuales, pero no todos. El rey de los dioses también se enamoró de un joven troyano llamado Ganimedes y se transformó en águila para secuestrarlo; el muchacho se convirtió en su copero en el Olimpo y su catamita. La tendencia homosexual de Zeus ha proporcionado un tema atractivo para las representaciones de la belleza masculina y del deseo entre hombres.

El amplio tema del amor divino, con sus elementos de violencia y fantasía, ha ofrecido a los artistas un medio para expresar el lado más brutal de la pasión amorosa. Esto es muy evidente en la historia de Leda y el cisne. Zeus adoptó la forma de un cisne y «sedujo» a Leda la misma noche en que ella se acostaba por primera vez con su esposo, el rey Tíndaro de Lacedemonia. Leda puso varios huevos: de uno nació Helena (más tarde Helena de Troya).

# VENUS Y ADONIS

## PEDRO PABLO RUBENS

*Venus lamentándose sobre Adonis muerto*
1592–1640
Pluma y tinta marrón, con aguada marrón, realzada con blanco
20,6 x 15,1 cm
Museo Británico, Londres

Venus, diosa del amor y la belleza, se enamoró perdidamente de Adonis, un ser humano mortal y amante de la caza, tras clavársele por accidente una flecha lanzada por su hijo Cupido. Venus sabía los peligros que la caza entrañaba para su amado y una mañana le hizo prometer que no saldría a cazar, pues temía por su vida. Adonis faltó a su promesa y un jabalí salvaje lo mató. Rubens (1577–1640) muestra a Venus inclinada sobre el cadáver de su amado, mientras lo sostiene entre sus brazos. Las repetidas líneas curvas del cabello de la diosa enfatizan su movimiento descendente, como expresión de su gran aflicción. Debajo del cuerpo exánime de Adonis está Cupido, que trata de ayudar a su madre a mantenerlo erguido. Unas líneas rápidas trazan un paisaje que alude a la segunda parte de la historia: donde la sangre de Adonis empapa la tierra, la fertiliza y hace brotar las anémonas. Esta trágica historia de amor fue un tema popular de las obras de arte de esa época, con la figura de Adonis representando la acción masculina y la de Venus simbolizando las cualidades femeninas opuestas, de empatía y sentimentalismo.

## DUNCAN GRANT

*Venus y Adonis*
c. 1919
Óleo sobre lienzo
63,5 x 94 cm
Tate, Londres

Una lánguida pero vigilante Venus, invadida por la lujuria, preside un paisaje lejano en el que aparece la pequeña, errante y casi accidental figura de Adonis. El pintor y diseñador británico Duncan Grant (1885–1978), refiriéndose a su pintura, comentó «que no se trataba de la ilustración de los dos amantes, sino del ritmo que emana del tema». Grant se inspiró a menudo en la mitología griega y romana: ninfas, sátiros, dioses y escenas más concretas, como las de Europa y el toro, Narciso, Leda y el cisne. El artista conocía bien las obras de Homero y Ovidio, así como la poesía inglesa, incluyendo el largo poema de Shakespeare sobre Venus y Adonis. Su conocimiento de los antiguos maestros expuestos en los principales museos europeos alimentó su imaginativa vida interior y las escenas mitológicas surgieron de su mano sin influencias de la realidad cotidiana. *Venus y Adonis* incluye referencias al arte antiguo y a su trabajo como escenógrafo. Es una pintura modernista, de forma neoclásica y ambiente vanguardista, a la vez imponente y moderada en su interpretación de uno de los mitos más celebrados de todos los tiempos.

## RICHARD HAMILTON

*Adonis en los frentes Y*
1963
Serigrafía
60,3 x 81,3 cm
Museo de Arte Moderno, Nueva York

El título *Adonis en los frente Y* es una referencia a la canción pop del estadounidense Jimmy Clanton, «Venus in Blue Jeans» (1962). La obra de Richard Hamilton (1922–2011), impulsor del arte pop en Gran Bretaña, aborda irónicamente la creciente cultura del consumo en Estados Unidos. Este trabajo es una serigrafía de una pintura, que forma parte de una serie titulada *Hacia una declaración definitiva sobre las próximas tendencias en ropa masculina y accesorios* (1962–1963), en la que el artista explora la construcción de la masculinidad y los ideales de género en la moda de los años sesenta. La imagen de Hamilton integra elementos de diversas fuentes en registros opuestos. La parte superior del torso, procedente de un anuncio de extensores Potenza publicado en la revista de culturismo *Mr. Universe*, se amplía y convierte en un elegante giro en *contrapposto*, con el tórax atravesado por franjas de color ocre y marrón. Como modelo de la belleza masculina que había cautivado a Venus, era inevitable que Adonis tuviera un final trágico. Pero aquí Hamilton explora interpretaciones más recientes del ideal estético masculino en referencia a las últimas modas. El torso en flexión evoca la tradición del desnudo masculino y sus connotaciones filosóficas e intelectuales, pero también ofrece una visión irónica de cómo sería el hombre ideal.

**TIZIANO**

*Venus y Adonis*
1554
Óleo sobre lienzo
186 x 207 cm
Museo Nacional del Prado, Madrid

Adonis se deshace del abrazo de Venus, ansioso por partir de caza con sus perros. Los dos personajes intercambian una mirada conmovedora, es la última vez que se mirarán a los ojos. Tiziano (c. 1485/1490–1576), al pintar para Felipe II de España una serie sobre poesía mitológica basada en las *Metamorfosis* de Ovidio, solía añadir a menudo giros propios. En *Venus y Adonis* fue más lejos, inventando la escena en la que Venus intenta evitar que su amado salga a cazar, pues teme que muera (como así fue). En la versión de Ovidio, es Venus quien se aleja de Adonis, uniéndose a sus cisnes para regresar a su reino celestial. Tiziano tomó prestadas las poses de la antigua escultura romana. La figura de Adonis se basa en la de un sarcófago romano, mientras que Venus está modelada a partir de un famoso relieve de Psique descubriendo a Cupido. Tiziano concibió *Venus y Adonis* como una compañera de *Dánae*, que ya había enviado a Felipe II (p. 107), y con ella quería mostrar «la parte opuesta del cuerpo». Esta vista posterior de Venus tiene tanto atractivo como la parte delantera. Esta pintura se consideró la más erótica de la serie.

# EL RAPTO DE EUROPA

## HANNAH HÖCH

*Álbum*
c. 1933
*Collage*
28 x 36 cm
Berlinische Galerie, Berlín

Esta doble página agrupa una serie de imágenes que evocan el mito del rapto de Europa por parte de Zeus disfrazado de toro. En *Álbum*, la artista alemana Hannah Höch (1889–1978) muestra claramente los principios dadaístas del fotomontaje, una forma de *collage* que explota la fotografía producida en serie para revistas, periódicos y publicaciones de la década de 1930. Los artistas dadaístas, y posteriormente los surrealistas, adoptaron el fotomontaje por su capacidad para ser veraz y documental, misterioso, discordante y perturbador. De este modo, la obra de Höch muestra como figura dominante la de una vaca vista desde abajo, quizá una alusión a la relación que por entonces mantenía con la poetisa Til Burgman. A la izquierda se ve a una joven desnuda, con una corta melena rubia, de pie en el campo, mientras que las imágenes de las muñecas y la cigüeña en vuelo podrían ser el extraño resultado de encuentros sexuales míticos o imaginarios. En primer plano, una planta suculenta simboliza el sexo femenino, completando la interpretación de la maternidad y la fertilidad. Las imágenes de este *collage*, presentadas como si fueran ilustraciones de un libro, forman una narrativa onírica, incompleta y difusa del rapto de Europa.

## FRANÇOIS BOUCHER

*El rapto de Europa*
c. 1732–1735
Óleo sobre lienzo
230,8 x 273,5 cm
Colección Wallace, Londres

Colores delicados, especialmente rosa coral, y un ambiente alegre y ligero caracterizan este enorme lienzo. En el centro de la composición piramidal, las ayudantes de Europa adornan al plácido toro con guirnaldas de flores, ajenas al inminente destino de la joven. Júpiter ya está presente, representado por su atributo de un águila con una nube de tormenta. La alegre representación de Europa de François Boucher (1703–1770), con su séquito femenino y rodeada de tributos florales y amorcillos, es típica del gusto cortesano francés de principios del siglo XVIII. El joven artista pintó esta obra poco después de regresar de una estancia en Italia, buscando exhibir las nuevas habilidades que había adquirido en el extranjero y con la esperanza de atraer nuevos encargos. Este cuadro, junto con *Mercurio confiando el Baco niño a las ninfas*, pertenece a un grupo de obras destinadas al hogar de un abogado parisino. El lienzo de Boucher inspiró una interpretación muy similar del mismo tema a su joven rival Jean-Baptiste Marie Pierre (1714–1789). Pero la obra de Pierre no logra transmitir la armoniosa convivencia de la composición de Boucher.

## ARTISTA DESCONOCIDO

*Europa y el toro*, c. 560–550 a.C.
Piedra caliza con trazas de policromía
83,5 x 69 cm
Museo Arqueológico Regional, Palermo, Sicilia

El artista que esculpió esta metopa para el exterior de un templo en Selinunte representó el rapto de Europa por Zeus *in media res*: el dios-toro ya lleva su premio sentado en la grupa. Europa parece contenta y cómplice, erguida y con la mano apoyada en el flanco del animal. La cuidadosa repetición formal unifica la composición: las piernas dobladas de la joven se hacen eco del extremo retorcido del rabo del toro y el giro de su torso y su brazo izquierdo levantado son una réplica de la curva de la cabeza y los cuernos del animal. Inusualmente para esa época, el dios toro se representa nadando sobre dos delfines, cuyos cuerpos sugieren movimiento: sus hocicos, junto con la cabeza y las patas delanteras del toro, sobrepasan el borde de la metopa, como si fueran hacia la próxima escena. Podría ser una alusión a la experiencia de los ciudadanos de Selinunte: en un mundo en el que el viaje por mar era peligroso, la calma de Europa abogaba por su seguridad. Su buena disposición al secuestro también se ve subrayada por la expectativa sexual. La posición del rabo del toro –un pseudofalo en su extremo– simboliza el deseo de los colonizadores de apropiarse de lujos exóticos a través de la conquista y el comercio.

**TIZIANO**

*El rapto de Europa*
c. 1560–1562
Óleo sobre lienzo
178 x 205 cm
Museo Isabella Stewart Gardner, Boston

Este cuadro trata sobre la seducción; no solo de la seducción de Europa por Júpiter, sino también de la seducción de la propia pintura: la rica coloración, la pincelada vacilante y los mágicos efectos de la luz. Es la última de las seis *Poesías* que Tiziano (c. 1485/1490–1576) envío al rey Felipe II de España (pp. 101, 107, 164). Más de 300 años después, cuando la coleccionista de arte estadounidense Isabella Stewart Gardner compró *El rapto de Europa,* afirmó que «cada centímetro de la pintura rebosa alegría». Sin embargo, la imagen aborda tanto el terror como el éxtasis: Europa se aferra desesperadamente al toro, mientras las doncellas abandonadas en la orilla gritan alarmadas. Los amorcillos parecen augurar que la huida acabará bien, pero las consecuencias del rapto de Europa fueron que dio a luz a Minos y que la esposa de este, Pasifae, se enamoró de un toro y engendró al Minotauro. Los espectadores del Renacimiento que conocían a Ovidio sabían el desenlace, pero para ellos –y para Isabella Gardner– el deleite se hallaba en la vivacidad y la sensualidad de la pintura, con el añadido de la carga erótica de Europa. Más tarde, Velázquez rendiría tributo a esta pintura en *Las hilanderas* (p. 126).

# DÁNAE Y LA LLUVIA DORADA

**TRACEY EMIN**

*Lo tengo todo*
2000
Copia cromogénica
121,9 x 91,4 cm

Esta foto, perteneciente a una serie de instantáneas Polaroid, muestra a la artista riéndose mientras acerca monedas y billetes a sus piernas abiertas. En algunas imágenes hay un vaso de vino. Tracey Emin (nacida en 1963) alude con humor a la acusación de que los Young British Artists (YBAs) lo estaban «vendiendo todo» y «embolsándose el dinero». El tono megalómano del título de las fotografías queda compensado por la sórdida impresión de que Emin se ha convertido en su propia pornógrafa. El antiguo mito de Dánae –una joven pervertida por una lluvia de oro– es un subtexto ineludible de esta imagen, tanto si Emin era consciente de ello como si no. Dánae es a menudo un personaje ambivalente, considerado como una víctima pasiva o como una pareja dispuesta. La luz de cada fotografía se posa sobre sus extremidades y arroja un cálido brillo sobre el dinero, creando una especie de parodia del paisaje rojo y brillante de las versiones del mito de Tiziano (página siguiente). La copa de vino podría ser también una analogía del Cupido situado en un lateral de la primera pintura de la serie de Tiziano.

## TIZIANO

*Dánae recibiendo la lluvia de oro*
1553–1554
Óleo sobre lienzo
128 x 178 cm
Museo Nacional del Prado, Madrid

La voluptuosa princesa Dánae se reclina en la cama provocativamente mientras Júpiter, apareciendo en forma de nube, deja caer una lluvia dorada sobre su cuerpo desnudo. Con las rodillas flexionadas y las piernas medio abiertas, la joven no ofrece resistencia al rey de los dioses, que penetra en ella en forma de lluvia dorada y la fecunda. Dánae, impasible, contempla la extraordinaria aparición, mientras que su atónita criada se incorpora e intenta atrapar las brillantes partículas de oro con su delantal. Tiziano (c. 1485/1490–1576) pintó varias versiones muy parecidas de la historia de Dánae, una de ellas encargada por el rey Felipe II de España como parte de una serie de siete lienzos –inspirados en las *Metamorfosis* de Ovidio– al que el artista dio el título común de *Poesías* («poemas visuales»; pp. 101, 105, 164), considerando que eran la equivalencia en pintura a la poesía. Años antes, Tiziano había retratado a Venus como un sensual desnudo recostado, pero aquí su tratamiento de Dánae tiene una mayor connotación sexual. Mientras que las pinturas de Dánae pueden interpretarse como alegorías platónicas, o incluso mandatos políticos (proponiendo a Felipe como un nuevo y conquistador Júpiter, por ejemplo), el tema mitológico también permite la creación de imágenes eróticas y atrevidas.

## ARTEMISIA GENTILESCHI

*Dánae*
1612
Óleo sobre bronce
41,5 x 52,5 cm
Museo de Arte de San Luis, Missouri

Esta representación de Dánae de la pintora barroca Artemisia Gentileschi (1593–1653) está plagada de ambigüedades. Maestros anteriores, como Tiziano (p. 107), habían mostrado a la doncella griega dispuesta al engaño de Júpiter y recibiendo su recompensa –en forma de monedas o lluvia dorada– con las piernas abiertas. En la Dánae de Gentileschi, las señales son contradictorias. ¿Está recostada en éxtasis poscoital con las monedas en el regazo o cruza las piernas en un intento de apartar al dios libidinoso? En contraste con la aparente indiferencia de Dánae, su criada atrapa la cascada de monedas con su falda. Tan polémica como la interpretación de esta pintura ha sido su atribución, muy discutida. Algunos estudiosos creen que fue obra del padre de Gentileschi, Orazio, mientras que otros la atribuyen a Artemisia dada su gran similitud con una *Cleopatra* desnuda pintada por la artista en 1621. La interpretación de Dánae resistiéndose a la fecundación de Júpiter parece estar más en línea con la tendencia de Artemisia a reinterpretar las representaciones tradicionales de las protagonistas femeninas como heroínas asertivas. En *Susana y los viejos* (1611), por ejemplo, muestra a Susana más angustiada que coqueta cuando lucha para defenderse de sus agresores. *Dánae* se ejecutó el mismo año en que Orazio denunció por violación al tutor de Artemisia, lo que provocó un juicio humillante y traumático para su hija, que entonces era adolescente.

## VADIM ZAKHAROV

*Dánae*
2013
Vista de la instalación, Pabellón ruso, Giardini, 55 Bienal de Venecia, 2013

Con motivo de la Bienal de Venecia de 2013, el artista conceptual ruso Vadim Zakharov (nacido en 1959) creó una sorprendente *performance* en la que los visitantes representaban el mito de Dánae. De Tiziano (p. 107) a Klimt (página siguiente), las interpretaciones de Dánae han sido muy diversas, desde víctima inocente a ramera corruptible, y la lluvia dorada se ha considerado símbolo de dinero. Zakharov aborda este aspecto material como una crítica a los valores de la sociedad capitalista. Los hombres tenían prohibida la entrada a esta sala en forma de útero, situada en la planta baja del Pabellón ruso, donde las monedas caían del techo como una lluvia brillante. Cada moneda valía un «Dánae» y llevaba una inscripción: «Verdad, Unidad, Libertad, Amor». Las visitantes femeninas eran invitadas a guardar una moneda y a recoger el resto para transportarlo al piso de arriba, donde se reanudaba el proceso. En la planta superior, donde permanecían los visitantes masculinos, un texto en la pared les instaba a «confesar» una letanía de pecados. La *performance* de Zakharov puede verse, en parte, como una forma de empoderar a las mujeres, que dirigen el trabajo desde la cueva-útero y difunden ideales como la verdad y la libertad en forma de monedas. Sin embargo, esa lectura positiva queda atenuada por la vinculación de esos valores con el dinero.

## GUSTAV KLIMT

*Dánae*
1907
Óleo sobre lienzo
77 x 83 cm
Galería Würthle, Viena

Una bella joven con una llamativa cabellera pelirroja duerme acurrucada. Su piel desnuda, que domina la composición, queda enmarcada por una vaporosa gasa, adornada con una cascada de discos dorados, que se vierte entre sus piernas. Como muchos otros antes que él, Klimt (1862–1918) da un tratamiento altamente erótico al mito de Dánae y centra su composición en el instante en que Zeus fecunda a la princesa. Aunque las mujeres también eran la debilidad de Klimt, no aprovecha la mitología para disfrutar de la invención de una fantasía húmeda. El flujo de discos dorados tiene su reflejo en las formas circulares de la parte inferior derecha de la pintura, un diseño de Klimt basado en imágenes médicas de blastocitos, las células embrionarias que crecen hasta formar un embrión humano. Probablemente, Klimt aprendió embriología con Emile Zuckerkandl, un destacado anatomista a cuyas conferencias asistió en Viena. Al incluir estas formas biológicas, simboliza la creación de una nueva vida y recuerda que de la unión de Dánae con Zeus nació el poderoso héroe griego Perseo. En manos de Klimt, Dánae se reinventa como un potente símbolo de fertilidad.

# ZEUS Y GANIMEDES

## ARTISTA DESCONOCIDO

*Zeus raptando a Ganimedes*
c. 470 a.C.
Terracota pintada
Altura: 106 cm
Museo Arqueológico, Olimpia, Grecia

Los primeros fragmentos de esta gran escultura de Zeus, que lleva en brazos al príncipe troyano Ganimedes, se descubrieron en 1878 durante las excavaciones en el estadio de Olimpia, en Grecia, sede de los antiguos juegos panhelénicos que se celebraban cada cuatro años en honor a Zeus. En los sesenta años siguientes continuaron hallándose otros fragmentos hasta que pudieron reconstruirse ambas figuras, aunque todavía faltan algunas partes. Ganimedes ha sufrido más desperfectos; ha perdido el brazo derecho, la parte inferior de piernas y pies, y parte del pecho y los genitales. Pero, a pesar de las mermas de ambas figuras, la escultura conserva toda su vitalidad. Zeus, sin disfraz, avanza agarrando a un Ganimedes aparentemente condescendiente, quien a su vez abraza a un gallo de pelea, regalo de su secuestrador. El gran santuario de Zeus en Olimpia alcanzó su máximo esplendor en el siglo v a.C., época en la que esta escultura de terracota pintada se instaló allí, probablemente como ofrenda votiva. Redescubierta un milenio después de la destrucción del templo por los terremotos y las inundaciones en la Antigüedad tardía, se conservó gracias a los sedimentos que cubrieron la zona. Los antiguos fieles no encontraron inapropiada esta imagen homoerótica dentro del recinto sagrado; la pederastia, con su complejo protocolo, era una faceta socialmente aceptada entre la clase alta griega.

## PIERRE KLOSSOWSKI

*Ganimedes, Montes Albinos*, 1986
Lápiz de color
200 x 150 cm
Colección privada

*Ganimedes, Montes Albinos* muestra al bello joven secuestrado por Zeus transformado en águila. El francés Pierre Klossowski (1905–2001) solía representar encuentros eróticos o sexualmente sugerentes entre figuras de aspecto andrógino que aludían al deseo bisexual y a un enfoque fluido del género. *Ganimedes, Montes Albinos,* ejecutado en un estilo ilustrativo y ligero, enfatiza la dinámica del poder sexual y la emoción homoerótica del mito original. Las alas del águila rodean y sobrepasan la vulnerable desnudez de Ganimedes; las garras se clavan sugerentemente en sus caderas, mientras el muchacho aferra con una mano la pata del águila y extiende el otro brazo imitando la posición del ala en un gesto de complaciente aquiescencia. Klossowski, hermano mayor del polémico pintor Balthus Klossowski, llegó a la práctica artística en una etapa tardía de su vida. En la década de 1940, ingresó en un seminario católico, que abandonó en 1946, poco después de conocer a la que sería su esposa y musa Denise Marie Roberte Morin-Sinclaire. El contacto con los surrealistas despertó el interés de Klossowski por la agitación moral en la coyuntura entre la religión, el erotismo y el sadomasoquismo.

## ROBERT RAUSCHENBERG

*Cubo para Ganimedes*, 1959
Chapa y esmalte sobre madera con engranaje, lacre y lata
48,3 x 12,7 cm
Fundación Robert Rauschenberg, Nueva York

El rey de los dioses y el bello joven troyano reinterpretados como una lata abollada y una desgastada caja de metal: parece ser el tema de *Cubo para Ganimedes*, una de las «Combinaciones» que Robert Rauschenberg (1925–2008) empezó a realizar en 1954 a partir de materiales encontrados. Este cubo se inserta en la caja por medio de una manivela, quizá como metáfora del secuestro del príncipe troyano. Hay una discrepancia deliberada entre la seriedad del título, con su reivindicación de alto valor artístico, y el artilugio de chatarra de Rauschenberg. La transformación de una humilde lata en la copa o «cubo» de Ganimedes también parece un intento irónico de elevar la composición. Sin embargo, detrás de la parodia hay una intención seria. La obra alude a temas homoeróticos: la historia clásica se convierte en un código para la sexualidad del artista, que reviste la construcción de chatarra con una subcorriente de subjetividad y autorreferencia. Rauschenberg conoció a los artistas homosexuales John Cage y Merce Cunningham, que se convertirían en unas de sus principales influencias, y en 1952 viajó a Europa con su amante Cy Twombly.

## MIGUEL ÁNGEL BUONARROTI (COPIA)

*El rapto de Ganimedes*
1533
Tiza negra sobre papel marrón
36,1 x 27,5 cm
Museos de Arte de Harvard/Fogg Museum, Cambridge, Massachusetts

El príncipe troyano Ganimedes era tan hermoso que el mismísimo Júpiter se enamoró de él. Transformado en un águila, el dios se abalanzó sobre el joven y lo llevó al Olimpo, convirtiéndole en su copero y amante. Miguel Ángel (1475–1564) representa al príncipe como un joven musculoso y el rapto, como una especie de abrazo aéreo. Las garras del águila se cierran con fuerza sobre las pantorrillas de Ganimedes y este extiende los brazos, colocando uno sobre un ala y jugando con las plumas con un solo dedo del otro brazo. Ganimedes sonríe al águila, cuya expresión está tan humanizada que también parece esbozar una sonrisa. El dibujo fue un regalo de Miguel Ángel a Tommasso dei Cavalieri, un hombre mucho más joven que él, del que se enamoró. Aunque el sentimiento parece que no fue correspondido, Miguel Ángel envió a Tommasso numerosos dibujos como demostración de su estima.
La historia de Ganimedes fue posiblemente un pretexto para el artista, una coartada para expresar unos deseos que en su época no se aceptaban abiertamente. El dibujo original no ha llegado hasta nuestros días; esta copia contemporánea parece que es un reflejo fiel del original.

**DAMIANO MAZZA**

*El rapto de Ganimedes*
c. 1575
Óleo sobre lienzo
177,2 x 188,7 cm
National Gallery, Londres

El carácter plano y la estrecha profundidad pictórica de esta representación de Ganimedes y Júpiter en forma de águila, así como el escorzo de las extremidades del joven, reflejan la ubicación original de la obra en el techo de la casa de un abogado de Padua. La pintura era originalmente de formato octogonal, pero en algún momento después de retirarla de su emplazamiento se enmarcó y convirtió en cuadrada. El estilo exuberante y pictórico del paduano Damiano Mazza (activo de 1573 a 1590) se inspiraba en Tiziano, que fue su maestro. De hecho, durante gran parte de su historia, esta pintura se atribuyó erróneamente a Tiziano y bajo ese nombre se incluyó en la colección inicial de la National Gallery en 1824. La obra fue muy admirada, grabada y copiada por artistas del siglo XIX, como William Etty. Mazza, al igual que su maestro, fue un gran colorista, como puede verse en el bello contraste de la ondeante capa rosa de Ganimedes y el oscuro plumaje de Júpiter. Como era habitual, Mazza aprovechó la oportunidad para deleitarse en el desnudo masculino. Las formas suaves de Ganimedes proporcionan una especie de lámina para las alas de su secuestrador, creando un juego de texturas, forma y color.

# LEDA Y EL CISNE

## THÉODORE GÉRICAULT

*Leda y el cisne*
c. 1816–1817
Grafito, tinta, acuarela, gouache sobre papel
21 x 28,8 cm
Museo del Louvre, París

El extraño mito de Leda y el cisne se convirtió en un tema popular entre los artistas del Renacimiento, incluyendo a Leonardo y Miguel Ángel, y esta obra de Géricault (1791–1824) hace referencia tanto a sus ilustres precedentes como al propio relato: Leda, esposa de Tíndaro, rey de Esparta, fue violada por Zeus bajo la apariencia de un cisne. Leda puso sus huevos de los que nacieron Helena, Clitemnestra y los gemelos Cástor y Pólux; según otras versiones del mito, Zeus fue el padre de Helena y Pólux (Polideuces) y Tíndaro engendró a Clitemnestra y Cástor. Géricault realizó esta obra durante un viaje a Italia y allí quedó cautivado por el arte de Miguel Ángel, como se refleja en el cuerpo musculado y enérgico de Leda. La pareja está bajo un árbol, en el borde del agua, con los cuerpos iluminados por lo que parece la luz de la luna. La atmósfera nocturna acentúa la naturaleza ilícita del encuentro. Leda, con el cuerpo en tensión, empuja al cisne con la mano intentando alejarle. Como artista romántico, Géricault sentía un interés especial por las escenas de intensidad emocional, pasión extrema, angustia, horror y violencia. La lucha de Leda con el cisne muestra su fascinación por el lado más brutal de la naturaleza humana.

## PAUL DELVAUX

*Leda*, 1948
Óleo sobre tablero
152,7 x 95 cm
Tate, Londres

Un paisaje urbano sirve de telón de fondo para esta escena en la que una joven desnuda y de mirada enigmática se arrodilla ante un cisne blanco, acariciándolo tiernamente y acercando su plumoso cuerpo al suyo. Aunque las alas de la criatura se elevan en una demostración de fuerza, la actitud de la mujer es tranquila y sosegada. El belga Paul Delvaux (1897–1994), cuyas pinturas suelen representar desnudos femeninos en poses eróticas, en esta se inspiró en el mito griego de Leda y el cisne, en el que Zeus, disfrazado, fecunda a la reina de Esparta. Sin embargo, en la versión de Delvaux, es Leda quien controla la situación, siendo la seductora y no la seducida. Su cuerpo domina la composición, eclipsando al cisne, que baja la cabeza en señal de sumisión. Delvaux estudió los clásicos desde muy joven y gran parte de su obra, ya desde sus primeros dibujos, refleja la influencia de la mitología griega. Pero también estaba influido por la historia del arte y las poses de esta pintura son, al mismo tiempo, una referencia y una contradicción de las de la obra que Rafael pintó sobre el mismo tema en 1515.

## KURT KREN

*Leda y el cisne*, 1964
Fotografía fija de película a color de 16 mm
3 minutos

Esta película muda de tres minutos de duración, con secuencias de imágenes de una fracción de segundo, es una especie de trance repleto de cuerpos desnudos, comida desparramada, un cisne falso y una lluvia de plumas. El film, realizado por el artista austríaco Kurt Kren (1929–1998), documenta una *performance* de Otto Muehl (1925–2013), fundador del Accionismo vienés. Esta efímera escuela del arte de las *performances* destacó por sus «happenings» o *aktions* violentos y profanos, cargados de sexualidad, en los que el cuerpo se explotaba como medio artístico. Muehl se inspiró en un poema de B. Yeats del mismo título (1923) para escenificar el antiguo mito como una escabrosa orgía. Publicó un «guion» en el que describía la acción: «Leda, con la parte superior del cuerpo en posición vertical, levanta una pierna. Leonardo coloca un gran cisne de plástico deshinchado entre sus piernas». En la grabación de Kren, ese guion escénico adquiere la calidad de un viaje alucinógeno que alcanza la misma calidad vacilante e imaginativa del poema de Yeats:

> Un golpe inesperado: las grandes alas baten sobre la aturdida joven, las oscuras membranas le acarician los muslos, siente el pico en su nuca.

# ESTADOS ALTERADOS

## TRES RELATOS DE TRANSFORMACIÓN

El mito es voluble y mutable, y cambia de estado de ánimo, alternando el vívido realismo con la fantasía más desbocada, o separa el relato en varias versiones de la misma historia. El tema del mito es, a menudo, una metamorfosis, un cambio de estado o de destino. El poema épico las *Metamorfosis,* de Ovidio, escrito en tiempos del primer emperador romano Augusto y del nacimiento de Jesucristo, es un rico tapiz mitológico. La transformación impregna este poema, que influyó tanto en el arte del Renacimiento que se le llamó la *Biblia del pintor.*

Eros llevaba dos flechas en su carcaj, una para despertar la pasión y otra para mitigarla. La primera, hecha de oro, tenía la punta afilada; la segunda era roma y estaba cubierta de plomo. Eros disparó la segunda flecha al seno de la ninfa Dafne, quien rechazó el amor y prefirió la caza y la castidad. Al mismo tiempo, Eros envió el dorado afrodisíaco al dios Apolo, que se enamoró perdidamente de Dafne. El dios la persiguió por el bosque y casi la alcanzó; la ninfa rezó para salvarse de la violación. Su padre, Peneo, dios del río, oyó sus súplicas y la transformó en un laurel, árbol que desde entonces sería sagrado para Apolo. Antonio Pollaiuolo pintó los brazos extendidos de la ninfa transformándose en un espeso follaje (p. 122), mientras que Richard Prince representa una gravitación equivalente desde la suave corporeidad hasta las extremidades rígidas, como si fueran las ramas de un árbol (p. 123).

Pigmalión era un escultor mortal de Chipre. Disgustado por el comportamiento inmoral de un grupo de muchachas jóvenes de Amato, esculpió a una mujer perfecta con marfil. Se enamoró perdidamente de su creación y suplicó a Afrodita que le diera una esposa parecida a su doncella de marfil. La diosa le concedió su deseo y, ante los ojos de Pigmalión, el frío marfil se calentó y se convirtió en carne. La historia de Pigmalión se ha usado muchas veces como metáfora sobre la producción y la recepción artística. En *Pigmalión y Galatea,* de Jean-Léon Gérôme (p. 124), el escultor da vida a su creación en su estudio, o quizá Pigmalión está siendo agraciado con un beso de la mujer, que se inclina desde el pedestal para caer en sus brazos.

La mitología como una constelación visual de historias –una fina red de interconexiones– se aprecia intensamente en el relato de Aracne. La mortal Aracne se jactó de su habilidad como tejedora y desafió imprudentemente a la diosa Atenea a una competición. El tapiz de Atenea desplegó la «historia divina de Atenas», una imagen emblemática del orden y la belleza clásicos, que mostraba a doce dioses entronizados en el cielo y cuatro pequeños ejemplos de presunción y castigo humano: justo la imagen de superioridad celestial que se esperaría de una diosa. Aracne proyectó una visión del mundo muy diferente –de violencia y crueldad caprichosa– a través de una serie de «ultrajes celestiales». Su tapiz mostraba las violaciones y los engaños cometidos por varios dioses mediante la representación de múltiples episodios. La obra de Aracne era técnicamente impecable, ni siquiera Envidia se atrevió a criticarla, pero eso no evitó que la furiosa Atenea destruyera su trabajo. La desdichada Aracne se ahorcó, pero la diosa sintió compasión y la transformó en araña. Así le garantizó la vida eterna como tejedora de telarañas.

En cada uno de estos relatos, con sus formas de entender el deseo, el anhelo y los celos, es posible ver metáforas sobre el arte y sus obras contradictorias. Las historias de Dafne y Pigmalión aluden, respectivamente, a la capacidad del arte para transmutar la «vida real» en un doble estático, y a la inversa, transformar el artificio en realismo sensual. La fábula de Aracne, por su parte, refleja la capacidad del arte para mostrar visiones distintas, incluso irreconciliables, del mundo.

# APOLO Y DAFNE

## GIAN LORENZO BERNINI

*Apolo y Dafne*
1622–1625
Mármol
Altura: 2,4 m
Galería Borghese, Roma

Esta célebre escultura de Bernini (1598–1680) capta un momento de transformación y alarma. Cuando la ninfa Dafne huye de Apolo, dios de la música y la poesía, sus piernas quedan atrapadas en la corteza del árbol. El dios corre hacia ella y rodea su cintura con el brazo izquierdo, anticipando un abrazo, pero su rostro muestra indicios de confusión y alarma, que se registran también en los dedos extendidos de su mano derecha. Y con razón: Dafne se está transformando en un árbol. La persecución de Apolo a Dafne fue el resultado de la pasión creada por Cupido, quien, sintiéndose menospreciado por el dios, le disparó una flecha dorada para que se enamorara de la ninfa. Al mismo tiempo, Cupido lanzó su flecha de plomo a Dafne, haciendo que huyera de su pretendiente. Agotada por la persecución, Dafne rezó a su padre Peneo, dios del río, que la transformó en un laurel. Bernini muestra el instante en que las hojas brotan de las yemas de sus dedos y las raíces de sus pies. Esta escultura fue muy atrevida para su época: el artista llevó al límite el potencial expresivo del mármol, asumiendo grandes riesgos debido a su fragilidad, para así intensificar la tragedia de la historia.

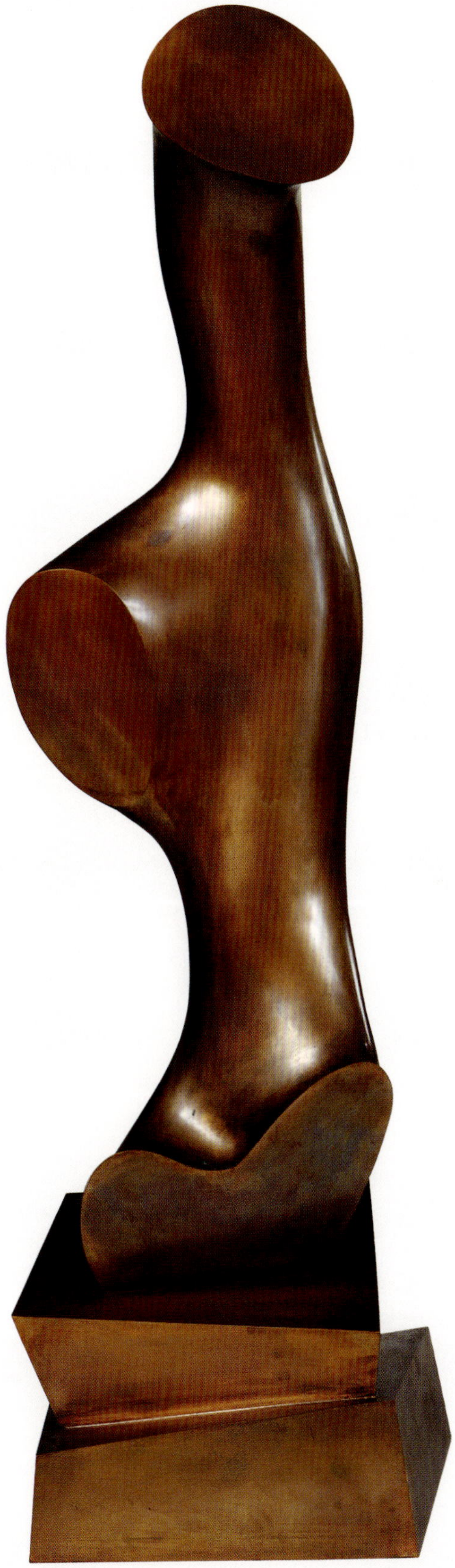

## JEAN ARP

*Dafne*
1955, molde 1983
Bronce
Altura: 120,5 cm
Stiftung Arp, Remagen, Alemania

Los lisos y redondeados contornos de este bronce abstracto evocan formas naturales, abruptamente contrastadas por los tres planos que sugieren ramas de árboles cortadas, o quizá estatuas antiguas carentes de extremidades, como la *Venus de Milo*. El título alude a la historia de Dafne, la ninfa que se transformó en laurel al ser perseguida por Apolo. El antiguo mito llamó la atención del escultor francoalemán Jean Arp (1886–1966), cuyo trabajo a partir de la década de 1950 aborda temas de crecimiento y transformación. En 1915, el artista fue miembro fundador del dadaísmo, integrado por un grupo de artistas radicales que desafiaban el arte establecido de su época. Sin embargo, a partir de 1930, Arp empezó a crear esculturas abstractas inspiradas en la naturaleza y la segunda parte de su carrera estuvo dominada por la exploración de formas biológicas. Pero su intención no era copiar la naturaleza, sino más bien crear nuevas formas de apariencia orgánica. Trabajaba lentamente y pasaba meses, e incluso años, con cada pieza, a menudo reelaborando sus ideas una y otra vez. Arp solo daba un título a sus esculturas cuando las había completado y es probable que el de esta obra fuera respuesta a su apariencia de rama, que para Arp evocaba la transformación de Dafne.

## ANTONIO POLLAIUOLO

*Apolo y Dafne*
1470–1480
Óleo sobre panel
29,5 x 20 cm
National Gallery, Londres

Esta representación del mito de Apolo y Dafne, del artista renacentista florentino Antonio Pollaiuolo (c. 1432–1498), es quizá una de las más extrañas y cómicas que se hayan creado sobre el mito. Un vigoroso Apolo, cuya ardiente pasión se muestra por el blusón carmesí y el brazo alzado, se abalanza sobre su presa, Dafne, y sus ropas sueltas atestiguan el calor de la persecución. Sin embargo, sus brazos solo alcanzan la cintura de Dafne y esta lo mira desdeñosa, pues sus brazos ya se han convertido en las ramas de un laurel. Muchos artistas han interpretado el mito de Apolo y Dafne como el triunfo de la castidad sobre el deseo sexual y las dos ramas bifurcadas de laurel, como símbolos de los caminos del vicio y la virtud. Pollaiuolo presenta a Dafne con una actitud firme frente a la persecución vana y absurda de Apolo; sin embargo, inyecta un toque de sensualidad a la composición al revelar, entre los pliegues del vestido, la pierna desnuda de la doncella. Pollaiuolo trabajó en Florencia, a menudo con su hermano Piero, y retrata al dios y a la ninfa con un atuendo de la época y con el valle del río Arno como fondo, demostrando así su destreza para representar tanto los detalles de la ropa como la perspectiva del paisaje.

## RICHARD PRINCE

*Sin título*
2012
Chorro de tinta y acrílico sobre lienzo
159,8 x 127,5 cm
Colección privada

*Sin título*, del estadounidense Richard Prince (nacido en 1949), muestra el torso desnudo de una mujer en una grisalla de chorro de tinta suavemente iluminada, sobrepintada y ampliada con unos enormes apéndices en sustitución de los brazos y las piernas. Prince, uno de los principales defensores del arte de apropiación que surgió en la década de 1970, explora y replantea constantemente el poder de los códigos visuales. La oposición generada por la inserción de añadidos en los desnudos fotográficos eróticos es un contraste de género en el que surgen los modelos artísticos e históricos de la diferencia sexual. La sexualidad voraz y la estilización de las representaciones femeninas de Picasso se evocan con marcas abstractas, mientras que su enfoque suave del desnudo femenino establece a la mujer como musa anónima, objeto sexual e ideal estético. La metamorfosis de Dafne en un árbol se refleja en la mutación del torso en extremidades abstractas, mientras que la alternancia de fotografía y formas abstractas crea una colisión de géneros. La imagen parece probar con representaciones definitivas de Apolo y Dafne, como la del escultor barroco Gian Lorenzo Bernini (p. 120).

# PIGMALIÓN Y GALATEA

## JEAN-LÉON GÉRÔME

*Pigmalión y Galatea*
1890
Óleo sobre lienzo
88,9 x 68,6 cm
Museo Metropolitano de Arte, Nueva York

El escultor Pigmalión se alza de puntillas para abrazar a Galatea en el instante en que ella se transforma de fría piedra en carne palpitante. Esta pintura representa el clímax del mito de Pigmalión, cuando la diosa Afrodita cumple el deseo del escultor de dar vida a su exquisita creación y convertirla en su esposa. Con suaves pinceladas, el francés Jean-Léon Gérôme (1824–1904) muestra a Galatea en plena transformación; sus blancas piernas de mármol aún permanecen rígidas, aunque la parte superior del cuerpo, pintada en suaves tonos carne, aparece flexible y llena de vida mientras se inclina para besar a su creador. A la derecha, Eros lanza una flecha, lo que alude a la feliz unión de la pareja. El lienzo de Gérôme está pintado en el estilo académico francés que fue tan popular en el siglo XIX. Las academias francesas animaron a los artistas a explorar los temas mitológicos y el mito de Pigmalión debió ser reconocido de inmediato por los visitantes al Salón de París. Gérôme también era escultor, lo que probablemente influyó en la elección del asunto. De hecho, se sintió particularmente atraído por la historia de Pigmalión: entre 1890 y 1892 realizó tres versiones, todas mostrando el mismo instante, pero desde un punto de vista diferente.

## AGNOLO BRONZINO

*Pigmalión*, 1530–1532
Óleo sobre lienzo
81 x 64 cm
Galería de los Uffizi, Florencia

El escultor Pigmalión se arrodilla para suplicar que su última creación cobre vida y así sucede. Entre ambas figuras hay un altar de sacrificio con la cabeza y los huesos de un toro envueltos en llamas, la ofrenda del escultor a Venus para que le ayude. Pigmalión estaba tan enamorado de su escultura de mármol que suplicó a Venus que le diera una esposa tan bella como su obra de arte. La diosa escuchó sus súplicas y transformó el frío objeto en carne cálida. Bronzino (1503–1572) representa el instante en que la escultura cobra vida. El artista hace que la mirada se fije en la Venus revivida y establece una relación triangular entre Pigmalión, su asombroso trabajo naturalista y el espectador. El público de Bronzino debió reconocer las referencias escultóricas antiguas y modernas de la estatua viviente: su postura recuerda la del *David* de Miguel Ángel (1501–1504), mientras que el movimiento recatado de sus manos y piernas evoca la pose de la *Venus púdica*. Tal vez Bronzino quería representarse a sí mismo como una especie de Pigmalión, capaz de reanimar las estatuas y convertirlas en cuerpos asombrosamente realistas.

## JOHN DEANDREA

*El artista y su modelo*, 1980
Polivinilo policromado, tamaño natural
Foster Goldstrom, Oakland, California

*El artista y su modelo* es una obra tan increíblemente real que produce una gran impresión en los espectadores y les lleva a confundir la escultura hiperrealista con cuerpos vivos, una ilusión solo rota al comprender que la pareja no respira ni parpadea. La carne de las figuras es de plástico y se ha modelado con yeso de fraguado rápido y moldes de silicona, y la piel está meticulosamente pintada. Al observar las figuras de cerca, se revelan las numerosas imperfecciones humanas: granos, lunares y manchas. El escultor estadounidense John DeAndrea (nacido en 1941) ha señalado que, como Pigmalión, haría respirar a sus esculturas si pudiera. Se inició en la escultura hiperrealista hacia 1967 y fue pionero en el uso de materiales y técnicas innovadoras. Aquí, la figura del artista es un molde de sí mismo y la de la modelo, de una amiga suya. Aunque ella ya ha bajado de la peana, su transformación aún no está completa: las piernas y los pies son todavía de pálido mármol. El color es la clave: hace que la obra cobre vida, igual que los colores vibrantes se la dieron vida a las esculturas clásicas griegas y romanas. Pero DeAndrea también rinde un homenaje irónico a sus antecedentes en el arte pop: la lata de Butter-Nut con sus tres pinceles recuerda a la emblemática lata de café Savarin, repleta de pinceles, de Jasper Johns.

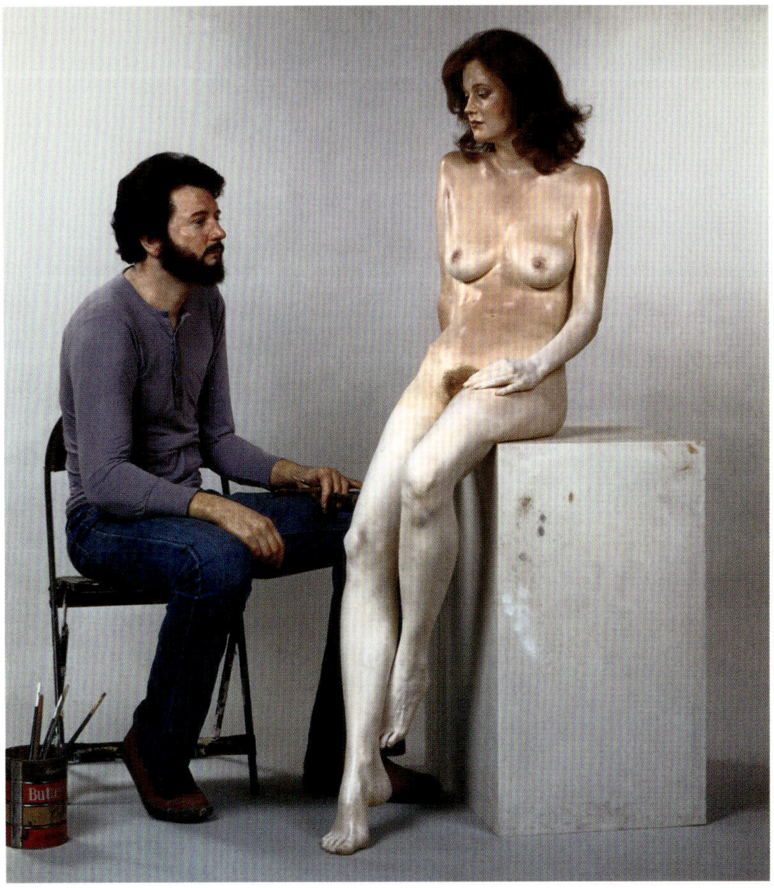

# ARACNE

## DIEGO VELÁZQUEZ

*Las hilanderas*
1655–1660
Óleo sobre lienzo
220 x 289 cm
Museo Nacional del Prado, Madrid

En *Las hilanderas* (también llamada *La fábula de Aracne),* Diego Velázquez (1599–1650) realizó una obra tan compleja en sus velados significados como el legendario tapiz de Aracne. El lienzo parece mostrar una escena habitual de la época en Madrid: un grupo de mujeres trabajando duro con la rueca en un taller de tapices. Detrás de ellas, en un hueco iluminado por el sol, otro grupo de mujeres examina un tapiz acabado, una versión de *El rapto de Europa* de Tiziano (que el maestro veneciano había hecho para el rey Felipe II de España un año antes; p. 105). Se piensa que las figuras del fondo son personajes mitológicos, lo que convierte al cuadro en una versión del mito de Aracne disfrazada de escena de género. Atenea aparece vestida con su armadura en el centro del grupo, aunque no queda claro si es una figura «real» o forma parte del diseño tejido. El tapiz es la impecable creación de Aracne y su tema, la protesta contra las injusticias de los dioses. Atenea juzga el trabajo de su contrincante y medita su respuesta. Las figuras del primer plano podrían ser la primera parte de la historia, en que la diosa (disfrazada de anciana) y la joven compiten para ver quién hace el mejor tapiz.

## DAMIEN HIRST

*Metamorfosis*
2016
Bronce
211,6 x 88,2 x 88,7 cm

En esta escultura, una de las centenares de obras de arte presentadas en la espectacular exposición *Tesoros del naufragio de lo increíble*, celebrada con motivo de la Bienal de Venecia de 2017, Damien Hirst (nacido en 1965) reinterpreta el mito de Aracne, que es transformada en una araña después de desafiar a Atenea a un concurso de tapices. Aquí, la figura femenina se transforma en una mosca monstruosa: las patas del insecto surgen de la espalda de la joven y de debajo de su túnica clásica y la cabeza ha sido reemplazada por los ojos múltiples y la mandíbula de una mosca. El artista señala que el mito de Aracne puede interpretarse como «una parábola del poder del arte y del antiguo antagonismo entre creatividad y autoridad»; su transformación de la mujer en una víctima de la araña y no en la propia araña altera aún más el relato. Toda la exposición es una reflexión sobre la ficción y la fe, con obras de arte que forman parte de un tesoro imaginario recuperado de un barco antiguo inexistente. La reinterpretación de Hirst de figuras y relatos mitológicos –desde el escudo de Aquiles hasta Cronos devorando a sus hijos– en una exposición contemporánea que se ha calificado de cínica y nihilista, un «pastiche de Discovery Channel» del mundo de la posverdad, alternativo a los hechos reales, dice mucho sobre la relevancia perdurable del mito clásico.

## KAN XUAN

*Looking, Looking, Looking For...*
2002
Vídeo unicanal, 2 minutos 42 segundos

En este breve vídeo, una pequeña araña recorre los cuerpos desnudos de un hombre y una mujer. Siempre en primer plano, el arácnido busca sin cesar un lugar para descansar, visitando sin éxito cada orificio y pliegue de la piel. Para la banda sonora que acompaña el film, el artista chino Kan Xuan (nacido en 1972) utiliza una canción infantil que cuenta la historia de un niño que busca a su madre, cambiando la letra para que el objeto de la búsqueda sea el amor. La proximidad entre la araña y los cuerpos humanos puede recordar al mito de Aracne, la habilidosa tejedora que insultó a los dioses al representar sus deslices en un hermoso tapiz. Ella fue convertida en araña por Atenea, que la condenó a tejer inútiles telarañas por toda la eternidad. La historia de Aracne, que alude en parte a la monotonía del trabajo, es comparable al uso que Xuan hace de la araña como símbolo del trabajador del turno de noche, que trabaja horas y horas, lo que limita su movilidad social y le vuelve incapaz de mantener una existencia estable. Aquí, la araña representa al trabajador solitario que tiene pocas oportunidades de interacción humana. Xuan ofrece una visión melancólica de la dinámica social y emocional de la vida en la China moderna.

## LOUISE BOURGEOIS

*Mamá*
1999
Acero y mármol
9,3 x 8,9 x 10,2 m
Vista de la instalación en el Museo Guggenheim, Bilbao, España

La artista francesa Louise Bourgeois (1911–2010) creó una monumental araña de acero, *Mamá,* expuesta en la Sala de la Turbina con motivo de la inauguración de la Tate Modern en el año 2000. El arácnido de Bourgeois confunde los sentidos, alzándose amenazadora sobre sus más de 9 metros de altura, como si fuera un despiadado depredador dispuesto a atraparnos en su red o a pincharnos con sus patas. Sin embargo, el título identifica a la araña con la figura materna y lleva una bolsa de huevos de mármol bajo el abdomen. La escultura es un tributo de Bourgeois a su madre, que reparaba tapices en el taller de su padre y soportó la relación de su marido con la institutriz durante diez años. Desde mediados de los años noventa, Bourgeois creó una serie de esculturas de arañas de acero y el tema de la costura y la reparación subyacen en gran parte de su obra. La alusión a la araña evoca implícitamente el antiguo mito de Aracne, la habilidosa tejedora convertida en araña por la celosa diosa Atenea. Víctima de los caprichos de los dioses, Aracne es sinónimo de la habilidad, el sufrimiento y la resiliencia femeninas, cualidades que están condensadas en la enorme araña materna de Bourgeois.

NARCISO

UNA
HISTORIA
DE AMOR
A SÍ MISMO

La ninfa acuática Liríope dio a luz a un niño, Narciso, de extraordinaria belleza desde su más tierna infancia. Liríope consultó al famoso vidente Tiresias sobre el destino de su hijo y este predijo que viviría muchos años «siempre que no se viera a sí mismo». Durante mucho tiempo estas palabras parecieron no tener sentido, pero al final resultaron ciertas. Pasados dieciséis años, el niño se convirtió en un muchacho de aspecto seductor, que atraía tanto a anhelantes mujeres como a hombres lascivos, pero era engreído y tenía el corazón insensible.

Un día, mientras perseguía a un ciervo, lo vio la ninfa Eco. Ella había recibido una maldición de Hera, que la privaba del habla y solo le permitía repetir el final de la última frase que escuchaba. (La ninfa había enfurecido a la diosa porque, a instancias de su esposo Zeus, había servido de señuelo para mantenerla entretenida en una larga conversación mientras él flirteaba con otras). Eco, al ver a Narciso, se enamoró perdidamente, pero incapaz de expresarlo, apareció delante de él e intentó abrazarlo. Narciso la rechazó disgustado y ella se refugió en el bosque, vencida por la vergüenza y el dolor del rechazo. Se escondió en una solitaria cueva, sus huesos se convirtieron en piedra y solo su voz, un débil eco, perduró.

Otra admiradora despechada de Narciso pensó que ya era suficiente y pidió a los dioses que dieran su merecido a ese arrogante joven: exigió que se enamorara de sí mismo y fuera incapaz de conseguir el objeto de su deseo. La diosa Némesis le concedió su petición. Narciso se hallaba en un idílico bosque, junto a un estanque de agua clara, transparente, rodeado de hierba aterciopelada y árboles que le protegían del sol del verano. Cansado de la caza, se arrodilló junto al estanque para beber. Al hacerlo, quedó fascinado al ver su perfecta belleza reflejada en el agua.

Narciso creyó que su propio reflejo era la encarnación de un dios y se inclinó para besar la aparición. Pero cada vez que se acercaba, el agua ondulaba y el rostro de su amado se distorsionaba. Al intentar abrazar a su silencioso amante, sus manos se hundían en el agua. Parecía que el misterioso joven de debajo de la superficie anhelaba a Narciso con la misma intensidad, ya que le devolvía sus sonrisas y sus lágrimas e intentaba corresponder a sus abrazos.
Si Narciso se hubiera apartado un instante, su obsesión se habría desvanecido, pero no lo hizo; permaneció en la orilla, incapaz de dejar de mirarse, y sufrió tanto como él le había hecho padecer a Eco. Mientras Narciso languidecía, ella volvió a llorar desconsoladamente. El joven murió allí y su cuerpo se convirtió en una flor, el narciso de primavera.

El mito de Narciso ha invadido el arte, la literatura, la filosofía y el psicoanálisis. Un cuadro de Caravaggio (p. 132) muestra al muchacho contemplando a su doble en el estanque, como si estudiara su imagen, y articula la idea de Narciso como el primer pintor, tal como propuso el teórico renacentista Leon Battista Alberti: «¿Qué es la pintura sino el acto de abrazar con el arte la superficie de un estanque?». Con frecuencia, la escena del encuentro de Narciso consigo mismo es también la imagen de la introspección: Lucian Freud imagina a un joven mirándose malhumorado en un espejo, con las manos en la cabeza (p. 135). El dibujo *Narkissos,* del artista estadounidense Jess, expresa la amplitud metafórica de la historia, transformándola en una alegoría de la mirada, el deseo y la memoria (p. 140). Jess apunta que contemplar el mundo es filtrarlo siempre a través del propio yo.

**CARAVAGGIO**

*Narciso*
1594–1596
Óleo sobre lienzo
110 × 92 cm
Galería Nacional de Arte Antiguo, Roma

Esta impresionante pintura del maestro barroco italiano Michelangelo Merisi da Caravaggio (1571–1610) se centra en el estado psicológico del melancólico Narciso. El borde del agua divide el lienzo por la mitad, representando al joven arriba y su reflejo en la parte inferior. El pintor emplea sus características técnicas del claroscuro y el tenebrismo, o de luces y sombras extremas, para destacar a su protagonista sobre un fondo oscuro, prescindiendo de cualquier otro detalle. Caravaggio era famoso por el gran realismo con el que representaba a la figura humana, dibujando al natural y, a menudo, iluminando partes inesperadas del cuerpo (en este caso, la rodilla). Los antebrazos de Narciso forman un marco circular con su reflejo, lo que acentúa el círculo del amor a sí mismo. Sumerge la mano izquierda en el agua y parece estar a punto de abrazar su imagen con un anhelo palpable. Poco se sabe sobre las circunstancias del encargo y la ejecución de esta pintura. Aunque se ha cuestionado la autoría de Caravaggio, su innovadora composición y su estilo distintivo han acabado convenciendo a muchos investigadores. Caravaggio trabajó en el apogeo de la Contrarreforma católica y, aunque muchos de sus encargos abordaron temas bíblicos de gran dramatismo, sus cultos mecenas también apreciaban sus representaciones mitológicas con atractivos adolescentes como modelos.

**MAT COLLISHAW**

*Narciso*
1990
Copia sobre papel estucado
19,3 x 29,2 cm
Tate, Londres

Habitualmente, los artistas han representado a Narciso como un hermoso joven embelesado por su propio reflejo en un estanque. Algunas veces le acompaña la ninfa Eco, que le adora, pero él la rechaza, absorto en sí mismo. El viejo maestro Caravaggio pintó a Narciso (página anterior) como un joven de su época, con camisa holgada y pantalones rotos, algo inusual en sus trabajos. El artista británico Mat Collishaw (nacido en 1966) ha llevado la contemporaneidad un poco más allá. En un callejón sucio, el artista yace en el suelo, desaliñado y sin camisa, mirando su reflejo en un charco de agua turbia. Esta obra, inspirada en el mito clásico, no podría estar más alejada de las imágenes idealizadas del pasado. Collishaw ha planteado varios niveles de significado a través de imágenes impactantes que combinan referencias a la belleza, la amenaza, la fantasía y la historia del arte, con comentarios sociales y culturales propios de su época. Esta obra se inspiró, en parte, en la portada de «This Charming Man», un éxito de 1984 de la banda inglesa The Smiths, en la que puede verse a un joven contemplándose en un charco. También hay una clara referencia a los vagabundos, los drogadictos y los sin techo que dormían en las calles de las ciudades británicas en la época en la que Collishaw realizó esta fotografía. El propio artista adopta el papel de Narciso para crear una nueva visión más inquietante del mito clásico.

## ARTISTA DESCONOCIDO

*Narciso*
62–79 d.C.
Fresco
Casa de Marco Lucrecio Frontón, Pompeya

Este excepcional fresco de Pompeya se conservó durante 1.800 años bajo un manto de cenizas tras la erupción del Vesubio en el año 79 d.C. Representa a Narciso como modelo de la belleza masculina juvenil, casi desnudo y reclinado sobre una roca cubierta de musgo. Lleva una corona de laurel, símbolo que a menudo indicaba un triunfo deportivo, y una lanza apoyada en el hombro. La prenda que le cubría parece haber resbalado inesperadamente, pero él está tan absorto con su reflejo en el agua, que no lo ha notado. Un fondo de montañas y acantilados realza el ambiente de ensueño. La sofisticación artística del pintor anónimo es palpable en el tratamiento naturalista del cuerpo, empleando luces y sombras para dar solidez a la carne, en el elegante uso del color y en detalles como las ondas del agua. La casa de Marco Lucrecio Frontón, a pesar de su modesto tamaño, contenía algunos de los frescos más bellos del tercer estilo pompeyano de pintura, de principios del siglo I d.C., que se caracterizaba por marcos ornamentados con elementos arquitectónicos, como las columnas, que flanqueaban las pinturas murales. En la casa también se hallaron representaciones de Teseo en el laberinto y de la pasión de Marte y Venus.

**LUCIAN FREUD**

*Narciso*
1948
Pluma y tinta
21 x 13,7 cm
Tate, Londres

Un joven de expresión hosca apoya la cabeza entre sus manos mientras contempla su propio reflejo. Su rostro, casi tocando la superficie espejada en la que se mira, se refleja en posición invertida. Aunque en ese reflejo son visibles la nariz, la boca y el mentón, Freud (1922–2011) lo ha recortado por encima de los ojos, dirigiendo el foco de atención a la figura ensimismada. Se trata de una interpretación del mito de Narciso, el apuesto joven condenado a enamorarse de su propio reflejo. Freud muestra a Narciso con ropa moderna y peinado actual, mientras un espejo sustituye al estanque del monte Helicón donde se vio por primera vez. El dibujo se encargó para el libro *Hombres y dioses* (1951) de Rex Warner, una reinterpretación moderna de los mitos más conocidos de la antigua Grecia. Freud utilizó una técnica de líneas y puntos que había desarrollado en los años cuarenta, muy adecuada para la reproducción impresa. La composición recortada de la imagen es característica de los retratos del artista durante ese período. También realizó otros tres dibujos para el libro de Warner, representando a Heracles, Acteón y Jacinto, pero el editor los rechazó alegando que no ilustraban adecuadamente los relatos.

## SALVADOR DALÍ

*Metamorfosis de Narciso*
1937
Óleo sobre lienzo
50,8 x 76,2 cm
Tate, Londres

Una estilizada figura que representa al joven Narciso se arrodilla al borde de un estanque con la cabeza agachada. Está ensimismado, absorto en su propio reflejo. Una mano gigantesca cercana a la orilla del agua reproduce su posición acuclillada y sus dedos sostienen un huevo agrietado del que crece una flor de narciso. Debajo de los imponentes acantilados del fondo hay un grupo de personas, amantes rechazados que ahora lloran la pérdida del apuesto joven. Como el título sugiere, Salvador Dalí (1904–1989) quería representar la metamorfosis completa de Narciso, mostrándolo primero enamorado de sí mismo y luego, tras consumirse por su pasión, transformado en una flor. El joven, tal como era antes, se ve al fondo, posando solo sobre un pedestal. El intento del artista de pintar todo el mito en un único lienzo le dio la oportunidad de desarrollar aún más su característico uso de las imágenes dobles, ingeniosas ilusiones visuales surgidas de su interés por la alucinación y la fantasía. Se ha sugerido que Dalí se sentía identificado con el protagonista y que esta pintura –importante para él– fue una exploración de sus propias tendencias narcisistas.

## YAKOI KUSAMA

*Jardín de narcisos*
1966–2016
Esferas de acero inoxidable, juego de 873
Dimensiones variables
Vista de la instalación, Victoria Miro, Londres, 2016

Durante varios años, los visitantes de la galería Victoria Miro podían dejar atrás el bullicio de las calles de Londres y entrar en un exuberante jardín, un remanso de paz a la sombra de unos árboles tropicales donde estaba instalado el *Jardín de narcisos,* de la célebre artista japonesa Yakoi Kusama (nacida en 1929): una instalación con centenares de esferas de acero inoxidable que flotaban en un canal, balanceándose suavemente. En una tranquila mañana, resultaba tentador sentarse al borde del canal y contemplar las esferas brillantes y la superficie ondulante del agua. Los visitantes podían permitirse un momento de introspección, reflexionando en silencio sobre su propia vida, aunque quizá solo los que habían caído bajo el influjo de una maldición podían enamorarse de su propio reflejo. Cuando Kusama presentó por primera vez esta obra en un espacio al aire libre de la Bienal de Venecia en 1966, su intención era reflexionar sobre el arte, el espectador y la vanidad. Poco después de que se inaugurara la muestra, la artista, en un gesto polémico, colocó un letrero: «Tu Narciso», y vendía cada esfera por unos dólares, convirtiendo la instalación en una *performance* y una crítica al mercado del arte. Quizá poseer una obra de arte, o contemplarla, es una vanidad.

## ELMGREEN & DRAGSET

*Cuando un país se enamora de sí mismo*
2008
Impresión láser a color montada sobre aluminio de 4 mm con 8 mm de plexiglás
200 x 150 cm

El hecho de colocar un gran espejo frente a la simbólica escultura de bronce de *La sirenita,* en el puerto de Copenhague, reinterpreta su significado como una ironía sobre el mito de Narciso y cuestiona el papel de la escultura pública en la creación de mitos de la identidad nacional, tanto para turistas como para residentes. Los artistas Michael Elmgreen (nacido en 1961) e Ingar Dragset (nacido en 1969), danés y noruego respectivamente, son conocidos por sus espectaculares instalaciones e intervenciones escultóricas realizadas con ingenio y humor. El mito de Narciso y su obsesión por sí mismo es un tema apropiado para abordar su ampliación relativamente ligera de la escultura de Edvard Eriksen de 1913, basada en un cuento de Hans Christian Andersen. La historia de Narciso puede aludir también al narcisismo de las generaciones de jóvenes que hacen un uso intensivo de las redes sociales. La princesa que contempla su reflejo es una atracción en la que los visitantes pueden hacerse un selfi: gracias a la puesta en escena de Elmgreen y Dragset, un símbolo de pertenencia nacional se transforma en una figura doblemente obsesionada: la obsesión de la sirena de bronce y la de sus espectadores.

**JESS**

*Narkissos*
1976–1991
Grafito y gouache sobre papel cortado y pegado en un marco encontrado por el artista
177,8 x 152,4 cm
Museo de Arte Moderno de San Francisco

Jess (pseudónimo de Burgess Collins, 1923–2004) fue una figura clave del movimiento *beat* de los años cincuenta en San Francisco. Su obra maestra, *Narkissos*, documenta su propia creación durante tres décadas: incluye la inscripción «Imaginada, 59. Recolectada, 59–73. Esbozada y clavada, 76–79. Traducida y pegada, 78–79. Desarrollada, 79–91». El trabajo está hecho con imágenes encontradas, cada una de ellas dibujada y ampliada por Jess («traducida», en su propia terminología) y luego pegadas en un soporte para crear un *collage* dibujado a mano. Incluso la firma del artista –las iniciales «JS»– es una imagen encontrada. La historia de Narciso tiene una gran potencia como vehículo de la expresión homosexual, especialmente para Jess, artista gay que rechazó su apellido, su carrera original como científico y su lugar de nacimiento. Todavía se conserva la carpeta con su investigación, que incluye notas e imágenes referentes a Narciso en la mitología, la literatura, el arte y la cultura popular, desde el cuadro de Caravaggio del siglo XVI (p. 132) y una escultura de Constantin Brancusi del XIX, hasta películas de Hollywood y cómics contemporáneos. Los dibujos de *Narkissos* se centran en las figuras emparejadas de Narciso y Eros. Narciso es un joven, mientras que Eros es un hombre maduro, como el *erastés* y el *erómenos* de la filosofía griega, subrayando la importancia de estas referencias clásicas para Jess.

## CLAUDE CAHUN

*Autorretrato*
1928
Copia a partir de negativo monocromo de poliéster
11,8 x 9,4 cm
Jersey Heritage Trust

La artista francesa Claude Cahun, pseudónimo de Lucy Schwob (1894–1954), estaba interesada en el mito de Narciso como una forma de reflexionar sobre la identidad y el deseo homosexual. Adoptó un nombre ambiguo en cuanto al género y su pareja y colaboradora artística, Suzanne Malherbe, también sustituyó el suyo por el de Marcel Moore. Con su imagen, sus escritos y su arte, Cahun desafió las normas de su época, encarnando múltiples identidades –literalmente, en sus autorretratos, duplicándose a sí misma en un espejo como en este caso, o mediante *fotocollage* o técnicas fotográficas mixtas–, rechazando los estereotipos de la feminidad y cuestionándose la dualidad hombre/mujer. Aquí se muestra andrógina, con el pelo corto y una expresión facial contundente, vestida con una gabardina masculina con el cuello vuelto hacia arriba. Cahun pertenecía al movimiento surrealista parisino y el estampado en tablero de ajedrez de la gabardina trae a la mente al artista surrealista Marcel Duchamp, gran aficionado al ajedrez, quien, a partir de los años veinte, también adoptó otras identidades y realizó algunas obras bajo el pseudónimo femenino de Rrose Sélavy, y como Rrose aparece fotografiado en una célebre serie de Man Ray. Durante su vida, Cahun mostró su trabajo en contadas ocasiones y fue más conocida como precursora de artistas contemporáneas, como Cindy Sherman, Gillian Wearing y Nan Goldin.

# CRIMEN Y CASTIGO

## CUATRO RELATOS DE ARROGANCIA HUMANA

El mito clásico recrea un cosmos en el que la transgresión mortal rara vez queda impune. El castigo se puede producir aun en ausencia de delito. Las historias de crimen y castigo abordan las relaciones entre dioses y hombres y subrayan el inevitable desequilibrio de poder entre ellos. Son historias de justicia, pero también de crueldad caprichosa y del absurdo de la existencia humana.

Sísifo, primer rey de Éfira (más tarde Corinto), cuando ya era anciano, decidió poner a prueba el amor de su esposa y le ordenó que lo enterrase vivo en la plaza del pueblo, una proposición absurda que, sin embargo, ella cumplió. Ya en el inframundo, Sísifo obtuvo permiso para regresar temporalmente a la vida y castigar a su mujer. Pero cuando llegó al mundo superior, decidió que prefería quedarse en el soleado Corinto que en las húmedas sombras del infierno y allí permaneció durante años, ignorando las llamadas de los dioses para que regresara a la tierra de los difuntos. Finalmente, fue castigado y obligado por toda la eternidad a hacer rodar una roca colina arriba, mirar cómo descendía y luego volverla a subir. Albert Camus, escritor existencialista francés, argumentó que la fascinación del mito de Sísifo es la necesidad autoconsciente de volver, una metáfora sobre la futilidad de los patrones cíclicos de la existencia humana.

Marsias era un sátiro (mitad hombre, mitad cabra) que encontró las flautas que Atenea, su inventora, había desechado porque, al tocarlas, distorsionaban su rostro y la afeaban. Marsias se convirtió en un experto flautista, tan seguro de su habilidad que retó a Apolo, rey de la música, a un concurso musical. Según algunos, Apolo ganó a Marsias con engaños, no con talento: colocó su lira boca abajo y la tocó a la perfección; después desafió a Marsias a que hiciera lo mismo con sus flautas. Como el sátiro no lo logró, Apolo fue declarado vencedor y, de acuerdo con las normas del concurso, podía hacer lo que quisiera con Marsias. Decidió desollarlo vivo. El horror y la impotencia de Marsias, en contraste con la sádica minuciosidad de Apolo con el bisturí, se muestran en una impresionante pintura de la última época de Tiziano (p. 152).

Los problemas del rey Midas, uno de los grandes bufones de la mitología clásica, empezaron con un acto de bondad. Mientras Dioniso vagaba por el campo con su séquito de borrachos, perdió a su padrastro Sileno. Encontraron al anciano y lo llevaron a la corte del rey Midas, quien le entretuvo con diez días de festejos antes de devolverlo a Dioniso. A cambio, el dios le otorgó a Midas el derecho a pedir lo que quisiera. El rey pidió que todo lo que tocara se convirtiera en oro. Pero cuando intentaba comer, su boca se llenaba de obleas de metal y, cuando bebía, el oro fundido corría por su garganta. Los objetos cotidianos formaban una uniformidad dorada, un proceso representado con humor por Maurizio Cattelan en su creación de un inodoro de oro funcional (p. 157). Midas rogó a Dioniso que le liberara de su carga y el dios le dijo que se sumergiese en el río Pactolo. Al hacerlo, el «toque de Midas» pasó de su cuerpo al agua.

Acteón era un joven aristócrata aficionado a la caza, cuyo crimen fue tropezarse con la diosa Artemisa (Diana) mientras se bañaba en una apartada gruta del bosque rodeada de sus ninfas. Como castigo, la diosa lo convirtió en ciervo. En algunas fuentes clásicas, Acteón es un mirón que obtiene su merecido, pero en la versión de Ovidio, su único delito fue un accidente del destino. En *Diana y Acteón*, de Tiziano (p. 164), asistimos al momento en que Acteón mira y es descubierto, la horrible epifanía que precede a su metamorfosis en ciervo y el desmembramiento por sus propios perros. La *Diana* de Wallinger (p. 165), una instalación con una mujer real desnuda, enmarca explícitamente a los espectadores como *voyeurs*.

# SÍSIFO

## ARTISTA DESCONOCIDO

*El castigo de Sísifo*
c. 575-550 a.C.
Piedra arenisca
c. 142 x 79 cm
Museo Arqueológico Nacional, Paestum, Italia

Sísifo, castigado por Zeus por creerse más astuto que el dios, está representado de perfil en este bajorrelieve. El escultor ha elegido mostrar el clímax del castigo del rey deshonrado, cuando empuja la roca hasta la cima de la colina que domina el panel y la solidez de la piedra parece confirmar que no lo conseguirá. Para subrayar la inutilidad de los esfuerzos de Sísifo, la parte superior del relieve parece comprimir la ladera para que el rey no llegue a la cima; mientras, los laterales se convierten en una especie de celda que bloquea su cuerpo en una pose retorcida. Sin espacio para moverse, las piernas, los brazos y la espalda del rey permanecen eternamente doblados bajo el peso de la roca, una dura prueba que aún es más difícil por el demonio alado –probablemente representa a Tánatos (la muerte)– que, subido en los hombros de Sísifo, tira de él hacia atrás mientras el rey intenta empujar. La escena es una clara advertencia de lo que ocurre cuando se intenta engañar a los dioses, un mensaje muy adecuado para exponerlo en un templo. Las escenas de relieves similares también ofrecen ejemplos de relaciones fallidas e inadecuadas con los dioses, recordando al espectador cómo ha de comportarse en el espacio de un santuario.

## JANA STERBAK

*El deporte de Sísifo*
1997
Piedra, correas de cuero y hebillas metálicas
50 x 36 x 25 cm
Colección privada

Una enorme roca de granito del Pirineo está atada con correas de cuero a la espalda de un fornido modelo masculino. La piedra parece demasiado pesada para levantarla, lo que recuerda las proezas de los concursos de fuerza. Esta representación irónica del mito de Sísifo transforma la gran roca del héroe en un cruel accesorio de moda y el título alude tanto a la burla que sufre el astuto embustero como a la actividad deportiva. De hecho, en vez de perseguir a la roca desde la cima, los usuarios de esta contumaz mochila probablemente caigan montaña abajo arrastrados por su peso. No es una sorpresa que una artista como la canadiense Jana Sterback (nacida en 1955) se sienta atraída por el mito de Sísifo. El control y la restricción, sean autoimpuestos o causados por fuerzas ajenas, son temas centrales en su obra. Sus esculturas conceptuales –caracterizadas por la temática absurda y el humor negro– están directamente relacionadas con la vulnerabilidad del cuerpo humano. En definitiva, *El deporte de Sísifo* es una proposición absurda que, como el mito clásico, habla de la perpetua lucha y la tenacidad del ser humano, por inútil que parezca la tarea.

## SANDRO CHIA

*La pereza de Sísifo*
1981
Óleo sobre lienzo, dos paneles
3,1 x 3,9 m
Museo de Arte Moderno, Nueva York

Una figura presumida y vestida con un inapropiado sombrero de fieltro, empuja hacia arriba una gran bola en una montaña de expresivas pinceladas. No sabe que, como el embaucador Sísifo, condenado por toda la eternidad, sus esfuerzos quedarán en nada. En esta imponente pintura, el italiano Chia (nacido en 1946) invoca el mito de Sísifo para satirizar el progreso en el arte. Para Chia, este es el destino del artista moderno que, tras haber empujado su creación pictórica hasta la cima de la montaña, experimenta la frustración de verla bajar de nuevo hasta el fondo. La tradición moderna se retrata como un ciclo absurdo de repeticiones sin sentido. Pero la obra de Chia es también una autocrítica, ya que, como neoexpresionista, rechazó el arte conceptual y el minimalismo para defender un retorno a la pintura de caballete tradicional, apropiándose de estilos de principios del siglo XX, como la pincelada dramática del expresionismo alemán y el dinamismo del futurismo italiano. Chia identifica sus propias actividades con las del despreocupado protagonista de la pintura; tras afirmar que el progreso en el arte moderno es un mito, se contenta, curiosamente, con asumir el papel del mortal heroico, pero condenado.

**FRANCIS ALŸS**

*Paradoja de la praxis 1 (Algunas veces el hacer algo no lleva a nada)*
1997
Documentación fotográfica de una acción, México D. F.
Vídeo, 5 minutos

Al principio de este breve vídeo, se ve al artista empujando un gran bloque de hielo en una soleada calle, mientras los transeúntes lo miran atónitos. Sin diálogos ni explicaciones, el espectador solo puede especular cuál será su destino. Mover el hielo requiere un esfuerzo considerable. La alta figura se agacha, aplicando toda su fuerza con las manos desnudas, mientras intenta desplazar ese pesado objeto por la acera y la calzada. Sin embargo, paulatinamente, a medida que el calor del sol derrite y funde el hielo, el bloque empieza a reducirse y lo empuja con los pies. Cuando el hielo alcanza el tamaño de una pelota de tenis, el hombre lo hace avanzar a patadas, como si fuera un guijarro. Al final, la forma sólida desaparece por completo convertida en un pequeño charco, que también se evaporará sin dejar rastro. Toda la acción parece una tarea inútil, como la de Sísifo. Esta *performance*, quizá un aviso sobre el reto de hacer arte, fue una de las obras que el artista belga Francis Alÿs (nacido en 1959) realizó mientras vivía en México D. F. y también alude a los esfuerzos frustrados de las personas que conoció allí para mejorar sus condiciones de vida.

# MARSIAS

## PIETRO PERUGINO

*Apolo y Marsias*
c. 1483–1492
Óleo sobre panel
39 x 29 cm
Museo del Louvre, París

Lo más peculiar de esta pequeña pintura es que solo participan tres personajes: Apolo de pie, el flautista sentado y el espectador. En otras imágenes de Apolo y Marsias –la de Tiziano, por ejemplo (p. 152)– intervienen sátiros, niños y perros, a veces jueces y mirones, una audiencia de algún tipo. Aquí los protagonistas están solos. Entonces, ¿se trata realmente del concurso musical y ellos son los participantes? La identidad de Apolo queda confirmada por su belleza, la lira, el arco y el carcaj. El otro personaje solo lleva una flauta como marca de identificación. Si fuera el sátiro Marsias, ¿no debería tener patas de cabra, cuernos y orejas puntiagudas? No necesariamente: Marsias a menudo se ha retratado como mortal. Pero el hecho de que este flautista no tenga los atributos de una cabra ha llevado a especular si podría ser Dafnis, el pastor poeta a quien Pan enseñó a tocar la flauta. Sea quien sea, el resultado es el mismo: morir, ya sea desollado o por amor a Apolo. El espectador decide qué presagia esta escena. Cuando Perugino (fallecido en 1523) presentó este cuadro, era el pintor más admirado de Italia, famoso por la dulzura, la armonía y el equilibrio de sus composiciones, sus líneas elegantes y sus paisajes infinitamente espaciosos.

**AGNOLO BRONZINO**

*Joven sentado tocando la flauta (¿Marsias?)*
1530–1532
Tiza roja sobre papel pardo
25,4 x 18 cm
Museo del Louvre, París

Bronzino (1503–1572) realizó este boceto para una pintura de Apolo y Marsias originalmente diseñada para la tapa de un clavicémbalo, de ahí su tema musical. Marsias era un sátiro, un seguidor de Baco con patas de cabra que había empezado a tocar la flauta tras tropezar con el instrumento por casualidad. El sátiro no lo sabía, pero el instrumento estaba maldito después de que su inventora, la diosa Minerva, recibiera las burlas de los otros dioses por la forma en que se hinchaban sus mejillas al tocarlo. El dibujo refleja la minuciosa observación de Bronzino de cómo se hinchan las mejillas al tocar, como recuerdo de la maldición y como premonición de la caída de Marsias a manos de Apolo. El aspecto físico de Marsias, más bien escuálido y poco heroico, se conserva en la pintura final. Su historia es una lección sobre la arrogancia, en la que la inteligencia superior de los dioses triunfa siempre sobre la ambición humana. La lira de Apolo y las flautas de Marsias tienen también otras connotaciones: el suave sonido de la lira se asociaba con la espiritualidad y la razón, mientas que las flautas tenían un simbolismo más burdo, expresaban la emoción y la pasión puras. En este dibujo, el cuerpo estirado de Marsias acentúa la tensión de su acción y prefigura su aciago destino.

## ARTISTA DESCONOCIDO

*Marsias colgado*
Siglo II d.C., mármol
Altura: 2,4 m
Galería de los Uffizi, Florencia

Esta escultura a tamaño real del sátiro Marsias torturado es un estudio del cuerpo bajo una presión brutal y marca una reinvención radical del desnudo masculino clásico: en lugar de un cuerpo atlético preparado para la acción, muestra un cuerpo impotente tenso por la agonía, colgado, no de pie, derrotado en vez de deseable. El escultor representa el momento previo al comienzo del castigo del sátiro, el instante de máxima y terrible anticipación. Marsias está colgado de un árbol por las muñecas, con la cabeza inclinada, el rostro contraído. La tensión de sus músculos se representa con un realismo atroz: los hombros parecen dislocados por el peso de su cuerpo, visiblemente estirado, con el pecho agitado y el estómago tirante. Esta es una de las muchas «copias» romanas de un grupo escultórico helenístico del 200–150 a.C., que incluía a un esclavo afilando su cuchillo y a un impasible Apolo observando la acción, pero no es un producto poco original. No solo se trata de una referencia conocida de una célebre obra maestra, sino que, aislando al sátiro como figura exenta, involucra al espectador en su sufrimiento. Tenemos la libertad de participar en la escena en el papel de dios o de esclavo, o de vernos reflejados en la mueca de dolor de Marsias. Para el público romano, las consecuencias de la arrogancia y su castigo se convierten en una amenaza real.

**MARC QUINN**

*Sin medios visibles de fuga VII*
1997
Caucho de poliuretano RTC 75–60 y cuerda
330 x 64 x 23 cm

Ser desollado vivo, con la piel cortada y arrancada cuando la víctima todavía está consciente, es una de las formas más cruentas de morir. Se dice que ese fue el destino de san Bartolomé, martirizado a manos de Astiages, rey de los medos. También fue el final del mítico sátiro frigio Marsias, quien murió más por arrogancia que por fe, convencido de que ganaría un concurso musical contra Apolo. La lira del dios triunfó sobre las flautas del sátiro y Apolo no estaba de humor para apiadarse de él. Para realizar *Sin medios visibles de fuga VII*, el artista británico Marc Quinn (nacido en 1964) modeló su propio cuerpo en caucho marrón y partió el molde por la mitad, dejando que ambas partes, la trasera y la delantera, se unieran por la cabeza, antes de colgar toda la escultura de caucho por los pies de la parte de atrás, como si el cuerpo hubiera sido desollado y posteriormente colgado. Con un título que podría aludir tanto a la víctima de un torturador como a un escapista, Quinn articula una de sus impactantes, provocadoras y morbosas declaraciones escultóricas sobre la mortalidad y la materia: en vida, la conciencia es incapaz de escapar de los límites del cuerpo y, a su vez, el cuerpo, cuando la conciencia lo abandona, no puede escapar de la muerte.

## MELCHIOR MEIER

*Apolo y Marsias, juicio de Midas*, 1581
Grabado
Lámina: 23,4 x 31,9 cm
Museo Metropolitano de Arte, Nueva York

En el centro de esta escena, un Apolo triunfante muestra la piel desollada del sátiro Marsias. El dios empuña un cuchillo en su mano derecha y debajo yace el cadáver sangrante del sátiro, sus músculos, venas y tendones expuestos a los horrorizados espectadores. Cerca está la lira olímpica, representada aquí como un violín, mientras que la flauta de Marsias queda en la parte inferior izquierda del grabado. A la derecha de la imagen, un aterrorizado Midas se encoge de miedo ante la piel y unas orejas de asno brotan de su cabeza (es su castigo por preferir la música de Pan a la de Apolo). Una de sus manos descansa sobre el tronco del árbol, mientras que la otra apunta al dios cornudo de la Arcadia quien, como Marsias, también perdió su competición con Apolo. El grabador alemán Melchior Meier (activo c. 1572–1582) combina hábilmente los dos concursos musicales de Apolo descritos por Ovidio, escenificando los dos mitos al mismo tiempo. Aunque los lectores del siglo XVI solían confundir ambos relatos, es dudoso que la composición de Meier fuera fruto de la ignorancia literaria. Más bien, la combinación ofreció al artista la oportunidad de profundizar en temas relacionados con la transgresión y la transformación.

## TIZIANO

*El desollamiento de Marsias*, 1570–1576
Óleo sobre lienzo
212 x 207 cm
Castillo de Kroměříž, Kroměříž, República Checa

La figura invertida del sátiro Marsias, con las piernas atadas con lazos rojos a las ramas de un árbol, ocupa el centro de esta pintura de Tiziano (c. 1485/1490–1576). A su alrededor, las figuras ejecutan su macabro castigo, arrancándole la piel a tiras mientras el sátiro agoniza, todavía vivo. Apolo, identificable por su corona de laurel, se inclina para rebanar el pecho del sátiro. Pero no todos se comportan con tanta brutalidad: el rey Midas permanece sentado y pensativo, con el mentón apoyado en la mano. Tiziano realizó esta pintura hacia el final de su larga carrera y quizá el anciano y ensimismado rey, reflexionando sobre la vida y la muerte, pueda ser el propio autor. El estilo de esta obra refleja la transformación artística que experimentó Tiziano a medida que se aproximaba al final de su vida. La pincelada dinámica, en ocasiones frenética, anima la escena con una gran energía y la pintura –a veces aplicada con los dedos– se convierte en una metáfora de la piel rasgada de Marsias. El trágico y cruento final del sátiro se transmite tanto por el contenido como por la técnica, con resultados impactantes.

**ANISH KAPOOR**

*Marsias*
2002
PVC, acero
35 x 150 x 23 m
Vista de la instalación, Tate Modern, Londres

El artista indio Anish Kapoor (nacido en 1954) realizó en 2002 esta monumental escultura para la Sala de Turbinas de la Tate Modern, llenando el espacio con arcos y cavidades de color rojo sangre. Se trata de una membrana monocroma de PVC extendida a lo largo de una estructura de 150 metros de longitud con tres grandes arcos de acero que aprovechan al máximo el espacio de diez plantas. Evocando a la vez las entrañas del cuerpo y un colosal instrumento musical, *Marsias* hace referencia tanto a la carne desollada del sátiro como a su *aulos* o flauta doble, aunque es difícil categorizar la obra como figurativa o abstracta. Esta dicotomía es característica de las obras de Kapoor: en su núcleo subyace una tensión entre lo material y lo inmaterial, la presencia y la ausencia, la física y la metafísica. Las formas orgánicas de Kapoor pueden parecer extremadamente sexuales, con protuberancias y recovecos que incitan a mirar dentro. *Marsias* también posee esa sexualidad que deriva del eje tenso y táctil que discurre horizontal entre las dos gigantescas aperturas vaginales. Una tercera apertura justo por encima de la altura de la cabeza, en el puente de la sala, daba a los visitantes la vertiginosa impresión de que podrían ser engullidos por ella. La visceral versión del mito de Kapoor atrae y repele: su imponente escala empequeñece al espectador y garantiza que su forma no se revelará nunca por completo desde ningún ángulo, preservando así el misterio.

# MIDAS

## NICOLAS POUSSIN

*Midas se baña en el Pactolo*
1624
Óleo sobre lienzo
97,5 x 72,7 cm
Museo Metropolitano de Arte, Nueva York

En la orilla de un arroyo, Midas, rey de Frigia, se lava bajo la atenta mirada de Dioniso, dios del vino. El cuerpo del dios, identificable por su corona de hojas de vid, domina el centro de la composición. Su postura inusual recuerda a las esculturas clásicas de los dioses del río, una alusión que no pasó inadvertida a los eruditos clientes de Poussin (1594–1665). Junto a la orilla izquierda hay un recipiente volcado, del que emana el agua. En el río, con los ojos cerrados y las manos en la frente, está el rey arrepentido. Cuando Dioniso le concedió un deseo por haber ayudado a Sileno, uno de sus seguidores, Midas pidió que todo lo que tocara se convirtiera en oro. No tardó en descubrir que, más que una bendición, era una maldición (sobre todo cuando se trataba de comer) y rogó al dios que revirtiera el hechizo. Para ello, Dioniso le ordenó que se bañara en el río Pactolo. En la obra de Poussin, el rey, con semblante apesadumbrado, parece estar postrado ante el dios. La nota alegre la ponen los amorcillos de la parte inferior, que se pelean por unas jarras de agua, una imitación cómica de lo que ocurre a su lado.

**DAMIEN HIRST**

*Midas y el infinito*
2008
Mariposas, diamantes manufacturados y pintura esmaltada sobre lienzo
301,7 x 301,7 cm

Damien Hirst (nacido en 1965) realizó *Midas y el infinito* para su propio «momento Midas». Se exhibió por primera vez en una subasta sin intermediarios realizada en Sotheby's, titulada *Bello dentro de mi cabeza para siempre*. Hirst, que suele utilizar animales disecados en sus trabajos, empezó su serie de mariposas poco después de graduarse en el Goldsmith College de Londres, en 1989; las emplea por su delicada belleza y como claro símbolo de renacimiento. La idea de incluir mariposas surgió cuando Hirst vio unas moscas atrapadas en lienzos imprimados que tenía en su estudio de Brixton: perfectas extensiones monocromáticas que entierran a los insectos muertos en un ambiente doméstico. El uso de un fondo dorado en un momento de apogeo de las ventas de sus obras, así como el título, aluden a la posibilidad, siempre presente, de tragedia frente a la vanidad de la riqueza. El día elegido para la subasta de Sotheby's –el mismo de la caída de Lehman Brothers en Nueva York, en septiembre de 2008, la mayor bancarrota de la historia de América– creó una pieza de puro teatro. La escala monumental y la apariencia dorada recuerdan también a los retablos cristianos, focos de oración y ritual en las instituciones religiosas. Esta obra destaca por su alusión al mito griego, la santidad cristiana y el colapso financiero del mundo real.

**ANYA GALLACCIO**

*Chrematis*
1994
Envoltorios de chocolatinas de papel de aluminio y plumeria en una piscina abandonada
Dimensiones variables
Vista de la instalación, Agua Caliente, Tijuana, México

Para esta obra, la artista Anya Gallaccio (nacida en 1963) empapeló las grietas de una piscina vacía y abandonada, en Tijuana (México), con envoltorios de chocolatinas de papel de aluminio dorado y brillante. Los espectadores primero contemplaban la instalación desde fuera y solamente la veían al completo cuando entraban dentro de la piscina y hallaban la enorme grieta de la pared del fondo revestida con una masa dorada El acto de restauración se ampliaba con una plantación de plumerias en flor alrededor de la piscina. Los destellos dorados recuerdan la historia del rey Midas. Igual que él pidió que todo lo que tocara se convirtiera en oro, nuestra locura es dejarnos engañar por las apariencias: ver como oro lo que ni siquiera es una lámina de pan de oro de la pintura renacentista, sino un simple papel de color, un embalaje cotidiano y barato que se destruiría rápidamente si la piscina volviera a su uso original. Lo que parece restaurado y enriquecido, solo es hermoso durante un tiempo. Gallaccio es conocida por sus instalaciones destinadas a descomponerse, desaparecer o cambiar con el tiempo, pasando de lo bello a lo marchito, de lo dulce a lo fétido, de lo sólido a lo líquido. La plumeria también engaña, pues su dulce fragancia atrae a los insectos, pero las flores no tienen néctar; los engaña para que la polinicen sin obtener recompensa.

**MAURIZIO CATTELAN**

*América*
2016
Oro de 18 quilates
Inodoro de tamaño natural en funcionamiento
Vista de la instalación, Museo Solomon R. Guggenheim, Nueva York

Animar a los usuarios a defecar sobre *América* es un gesto típicamente ampuloso del artista italiano Maurizio Cattelan (nacido en 1960), quien ha cimentado su carrera en este tipo de provocaciones, que no por su humor y sensacionalismo son menos rigurosas a nivel conceptual. *América,* la primera obra realizada tras cinco años de ausencia, se instaló inicialmente en el Guggenheim de Nueva York y es una réplica exacta y funcional, moldeada en oro de 18 quilates, de otro inodoro de la institución. Instalado en un servicio unisex, cualquier persona que visitara el museo durante el tiempo que duró la exposición (casi un año) podía utilizar esta obra participativa e interactiva. La usaron más de 100.000 visitantes y un servicio de limpieza acudía cada quince minutos. Cattelan concibió su obra en 2015, cuando Donald Trump anunció su candidatura a la presidencia del país, y se instaló poco después de concluir su campaña electoral. Trump, conocido por su imperio inmobiliario y su gusto por los objetos dorados, es sugerido en esta obra como un Midas moderno; a la vez, también sugiere la democracia, pues nos iguala por un acto biológico común. Además de estas connotaciones, *América* posee un venerable linaje histórico, al evocar asociaciones con *Fuente* (1917), de Marcel Duchamp, y *Mierda de artista,* de Piero Manzoni (1961).

# DIANA Y ACTEÓN

## LUCAS CRANACH EL VIEJO

*Diana y Acteón*
1518
Óleo sobre panel
73 x 50 cm
Colección privada

Esta obra del pintor y grabador renacentista alemán Lucas Cranach el Viejo (1472–1553) condensa el tiempo para presentar, simultánemente, tres episodios de la trágica historia del joven cazador Acteón, que vio a la diosa Diana bañándose con sus doncellas. Al fondo, a través de un hueco entre el follaje, se observa a Acteón persiguiendo a unos ciervos, mientras que en primer plano aparecen Diana y sus vírgenes núbiles retozando en el agua. Acteón también está en la orilla, contemplando el baño de la diosa –su transgresión– y, como castigo, está siendo transformado en ciervo por la magia de Diana y atacado por sus propios perros. Las mujeres contemplan la escena con aparente indiferencia y el romántico entorno de un delicioso paisaje con un castillo sobre un peñasco sirve de telón de fondo, contrastando con la espantosa matanza. Cranach, uno de los artistas más conocidos del Renacimiento en los países del norte, pintó numerosas y seductoras escenas mitológicas, pese a estar vinculado con la Reforma protestante. En contraste con la interpretación psicológica de Tiziano en *Diana y Acteón* (p. 164), que muestra la diversidad de emociones en los rostros de los protagonistas, la de Cranach parece un relato admonitorio, muy estilizado y erótico.

## PINTOR DE PAN

*La muerte de Acteón*
c. 470 a.C.
Terracota pintada, técnica de figuras rojas
Altura: 37 cm
Museo de Bellas Artes, Boston

Los protagonistas de esta escena son fácilmente reconocibles –Artemisa por su arco y sus flechas y Acteón por sus perros–, aunque no ocurre lo mismo con la historia. El relato en el que Acteón es castigado por contemplar a la diosa bañándose no se escribiría hasta 450 años después. Cuando el artista ateniense conocido como Pintor de Pan (activo c. 480-450 a.C.) pintó esta crátera, su versión de la tragedia ya era antigua; cuenta la venganza de Artemisa por alguna otra transgresión de Acteón. No le transforma en un ciervo que sus sabuesos devoran atacados por la locura. El Pintor de Pan representa a Artemisa ataviada con una piel de ciervo, mientras Acteón, casi desnudo, solo lleva una capa corta, su espada y sus sandalias. Ya agonizando, levanta su brazo derecho en un gesto teatral; está a punto de desplomarse y mira hacia atrás, indicando que la muerte está próxima. Esta bella composición se diseñó siguiendo los contornos de una gran crátera, recipiente utilizado para mezclar vino y agua, y es una de las mejores pinturas sobre cerámica de la antigua Grecia. El Pintor de Pan ha sido calificado de «genio arcaico» por su costumbre de pintar temas antiguos, que reinterpretaba con excepcional elegancia y estilo dramático muy característico.

## JEAN-BAPTISTE-CAMILLE COROT

*Diana sorprendida en el baño por Acteón*
1836
Óleo sobre lienzo
156,5 x 112,7 cm
Museo Metropolitano de Arte, Nueva York

La diosa Diana aparece dos veces en esta pintura de Jean-Baptiste-Camille Corot (1796–1875). En el extremo derecho está cazando bajo los árboles y en el centro, a la izquierda, señala a la diminuta figura de Acteón, al que ya le empiezan a brotar cuernos. Ha comenzado la terrible transformación del desafortunado cazador. Algunas de las compañeras de la diosa son ajenas a esta metamorfosis, pero otras empiezan a ser conscientes de sus horribles consecuencias. El mundo de la realidad cotidiana –paisajes y retratos– y el de la fantasía imaginativa son dos aspectos esenciales de la obra de Corot. Sus célebres paisajes solían incluir escenas literarias y mitológicas, ninfas bañadas de rocío y pastores indecisos en arcadias de bosques plateados. Solo ocasionalmente recurría a historias concretas, como la de Orfeo o esta de Diana y Acteón. Corot es un artista amable y sosegado, nunca representa escenas violentas o de terror: Eurídice y Orfeo saliendo del Hades podrían ser dos amantes tímidos paseando por el campo. Aquí, Diana y sus doncellas retozan junto al agua en su bosque sagrado. Podría ser una escena cómica si no estuviera tan bien compuesta y pintada; incluso algo aburrida si Corot no hubiera introducido tensión dramática al fusionar la bella escena con el aciago destino de Acteón.

**JOSEPH CORNELL**

*Sin título (De pie desnuda ante el espejo)*
Sin fecha
*Collage*
22,9 x 17,8 cm
Museo Smithsoniano de Arte Americano, Washington DC

Una fotografía moderna de una mujer desnuda peinándose frente a un espejo se yuxtapone con un *collage* de imágenes de la historia del arte y el diseño. Cornell (1903–1972) realizó esta obra con objetos e imágenes encontradas, estableciendo entre ellos relaciones románticas, perturbadoras y complejas. Podría pensarse que alude al mito clásico de Diana y Acteón, con la mujer desnuda sustituyendo a la diosa que es espiada por el cazador. El misterioso verde de la imagen sugiere el claro frondoso en el que Acteón encontró a la diosa. El búho y los amorcillos revoltosos evocan el entorno, mientras que la reproducción del *David* de Miguel Ángel es el cazador. Otras imágenes representan la interrupción de un idilio rural. Una figura medieval de Eva se desliza detrás del *David*, sobre una imagen fragmentada de una pintura de Tiziano con hombres y mujeres retozando en un paisaje de ensueño. *La muerte de Marat* (1973), de Jacques-Louis David, en la parte inferior, predice el violento final. Diana transformará a Acteón en un ciervo y hará que sus perros lo despedacen. El *collage* de Cornell genera una reinterpretación inconsciente del mito, usando libros de segunda mano, anuncios y postales para crear una narrativa de apariencia transgresora.

## ED KIENHOLZ Y NANCY REDDIN KIENHOLZ

*La sala de billar*
1993
Tablero con medios mixtos
2,5 x 2,5 x 1,4 m
Colección del artista

En esta dantesca recreación a tamaño natural de un espacio típicamente masculino –una sala de billar empapada de cerveza–, el matrimonio estadounidense Ed Kienholz (1927–1994) y Nancy Reddin Kienholz (nacida en 1943) se centran en una descolorida mesa de billar, coronada por una lámpara de cristal, que semeja un altar. Los dos jugadores, vestidos con pantalones vaqueros y cazadora, están tocados con cuernos y la escena se vuelve espeluznante y surrealista. Un cuerpo de mujer sin cabeza está sentado sobre la mesa. El extraño espectáculo de unos hombres convertidos en ciervos recuerda la historia de Acteón y Diana. Igual que la diosa, la protagonista femenina de esta obra es solo una fantasía masculina, el foco de sus miradas. Pero en vez del carácter vengativo de Diana, hallamos la pasividad ciega de un maniquí. Ed Kienholz empezó a hacer cuadros de tamaño natural en 1950, comprando sus materiales en tiendas de segunda mano y chatarrerías. Combinando el ensamblaje con el realismo social, cultivó una modalidad macabra del arte pop en la que la violencia y el deseo son presencias latentes. Empezó a colaborar con su esposa Nancy en 1972.

**TIZIANO**

*La muerte de Acteón*
c. 1565
Óleo sobre lienzo
178,4 x 198,1 cm
National Gallery, Londres

En esta trágica escena todo sucede rápidamente: el cazador Acteón se metamorfosea en ciervo, sus perros lo confunden con una presa y lo despedazan. Pero paradójicamente, como tras un desastre, el tiempo parece haberse detenido. Los frenéticos perros hacen una pausa cuando están a punto de derribar a Acteón, que acaba de ver su reflejo en el arroyo y se da cuenta de que ha sido fatalmente transformado. Para esta obra de su época tardía, Tiziano (c. 1485/1490–1576) se inspiró en la historia de la muerte de Acteón de las *Metamorfosis* de Ovidio, pero añadió dos personajes propios: la cazadora –quizá la propia Diana– que ha lanzado la flecha mortal y el misterioso jinete en el bosque. El drama no se halla solo en la imagen, sino también en las pinceladas agitadas y enérgicas, las vetas y las rayas de color aplicadas con los dedos y con gruesos pinceles. La tormentosa coloración otoñal y la frenética confusión de formas que se disuelven en una vibrante paleta de pintura imprimada y veladuras, magnifican la atmósfera de catástrofe. En sus últimos años, Tiziano cambió radicalmente su técnica. Su manejo de la pintura se volvió más flexible y expresivo, evolucionando hacia lo que se ha descrito como «impresionismo mágico» (p. 152).

**TIZIANO**

*Diana y Acteón*
1556–1559
Óleo sobre lienzo
184,5 x 202,2 cm
National Gallery, Londres, y Galerías Nacionales de Escocia, Edimburgo

Tiziano (c. 1485/1490–1576) tituló *Poesías* a la serie de seis escenas mitológicas que realizó para el rey Felipe II de España (pp. 101, 105, 107). Esta *Diana y Acteón* se considera uno de los mayores logros del pintor renacentista. Capta el instante fatídico en que el cazador Acteón tropieza accidentalmente con la diosa Diana y sus ninfas mientras se están bañando. Horrorizado, Acteón deja caer su arco y levanta los brazos como para protegerse de la visión prohibida, pero no se gira. Diana, a la derecha, lanza una mirada iracunda al joven, presagiando su cruel venganza por la deshonra sufrida. Los trofeos de caza de Diana decoran la gruta y dan un ambiente siniestro a la escena. Más tarde, Tiziano pintaría el espeluznante final de Acteón cuando es destrozado por sus perros después de que Diana lo transforme en ciervo (p. 163). El genio de Tiziano está en su capacidad para expresar el drama psicológico del episodio que desencadena la caída de Acteón. La tensión se crea a través de un movimiento circular de miradas y gestos, un dinamismo acrecentado por la rica paleta: el exuberante rojo de la cortina, el vestido de terciopelo carmesí bajo las nalgas de la diosa y el paño azul que refleja el cielo y las montañas. *Diana y Acteón* combina brillantemente erotismo y tragedia, presente y futuro, mientras mantiene al espectador absorto en sus detalles compositivos.

## MARK WALLINGER

*Diana*
2012
Instalación, National Gallery, Londres

Al aproximarse por una galería oscura, los espectadores miran a través de un hueco que deja entrever un baño en el que una mujer desnuda, aparentemente ajena al público, se baña o lava la cara frente a un espejo. La obra fue un encargo conjunto de la National Gallery de Londres y el Royal Ballet para una exposición y un ciclo de espectáculos de danza en el que tres artistas contemporáneos reinterpretaban las tres pinturas de Tiziano dedicadas al mito de Diana, inspiradas a su vez en las *Metamorfosis* de Ovidio. La instalación se exhibió durante casi dos meses y en ella participaron seis actrices que rotaban y cuyo nombre real también era Diana; los espectadores desempeñaban el papel de Acteón como *voyeur.* Wallinger –que ha creado otras obras relacionadas con la mitología– asocia este mito a la larga historia del desnudo femenino en el arte ofrecido para la mirada del hombre. Pese a ser inocente, Acteón fue transformado en ciervo como castigo a su falta. Willinger anima a considerar las amplias implicaciones sociales del voyerismo desenfrenado. Por entonces, se presentaron las conclusiones de la Comisión Leveson, una investigación sobre la cultura, las prácticas y la ética de la prensa sensacionalista británica, que incluía la persecución de otra Diana, la fallecida princesa de Gales.

## REMBRANDT VAN RIJN

*Diana en el baño*, 1631
Aguafuerte
20,9 x 18,9 cm
Galería Nacional de Victoria, Australia

Este grabado de Rembrandt (1606–1669) aísla a la diosa de la caza de su contexto narrativo habitual. La representa sola, sin sus ninfas, y los símbolos que ayudan a identificarla se han reducido a un carcaj de flechas y un suntuoso manto colgado de forma casual en un árbol. Solo estos elementos secundarios la identifican como Diana. Con o sin ellos, se trata de una mujer normal, no idealizada, sentada incómodamente en un claro del bosque. Rembrandt parece decidido a subvertir la tradición clásica del desnudo con una modelo que no es un ideal escultórico, sino una mujer convencional y proporcionada según su época. El espectador no tiene dudas sobre la flacidez del cuerpo de la mujer, pues el artista la refleja a la perfección. Esta sería la estrategia de Rembrandt durante toda su carrera. Sin embargo, entenderla como una simple rebelión, sería pasar por alto su celebración de la belleza cotidiana. El cuidado con el que evoca las texturas de la carne, las hojas, la madera, el pelo y el agua revela su deseo de dar vida al personaje. Rembrandt apela a la experiencia sensorial del espectador para ordenar o trasladar el pasado mitológico al mundo contemporáneo.

# HERACLES

# AMOR Y TRABAJOS

Hombre corpulento, buen amante, bebedor, semidiós: Heracles (romanizado como Hércules) ha interpretado distintos personajes en los culebrones de la mitología clásica. A menudo se le identifica por los doce trabajos, pero también aparece en otros mitos como héroe, villano o, incluso, personaje cómico. Este capítulo muestra solo algunas de sus múltiples facetas.

Hijo de Zeus y Alcmena, Heracles dio señales de heroísmo desde la infancia. Hera, celosa del hijo de su marido, envió dos serpientes a la cuna del bebé, pero él las estranguló, un triunfo precoz representado por los pintores de la Antigüedad y, más tarde, por Joshua Reynolds (p. 179). Heracles se casó con Megara, hija de Creonte, rey de Tebas (tío y cuñado de Edipo), pero mató a su mujer y a sus hijos en un ataque de locura inducido por Hera. Como penitencia, Apolo le ordenó que sirviera a Euristeo, rey de Tirinto y favorito de Hera. Fue Euristeo quien le asignó los doce trabajos, incluido el de matar a la Hidra de Lerna, un grotesco monstruo acuático. En la pintura de Pollaiuolo (p. 178), Heracles golpea a la criatura con su maza, cubierto con la gruesa piel del león de Nemea, al que acababa de dar muerte.

El rey Euristeo encargó a Heracles que robase las manzanas doradas de las Hespérides, las «ninfas del atardecer», en cuyo jardín secreto crecía un manzano mágico. Sus frutos dorados daban la inmortalidad a quien los comía, aunque en ese jardín también creció la «manzana de la discordia» que desencadenó la guerra de Troya (capítulo 11). De camino al jardín, Heracles se encontró con Anteo, un luchador itinerante al que le gustaba desafiar a pelear a los extraños. Anteo se mantuvo invicto mientras permaneció en contacto físico con su madre Gaia, la Tierra, por lo que Heracles lo levantó del suelo y apretó su cuerpo con fuerza hasta que le dio muerte. Siguió caminando hacia el jardín y se encontró con Atlas, el titán condenado a sostener el cielo por toda la eternidad. Heracles le persuadió para que robara las manzanas de oro, ofreciéndose a sostener el cielo temporalmente en su lugar. Al regresar con las manzanas, Atlas no quiso volver a soportar su pesada carga cósmica y se ofreció a llevar personalmente las manzanas a Euristeo. Heracles engañó al titán pidiéndole que aguantara el cielo por un instante mientras él se ajustaba la capa. Esta mítica comedia costumbrista es el tema de una antigua metopa tallada de Olimpia, en la que Atenea sostiene el cielo como si fuera una enorme bandeja, mientras Heracles y Atlas intercambian sus papeles (p. 168).

Al finalizar los trabajos, Heracles luchó con el dios del río Aqueloo por la mano de Deyanira y le derrotó. Mientras regresaba a casa con su nueva esposa, el centauro Neso intentó violarla y Heracles le disparó una flecha envenenada con la sangre de Hidra. Antes de morir, Neso entregó a Deyanira su túnica empapada con el veneno, asegurándole que con ella despertaría la pasión de su esposo. Tiempo después, cuando se rumoreó que Heracles estaba enamorado de una princesa, Deyanira decidió recuperarlo usando la túnica y se la entregó a su sirviente Licas para que se la diera a su esposo. Heracles se puso la túnica para hacer sacrificios en el templo y el calor de las llamas sagradas activó el veneno. Incluso ardiendo y retorciéndose de dolor, tuvo tiempo de arrojar al mar al desafortunado Licas. La parte mortal de Heracles se extinguió y la parte divina ascendió al cielo.

Aparte de trabajos y pruebas, Heracles siempre ha resultado fascinante por su enorme fuerza y su coraje y también por su atractivo, que le ha otorgado una dimensión inconfundiblemente erótica. Las fotografías de Robert Mapplethorpe (p. 175) erotizan y estetizan la figura masculina tanto como sus fotografías de estatuas reales.

**ARTISTA DESCONOCIDO**

*Atlas entrega a Heracles las manzanas de las Hespérides en presencia de Atenea*
c. 470–457 a.C.
Mármol
Dimensiones: 160 x 150 cm
Museo Arqueológico, Olimpia, Grecia

El templo de Zeus en Olimpia estaba decorado con esculturas monumentales en los frontones este y oeste y doce metopas, que son paneles situados debajo de los frontones y que recorren la parte superior de las columnas. En el siglo II d.C., el escritor de viajes Pausanias identificó los temas de la decoración: la carrera de Pélope y Enómao en el frontón este, la lucha de Teseo y Pirítoo contra los centauros en el oeste y los trabajos de Heracles en las metopas. Heracles ocupaba una posición especial en Olimpia por ser hijo de Zeus, a quien se dedicaba el templo, y bisnieto de Pélope, mítico rey de Olimpia. Tras derrotar a los caballos divinos del rey Enómao, Pélope organizó unas carreras de carros como acción de gracias, iniciando así los primeros Juegos Olímpicos. Esta metopa muestra a Heracles mientras roba las manzanas de las Hespérides. Esculturas como *Hércules Farnesio* (p. 172) representan al héroe con las manzanas en la mano después de finalizar el trabajo, pero aquí aparece Atenea, a la izquierda, junto a Heracles, en el centro, sosteniendo temporalmente el cielo mientras Atlas regresa con las manzanas. En su papel de protectora del héroe, Atenea alza el brazo para sostener el cielo mientras Heracles intercambia su sitio con Atlas, a quien ha engañado para que vuelva a sostener el peso del cielo sobre sus hombros.

## WILHELM SASNAL

*Atlas*
2014
Óleo sobre lienzo
40 x 50 cm

A cualquiera que estudie la obra del artista polaco Wilhelm Sasnal (nacido en 1972) se le podría perdonar que llegase a la conclusión de que la historia es un mito. Posmodernista y ahora representante de la «posverdad», su práctica es críptica y está plagada de referencias a la cultura visual global, pasado y presente, que apunta a la subjetividad del conocimiento. Podría pintar figuras de un cuadro de Edgar Degas (1834–1917) y aludir al debate antisemítico que las rodea o un retrato de Cristóbal Colón basado libremente en una obra del siglo XVI, lo que refleja el debate actual sobre el legado histórico del explorador. O presentar una interpretación psicodélica de las pinturas ecuestres de George Stubbs (1724–1806) cuya lógica nunca se mostrase. En 2014, Sasnal pintó tres obras inspiradas en esculturas masculinas que sostienen grandes pesos: *Atlas*, *Atlas II* y *Atlas III*. Solo la primera incluye un globo terráqueo; las otras dos son más bien sarcófagos ornamentados. En esta se reconoce su similitud con el *Atlas Farnesio*, una escultura que probablemente procediese de Grecia, hoy conocida por una copia romana posterior. (La suposición habitual de que el titán sostiene el mundo sobre sus hombros es incorrecta; en realidad, lo que aguanta es la bóveda del cielo.) Sasnal nos recuerda que los mitos, igual que la historia, se distorsionan con el tiempo, porque nuestro conocimiento sobre ellos es fragmentario.

## ANTONIO CANOVA

*Hércules y Licas*
1795–1815
Mármol
Altura: 3,4 m
Galería Nacional de Arte Moderno y Contemporáneo, Roma

Un enfurecido Hércules arroja a Licas al mar, tras ser envenenado por una túnica que le ha entregado su sirviente y que le quema y corroe la piel. Canova (1757–1822) muestra la delgada prenda que cubre el torso del héroe, sugiriendo que su carne se ha vuelto diáfana. Los músculos de Hércules reflejan la rabia y la agonía, y las venas, esculpidas para captar la luz, sobresalen por el esfuerzo. Hércules agarra a su aterrorizado criado por el cabello y por un pie, con la piel de león y la maza a sus pies. Pero Licas es inocente. Mientras Hércules estaba lejos de casa, su esposa Deyanira descubrió que le era infiel y ordenó a Licas que entregara la prenda a su esposo. Deyanira no sabía que la túnica de Neso estaba envenenada con la sangre de la Hidra asesinada por Hércules; creía que estaba rociada con una pócima amorosa que le devolvería a su marido; así se completa el último acto de venganza de Neso contra Hércules. La escultura de Canova representa el trágico acto final del héroe. El rostro de Hércules, contorsionado en un rictus de dolor, furia y angustia, da a entender que su aparente invencibilidad ha concluido.

## GIOVANNI DOMENICO TIEPOLO

*Hércules y Anteo*
Finales del siglo XVIII
Pluma y tinta
25,4 x 19 cm
Museo Davis, Wellesley College, Massachusetts

En este dibujo de un tema popular a partir del Renacimiento, Tiepolo (1727–1804) aborda una historia que ilustra tanto la fuerza como el ingenio de Hércules. Anteo era un luchador semigigante que ganaba todas las peleas en las que participaba. Como hijo de la diosa de la tierra, Gaia, era invencible mientras se mantuviera en contacto con el suelo. Hércules, tras conocer esta debilidad, levantó a Anteo en el aire y lo aplastó con un abrazo mortal. En la representación de Tiepolo, la acción tiene lugar en un paisaje del norte de Italia, donde tenía su casa el artista. Hércules, cubierto con la piel del león de Nemea a modo de capa, deja caer su maza al suelo y levanta a Anteo por la cintura. El rostro de Anteo revela que sabe lo que va a suceder, patea y araña a su oponente, pero la piel de su espalda se tensa, sugiriendo que se aproxima el final. Tiepolo exploró este tema en varios dibujos parecidos, a menudo como preparación de frescos de mayor tamaño. Para él, la narración fue una oportunidad para investigar las contorsiones de los cuerpos en conflicto, así como para atraer a los mecenas que buscaban escenas dramáticas para decorar sus palacios.

## ARTISTA DESCONOCIDO

*Hércules Farnesio*, c. 216 d.C.
Mármol, Altura: 3,2 m
Museo Arqueológico Nacional, Nápoles

Una de las esculturas más famosas de la Antigüedad, el *Hércules Farnesio* –hallada en las termas de Caracalla, en Roma– es probablemente una versión romana de un original griego en bronce realizado al estilo del escultor ateniense Lisipo (siglo IV a.C.). El tamaño monumental y la musculatura nervuda y expresiva del legendario héroe, característicos de la Roma imperial del siglo III d.C., ponen de relieve su fuerza y su estatura divina (especialmente por las colosales dimensiones). Pero también resalta otros aspectos más humanos del héroe. Hércules se representa con sus atributos habituales –maza de madera y piel de león– y con dos manzanas en la mano, que añaden un elemento narrativo y psicológico a la escultura. Según la mitología, Hércules tenía que realizar diez trabajos, pero al acabarlos, le asignaron dos más: el penúltimo era robar las manzanas de oro de las Hespéridas. La expresión de cansancio del héroe y su postura, apoyado con fuerza sobre la maza, encaja con la historia: Hércules está exhausto porque ha sostenido el peso del cielo en lugar de Atlas, antes de engañarle para que le traiga las manzanas de las Hespérides y devolverle después a su destino, mientras él reúne fuerzas para completar su último trabajo.

## MATTHEW DARBYSHIRE

*Hércules*, 2014
Poliestireno
315 x 130 x 106 cm

Esta escultura, basada en *Hércules Farnesio*, es la máxima expresión de virilidad masculina, pero el peso simbólico y literal del héroe queda ridiculizado al reproducirlo en un material tan ubicuo, banal y ligero, como pesado, precioso e indicativo de valores culturales elitistas es el mármol (aunque ambos poseen la brillante blancura esperada para el manido cliché de las estatuas clásicas). El artista británico Matthew Darbyshire (nacido en 1977) adopta técnicas de fabricación industrial en la serie *Bureau*, a la que pertenece este trabajo, mezclando libremente esculturas grecorromanas y clásicos del diseño contemporáneo con capas de material cortadas a mano. Darbyshire trata la Antigüedad clásica como una fuente que debe ser minada, desarrollando técnicas de mimetismo y evolución formal para reinterpretar las esculturas, igual que los romanos copiaron las griegas, variando la escala y el material a voluntad. Evalúa las mutaciones que experimentan las marcas y las imágenes producidas en serie para examinar el concepto de gusto y la pulsión por el coleccionismo como una forma de crítica institucional. Así, el *Hércules* de Darbyshire se aleja del mito de los doce trabajos y se introduce de forma más plena en el lenguaje consumista, con buen gusto y diseño «clásico».

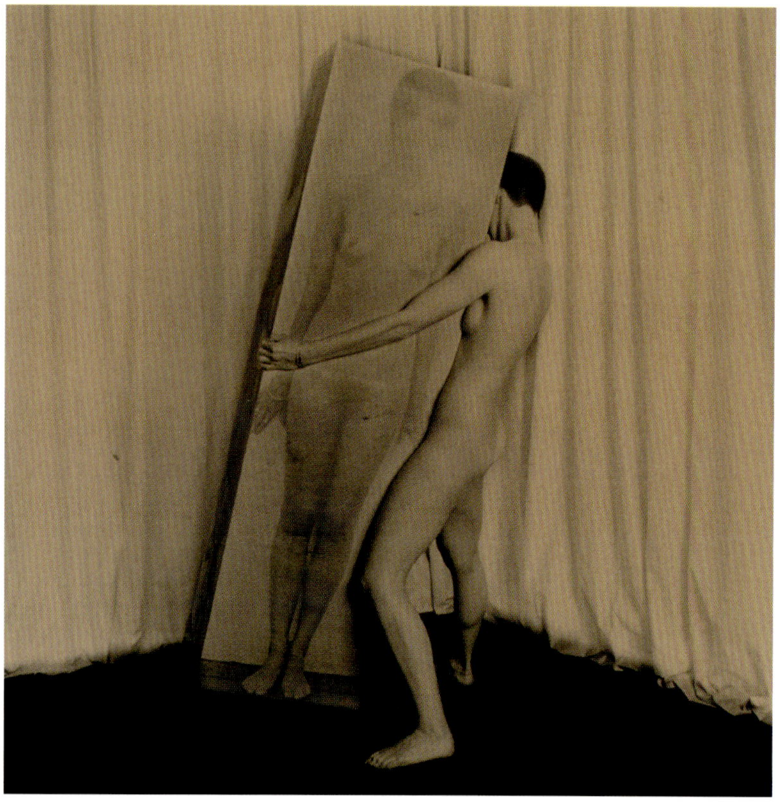

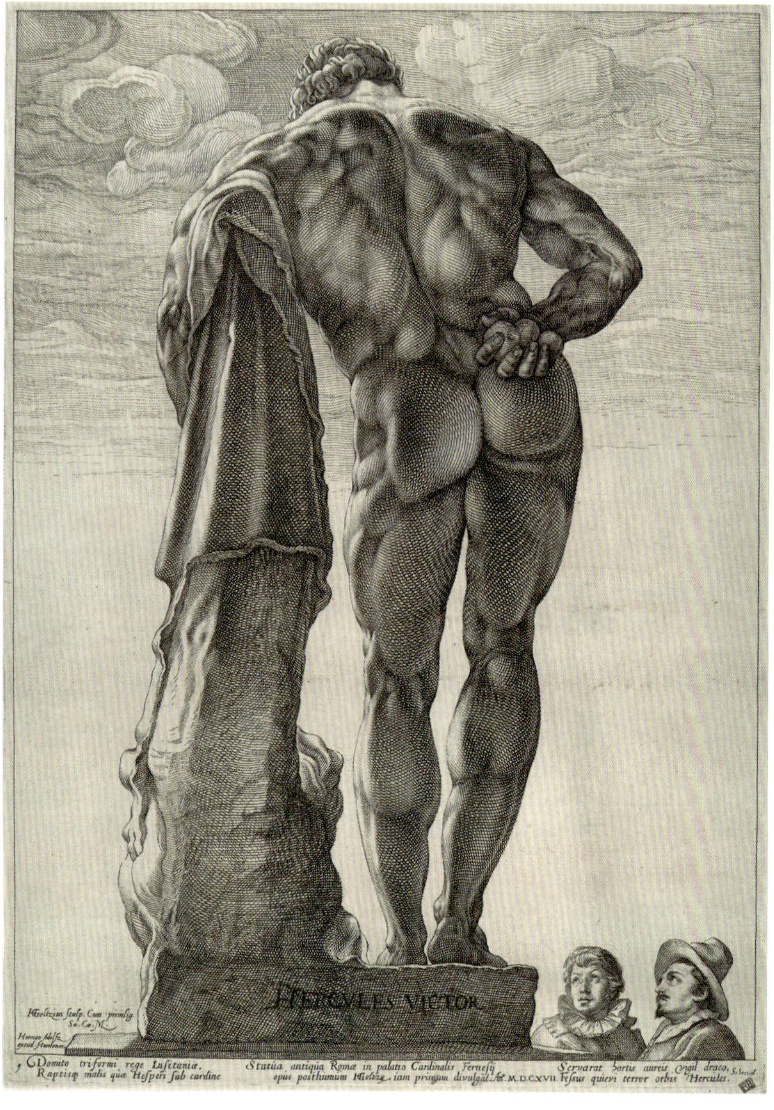


## HELEN CHADWICK

*Ego Geometría Sum: Los trabajos X*
1984
Copia a la gelatina de plata
En total: 124,3 x 94,4 cm
Tate, Londres

*Ego Geometría Sum* comprende diez objetos de contrachapado, acompañados por diez fotografías tituladas *Los trabajos I-X.* La obra surgió a partir de una reflexión de la artista británica Helen Chadwick (1953–1996) sobre si el «cuerpo de cada uno podría rastrearse a través de una sucesión de sólidos geométricos». Estos «sólidos» se relacionan con diez estadios vitales, expresados mediante los títulos de Chadwick: *Incubadora*, nacimiento; *Fuente*, 3 meses; *Cochecito*, 10 meses; *Barco*, 3 años; *Tipi*, 5 años; *Cama*, 6 años y ocho meses; *Piano*, 9 años; *Caballo*, 11 años; *Instituto*, 13 años y, por último, *Estatua*, de 15 a 30 años. Cada forma geométrica simple representa un objeto de la vida de la artista revestido con una imagen fotográfica de una parte de su cuerpo; la pieza culminante es una columna que tiene la misma altura de la artista a los 30 años, con una imagen a tamaño natural de su cuerpo desnudo. Las fotos de *Los trabajos,* tituladas así por los diez trabajos de Heracles, muestran el esfuerzo de Chadwick para levantar las esculturas. Quizá, también son una referencia a los retos más prosaicos (pero no menos heroicos) que implica el crecimiento (el título original era *Los dolores del crecimiento*).

## HENDRICK GOLTZIUS

*Hércules Farnesio*, 1617
Grabado
42,1 x 30,4 cm
Museo Metropolitano de Arte, Nueva York

Este grabado, realizado por el artista holandés Hendrick Goltzius (1558–1617) al regresar a su país tras visitar Italia, es un precedente de la actual fotografía turística. En la obra, dos hombres vestidos con ropa de la época alzan la vista para contemplar al colosal y célebre *Hércules Farnesio.* El drástico contraste de escala entre las cabezas humanas y la figura de piedra expresa el inmenso poder y la fascinación que ejercía el pasado clásico en los artistas de la época. El tema de Goltzius es la colosal estatua hallada en las termas de Caracalla, en Roma, en 1546. La vio expuesta en el Palacio Farnesio, que se convirtió en lugar de peregrinación artística e influyó en innumerables pinturas y esculturas. Goltzius pone de espaldas al héroe, exagerando su musculatura con un sofisticado uso de los contrastes tonales. Aunque el artista conserva los elementos narrativos de la escultura –la piel del león de Nemea alrededor de la maza, las manzanas de las Hespéridas en su mano derecha–, su foco es la tensa musculatura del cuerpo del héroe divino. El grabado se convertiría en material esencial para las obras posteriores de Goltzius y otros artistas.

## ROBERT MAPPLETHORPE

*Derrick Cross*
1983
Copia a la gelatina de plata
50,8 x 40,7 cm

Este erótico desnudo del actor y bailarín Derrick Cross, perteneciente a una serie de retratos, presenta un ideal del cuerpo masculino. Sirviéndose de los detalles de una cámara de formato medio, iluminación artificial y una composición equilibrada al uso tradicional, el fotógrafo norteamericano Robert Mapplethorpe (1946–1989) acentúa la musculatura de su modelo, estableciendo un vínculo con la escultura clásica y renacentista, sobre todo con las idealizaciones de atletas masculinos, héroes y dioses de los escultores griegos de los siglos V y IV a.C., que conocemos por las versiones romanas en mármol a partir de originales en bronce. Realizada en los años ochenta, en plena crisis del sida, la reflexión de Mapplethorpe sobre la Grecia clásica –un período en el que se celebraba tanto el desnudo masculino como la homosexualidad– resulta especialmente potente. Tanto Cross como Mapplethorpe fallecieron seis años después de la toma de esta fotografía por complicaciones derivadas del sida. En los años ochenta, Mapplethorpe se centró en la fotografía de estudio, ampliando los límites de la fotografía artística. Sus desnudos masculinos son radicales, no solo por su naturaleza polémica y erótica, sino también debido al formalismo clásico de su composición.

## ARTISTA DESCONOCIDO

*Hércules y Ónfale*
c. 25-25 d.C.
Fresco
95 x 81 cm
Museo Arqueológico Nacional, Nápoles

Esta pintura mural del comedor de una casa de Pompeya representa uno de los episodios más célebres del travestismo en la mitología. Ónfale, reina de Lidia, sentada junto a un altar en un bosquecillo sagrado, mira a su amante, Hércules, quien aparece en primer plano, recostado, ebrio y rodeado de hiedra. Como castigo por un asesinato, fue obligado a servir como esclavo durante un año. El musculoso cuerpo de Hércules está cubierto de sedas femeninas que recuerdan las de Ónfale, al igual que su lánguida postura. Esto realza la comicidad del aspecto de Hércules e, implícitamente, invierte los roles: la mujer en posición elevada, dominante y serena, mientras que el hombre parece tener poco control sobre su cuerpo; su embriaguez y el travestismo se utilizan aquí como signos de emasculación. Un grupo de diminutos cupidos le roban la maza y el carcaj, un gesto de desarme que alude a la castración. Por el mito sabemos que Ónfale tomará las armas y asumirá el papel del hombre y esto se convertirá en una imagen que opera a través de la relación de la vestimenta con la conducta sexual. Sin embargo, hay un humor obvio y, en el contexto de un comedor romano, la pintura quizá también alude al banquete como una oportunidad para soltarse y probar distintos personajes, aunque solo sea en la imaginación.

## GRUPO DE TORONTO 305 (ATRIB.)

*Heracles y el jabalí de Erimanto*
c. 525–500 a.C.
Terracota pintada, técnica de figuras negras
Altura: 41 cm
Museo Metropolitano de Arte, Nueva York

En este vaso griego, Heracles carga sobre sus hombros al jabalí de Erimanto y apoya un pie en la vasija donde se esconde el rey Euristeo (en la que va a meter a la bestia). Con una formidable silueta negra y pronunciados músculos, el héroe se eleva sobre su compañero mortal, Yolao, y compite en altura con la diosa Atenea; de hecho, no parece encorvado por el peso de la carga, sino casi para encajar en el friso. Este cómico episodio contrasta con la animada escena del reverso de la vasija, en la que tres jóvenes desnudos armados con lanzas caminan hacia la izquierda. No sabemos quiénes son, pero la imagen debió tener sentido en su época, cuando la caza era un pasatiempo habitual y un medio para demostrar la hombría dentro del grupo. Representar la partida de estos hombres cuando Heracles regresa –el mito frente a la experiencia vivida–, es una invitación a leer ambas escenas a la vez, «mitologizando» así la escena genérica y elevando a los jóvenes al estatus del héroe. Este aspecto es sugerido por su desnudez, que es como solían aparecer los dioses y los héroes en el arte griego, y anima a los jóvenes atenienses a que aspiren a parecerse a Heracles en su esfuerzo y en la búsqueda del éxito.

## ANTONIO DEL POLLAIUOLO

*Hércules y la Hidra*
1475
Témpera sobre madera
17 x 12 cm
Galería de los Uffizi, Florencia

Todo es acción en esta pequeña obra del pintor renacentista italiano Antonio del Pollaiuolo (c. 1432–1498), desde la piel de león que ondea detrás de Hércules y su brazo levantado para golpear, hasta las cabezas de la Hidra y sus tentáculos, que se enroscan como látigos en la pierna del héroe. Cada fibra de su musculoso cuerpo está en tensión; su expresión revela concentración y determinación; el esfuerzo físico es palpable. El río que serpentea al fondo se suma a la impresión de movimiento. Se cree que esta obra podría ser copia de uno de los tres lienzos de mayor tamaño que ilustran los trabajos de Hércules y que fueron pintados por Pollaiuolo y su hermano Piero para uno de los palacios de los Medici en Florencia. Se conserva otra obra, *Hércules y Anteo*, pero la tercera se ha perdido. Los hermanos Pollaiuolo colaboraron a menudo y fueron de los primeros artistas en diseccionar cadáveres humanos para su estudio anatómico (antes que Leonardo da Vinci). Antonio, en particular, era reconocido por su habilidad para reproducir la figura humana en acción, como se ve en el cuerpo desnudo del héroe. Para los artistas del Renacimiento, Hércules fue símbolo de valor, sabiduría y virtud, y lo retrataron empleando su formidable fuerza para luchar. Los florentinos lo asociaron a su república y de ahí su atractivo para la familia Medici.

## JOSHUA REYNOLDS

*El niño Hércules*
1786–1788
Óleo sobre lienzo
303 x 297 cm
Museo Estatal del Hermitage, San Petersburgo

En 1785, la emperatriz rusa Catalina la Grande encargó una obra al destacado pintor británico Joshua Reynolds (1723–1792) y le dio libertad para la elección del tema. Reynolds decidió representar el momento en que el niño Hércules acaba con las dos serpientes enviadas por la diosa Hera, ante el asombro de quienes le rodean. Para defender el concepto pictórico de *grand manner* («manera grandiosa»), Reynolds recurrió a una gran variedad de fuentes de los antiguos maestros, basando la imagen del niño en un Jesús recién nacido del pintor barroco italiano Carlo Maratta (1625–1713), a quien admiraba mucho. Parece que también se inspiró en un dibujo a tinta y pluma de Giulio Romano (1499–1546) que muestra a Hércules niño estrangulando a una serpiente. Para este encargo, el artista hizo numerosos dibujos, experimentando con la pose de Hércules, antes de finalizarlo a mediados de 1788. Se expuso en el verano de ese año en la Real Academia de las Artes de Londres, antes de enviarlo a San Petersburgo. Los numerosos grabados que se realizaron de la pintura aumentaron aún más su fama. El primero, un aguafuerte de James Walker, se publicó el 1 de enero de 1792, poco después del fallecimiento de Reynolds.

# JASÓN Y LOS ARGONAUTAS

## EL PELIGRO DE UNA MUJER DESDEÑADA

El dramaturgo inglés William Congreve (1670–1729) podría estar pensando en Medea cuando dijo: «ni el infierno tiene la furia de una mujer desdeñada». Medea era princesa de la Cólquida, un reino en el mar Negro –y, según algunos relatos, una diabólica hechicera–, que asesinó a sus propios hijos cuando su esposo la abandonó por otra mujer. Medea es un personaje tan complejo y polifacético como la mitología. La historia de su criminal represalia fue una invención de Eurípides, mientras que otros relatos la muestran como una heroína trágica y una madre protectora. Puede que, al final, Medea solo haya sido desdeñada por los creadores de mitos.

La historia de Medea se incluye en el ciclo mitológico más amplio de Jasón y los argonautas. Jasón era príncipe de Yolco y se convirtió en heredero al trono tras el derrocamiento de su padre por su hermanastro Pelias. Pero para tomar posesión de su legítima herencia, debía navegar hasta la Cólquida y recuperar el legendario vellocino de oro, que colgaba de un árbol en el bosque de Ares, protegido por toros que escupían fuego y un dragón que no dormía. Pelias impuso a Jasón esta tarea casi imposible confiando en que no regresaría vivo. Así, Jasón zarpó con un séquito de heroicos compañeros a bordo de un barco llamado *Argo*, viviendo numerosas aventuras en su camino hacia la Cólquida (las historias del viaje se relatan en el poema épico *Argonáutica*, hoy perdido).

Jasón consiguió robar el vellocino de oro del rey Aetes de la Cólquida con ayuda de la princesa Medea, de origen divino y dotada del poder de la profecía. Ella se enamoró de Jasón y durante un tiempo se sintió dividida entre el deber hacia su familia y su pasión. Pero cuando él le prometió matrimonio, Medea le juró lealtad y preparó una poción mágica para que resistiese los ataques con fuego de los toros y drogase al dragón.

Jasón y Medea zarparon hacia Yolco, perseguidos por el padre de ella, el rey Aetes. Para ralentizar la persecución, desmembraron al hermano de Medea, Apsirto, al que ella había llevado consigo con este propósito (en algunas versiones, es el rey quien envía a su hijo a perseguirlos), y arrojaron los pedazos de su cuerpo al mar. Aetes no pudo soportar que su hijo no recibiera sepultura y se entretuvo tanto en recoger sus restos, que el *Argo* pudo escapar.

En Yolco, Medea rejuveneció al padre de Jasón infundiendo su sangre con hierbas mágicas y convenció a las hijas de Pelias para que lo asesinaran, haciéndoles creer que sus venas también podrían llenarse con sangre joven. Ella y Jasón fueron expulsados por su crimen y se vieron obligados a pedir refugio al rey Creonte de Corintio; allí, Jasón abandonó a Medea por la hija de Creonte, Glauca, un partido mucho más ventajoso. En respuesta, Medea asesinó a Glauca con una túnica envenenada y sacrificó a los hijos de Jasón en venganza por su infidelidad (en la versión de Eurípides). Medea huyó de Corintio en su carro tirado por serpientes, una imagen que ha entrado en la iconografía clásica y se evoca en obras como la robótica escultura de aluminio de Paolozzi (p. 193) o en las fotografías de Carolee Schneemann rodeada de serpientes (p. 192).

La historia de Medea y Jasón apenas aparece en el arte del Renacimiento, pero resurgió en el Barroco y la imaginería romántica de los siglos XVII y XVIII. Lo escabroso y conflictivo del personaje central ha fascinado a los artistas modernos y contemporáneos. El pintor francés Eugène Delacroix la imaginó en el momento del asesinato de sus hijos, en una composición que más tarde repitió Cézanne (pp. 186–187). El mismo punto crucial de la historia se representó en unos frescos pompeyanos del siglo I d.C. (p. 191): Medea saca un cuchillo mientras sus hijos juegan bajo un rayo de luz.

**GIORGIO DE CHIRICO**

*La partida de los argonautas*
1920
Témpera sobre tela
54 x 73 cm
Colección privada

Dos desnudos masculinos en poses clásicas contemplan un barco que navega en mar abierto. Uno de ellos se apoya en el palo de una bandera, mientras que el otro sostiene una tela ondulante, elementos que podrían ser una referencia al mástil y la vela del barco. Otras dos figuras, una mujer abatida y un anciano recostado, no miran el barco ni se miran entre sí. El extraño ambiente de esta escena onírica es característico de los enigmáticos paisajes urbanos que el artista italiano Giorgio de Chirico (1888–1978) pintó en la década de 1910. Aunque el título podría asociar la obra con el mito de los argonautas, su simbolismo se resiste a una interpretación tan simple. De Chirico nació en la localidad griega de Volos (antigua Yolco), el puerto del que se dice que partieron los argonautas en busca del vellocino de oro. De Chirico pasó la mayor parte de su juventud en Grecia y luego viajó por Europa. Él y su hermano Alberto Savinio veían un paralelismo entre su vida nómada y el antiguo mito. Se consideraban unos argonautas modernos, Cástor y Pólux, los hermanos semidioses de la tripulación de Jasón. En la obra de De Chirico abundan las referencias al viaje como una metáfora de las aventuras épicas.

## MAX BECKMANN

*Los argonautas*
1949–1950
Óleo sobre lienzo
Panel izquierdo: 184,1 x 85,1 cm
Panel central: 205,8 x 122 cm
Panel derecho: 185,4 x 85 cm
Galería Nacional de Arte, Washington, DC

El artista alemán Max Beckmann (1884–1950) no era consciente de que este iba a ser su último tríptico y, hasta poco antes de finalizarlo, no supo cuál sería el tema definitivo. Beckmann empezó la pintura como un único panel en abril de 1949, dieciocho meses después de llegar a Estados Unidos; más tarde agregó otros dos paneles más para crear un tríptico titulado *Los artistas*. Pero este tríptico no se definió completamente hasta tres semanas antes de finalizarlo, en diciembre de 1950, cuando Beckmann tuvo un sueño en el que los dos jóvenes del panel central eran los argonautas Orfeo y Jasón; esto le dio el impulso necesario para concluir su trabajo. Beckmann creía que el espectador debía entender sus obras por su cuenta, pero en esta ocasión, inusualmente, dio una descripción completa del panel central: «El anciano que sale del mar por una escalera es un dios que muestra a los jóvenes el camino hacia un mundo mejor, el camino hacia un nivel superior de conciencia, fuera de la vida terrenal». Beckmann acabó de pintar la cabeza de Jasón el 26 de diciembre de 1950. Falleció al día siguiente, mientras se dirigía al Museo Metropolitano de Nueva York.

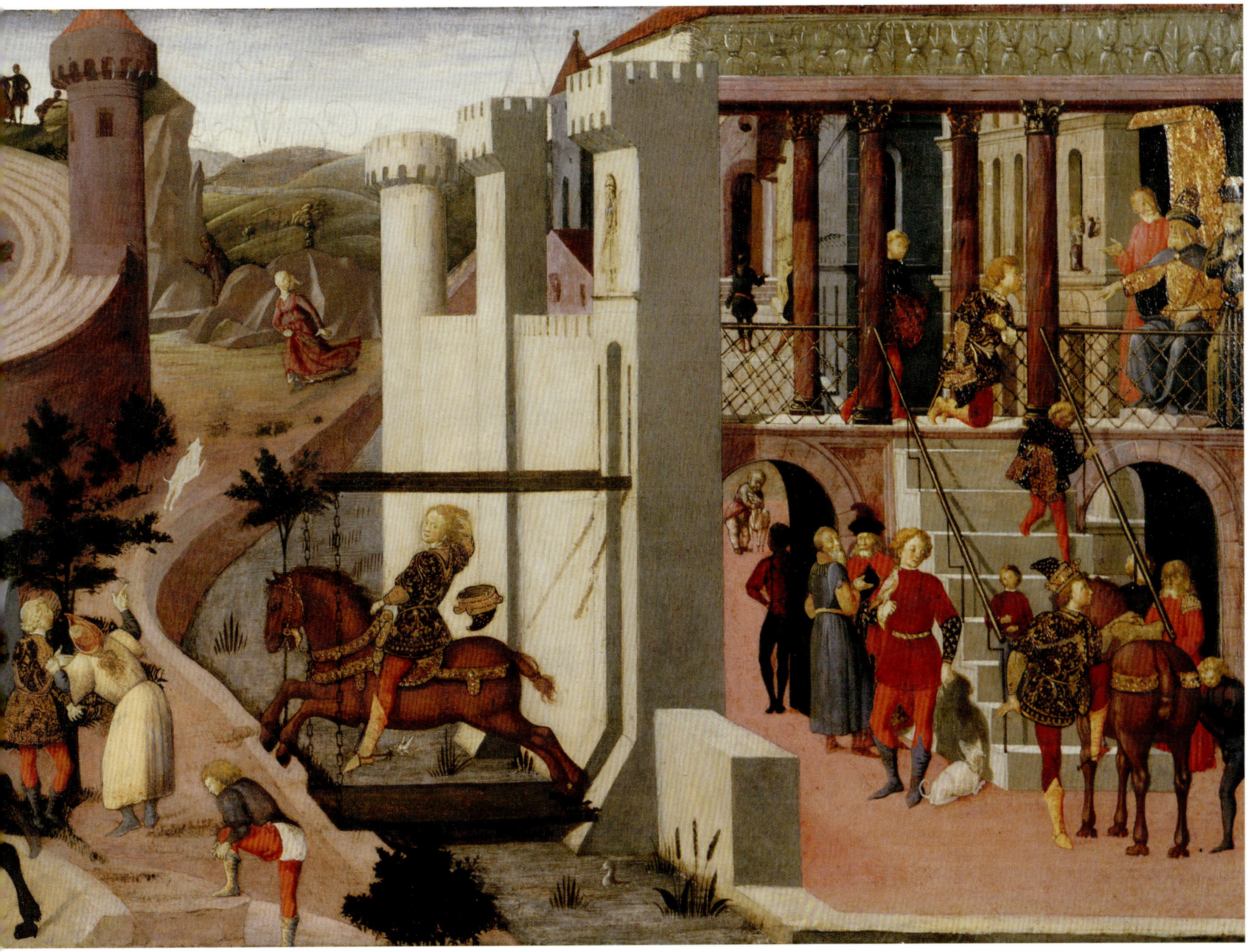

**BIAGIO D'ANTONIO**

*Escenas de la historia de los argonautas*
c. 1465
Témpera sobre panel, con ornamentos dorados
49,8 x 142,2 cm
Museo Metropolitano de Arte, Nueva York

Este espléndido panel es uno de los dos que narran la historia de Jasón y los argonautas. Aquí, la segunda parte del relato comienza a la izquierda, en primer plano, con Jasón y sus compañeros que son recibidos por el rey Aetes y sus hijas, Medea y Calcíope, en la Cólquida. La historia se va devanando a lo largo del panel en una narración continua hasta que concluye en la esquina superior izquierda. Jasón y Medea se identifican por sus vestimentas. Él lleva una armadura dorada con un casco alado y una capa rosa con forro azul; la rubia Medea viste de color rosa. En el extremo derecho, el rey Aetes ordena a su hijo que capture a Jasón y Medea y corre tan rápido que se le cae el sombrero. Pero el drama central se desarrolla en el recinto amurallado central, donde Jasón aparece tres veces: arando el bosque de Ares, luchando contra los guerreros que brotan de los dientes del dragón y matando al dragón que protege el vellocino de oro. En una cueva, a la izquierda, Medea rejuvenece al padre de Jasón hirviéndolo en una olla, ayudada por la fantasmal Diana y sus perros espectrales. Al planificar esta compleja composición, Biagio d'Antonio (fallecido en 1516) utiliza el panel como un escenario, situando los episodios a diferentes distancias del espectador.

## EUGÈNE DELACROIX

*Medea furiosa*
1862
Óleo sobre lienzo
122 x 84 cm
Museo del Louvre, París

El mito de Medea y su terrible acto de venganza sedujeron a Eugène Delacroix (1798–1863) durante la mayor parte de su carrera artística. La reproduce por primera vez en un cuaderno de dibujo de 1820; cuatro años después seguía obsesionado con ella. Finalmente, cuando expuso su primer lienzo de Medea a punto de matar a sus hijos *(Medea furiosa)* en el Salón de 1838, causó sensación. Los críticos lo elogiaron por su energía y expresión dramática, el dinamismo de su carne palpitante y los mágicos efectos de claroscuro. Al final de su vida, Delacroix pintó otras versiones de Medea, incluyendo esta a menor escala de la gran pintura original. Pero el pintor no fue el único que se sintió fascinado por Medea y su infanticidio. Su comportamiento apasionado, irracional y su atormentada psicología sedujeron a otros artistas del Romanticismo y su tragedia se convirtió en el tema principal de óperas, ballets y obras de teatro, con múltiples variaciones respecto a la historia narrada por Eurípides y Séneca. La fascinación por Medea estaba relacionada tanto con su condición de mujer traicionada y abandonada, como con su acto criminal y la tensión dramática, la sensualidad y el horror que desencadenaba. En esta versión de Delacroix, la mejor de las que se conservan, el movimiento y el aislamiento de la madre y sus hijos y lo turbulento del entorno intensifican el impacto del momento previo a los asesinatos.

## PAUL CÉZANNE

*Medea*
1879–1882
Acuarela sobre papel
38 x 20 cm
Kunsthaus (Museo de Arte Moderno), Zúrich

La vida de la vengativa Medea fue de infortunio en infortunio hasta llegar al momento del filicidio, cuando mata a dos de sus hijos en venganza por el abandono de su padre, Jasón. Aunque este no es el último hecho de su escalada criminal, ha sido el más representado de su historia. En esta obra, el artista francés Cézanne (1839–1906) se aleja de las manzanas y las flores y del soleado paisaje de la Provenza con el que se le asocia habitualmente, para aproximarse a la desnuda gruta donde se produce el asesinato. La acuarela de Cézanne se basa en una litografía de la obra *Medea furiosa* (página anterior), de Eugène Delacroix; esta es una de las más de veinte copias y versiones que realizó Cézanne a partir de obras de Delacroix, generalmente de temas míticos o bíblicos. Aquí, el terror de los dos niños que se aprecia en el original ha quedado prácticamente descartado; el propósito de Medea es calmarlos y todo el grupo emana una monumentalidad sin aire, un resultado sorprendente de Cézanne que es fruto del sometimiento del horror narrativo a través de medios clásicos. El temperamento romántico de Delacroix –controlado por una composición clásica y expresiva, en lugar de meramente descriptiva y colorista– tenía un gran atractivo para el joven artista. La litografía en blanco y negro marcaba un distanciamiento objetivo de la pintura original y permitió la creación de ese esquema de color que es tan característico de Cézanne.

**JOSEPH MALLORD WILLIAM TURNER**

*Visión de Medea*
1828
Óleo sobre lienzo
174 x 249 cm
Tate, Londres

J. M. W. Turner (1775–1851) pintó esta obra en Roma, durante su segundo viaje a Italia. La característica técnica de Turner, etérea y nebulosa, que hace que las formas se entremezclen, dificulta la individualización narrativa de pinturas como esta. Al artista le interesa tanto crear una atmósfera de ensueño como contar una historia. Aquí, la hechicera Medea, despreciada por su esposo Jasón, lanza un hechizo mientras levanta un bastón en el que se enrosca una serpiente. Los objetos empleados por Medea para su magia negra, incluida otra serpiente y una copa vacía, aparecen diseminados. Las Parcas se reúnen en torno al fuego en el que Medea convoca su magia. El humo del fuego forma imágenes espectrales de niños, una alusión al asesinato de sus hijos. Las burbujas que ascienden parecen simbolizar la fragilidad y la brevedad de la vida. En el cielo, sobre Medea, aparece un carro tirado por dragones desde el que son arrojados sus hijos muertos. Es posible que Turner se inspirara en la ópera *Medea en Corinto,* que se estrenó en Londres por aquella época. Los gestos teatrales, la atmósfera y la dramática iluminación de esta obra recuerdan al teatro.

**PINTOR DE POLICORO (ATRIB.)**

*Medea huyendo en un carro*
c. 400 a.C.
Terracota pintada, figuras rojas con blanco añadido, rojo, amarillo y aguada marrón
50,5 x 49,9 cm
Museo de Arte de Cleveland, Ohio

Medea debe a Eurípides su reputación como asesina de sus propios hijos, pues ese fue el desenlace que el escritor imaginó para su obra de teatro estrenada en el año 431 a.C. Antes, Medea solo era conocida como una hechicera extranjera que había tramado la muerte de todos los que amenazaban a su esposo Jasón o competían con ella por su amor, pero el impactante acto del infanticidio fue una novedad. Eurípides presenta a Medea como una mujer desgraciada, con una vida difícil. El pintor de esta crátera representa la escena que pone fin a la tragedia de Eurípides, con Medea huyendo en un carro tirado por serpientes. El pintor cambió algunos detalles: los cuerpos de sus hijos están en un altar y no junto a ella, y su niñera y el tutor están presentes y los lloran. El carnero y el caldero aluden a un episodio anterior de la historia de Medea, un recordatorio de lo que Jasón –a la izquierda– le debe a ella. Las Erinias (Furias), diosas de la venganza, flanquean el carro. En Lucania, al sur de Italia, donde se hizo esta crátera, eran muy aficionados a las obras de Eurípides. Esta es la primera representación de Medea montada en su carro, un final espectacular para una obra.

## PINTOR DEL INFRAMUNDO (ATRIB.)

*Jasón y el vellocino de oro*, c. 350–340 a.C.
Terracota pintada, técnica de figuras rojas
Altura: 45,7 cm
Museo del Louvre, París

Este cáliz representa el triunfal regreso de Jasón a Yolco con el vellocino de oro. El héroe, a la izquierda, muestra un cuerpo atlético y ofrece el vellón a Pelias, que permanece sentado, mientras una Victoria alada lo corona. Hermes –que envió el carnero dorado a la Cólquida– supervisa la acción desde la parte superior derecha, con su vara heráldica y su sombrero de viajero a la espalda. El ambiente de la escena parece jubiloso, realzado por el estilo dinámico y los detalles ornamentales típicos de los jarrones de Apulia, en el sur de Italia. Sin embargo, la figura de Medea, marginada a la izquierda, amenaza la alegría del momento. Su expresión presagia las tragedias que ocurrirán. Los temas de los jarrones de Apulia a menudo se inspiran en la tragedia griega, especialmente en las obras de Eurípides, cuya *Medea* se estrenó en el año 431 a.C.; la influencia del teatro se refleja en los elaborados vestidos y en la escenografía. Los jarrones de Apulia se utilizaban a menudo como ofrendas en las sepulturas, ya que sus escenas trágicas proporcionaban consuelo. La presencia de Dioniso en el reverso del cáliz alimenta esta lectura: como iniciado en los misterios eleusinios, prometía a sus seguidores una vida libre de dolor.

## URSULA MAYER

*Medea,* 2013
Foto fija de película a color, 12 minutos

En *Medea*, la artista austríaca Ursula Mayer (nacida en 1970) ofrece una versión actual del mito griego, en la que el icono *queer* J. D. Samson interpreta los papeles de Jasón y Medea, apareciendo alternativamente con traje masculino y con una larga túnica con extravagantes joyas y mucho maquillaje. Esta fluidez de género refleja el doble papel del protagonista, así como la dicotomía encarnada en la figura de Medea, maternal y asesina. Las asociaciones sensuales fluyen a la vez cuando los planos fijos de Samson se entremezclan con imágenes de la cabeza cortada de un carnero, una mano de la que gotea una sustancia viscosa y una sucesión de sombras y luces. *Medea* es un calidoscópico multisensorial de luz, sonido, color y textura, inspirado en la película sobre el mito que realizó Pier Paolo Pasolini en 1969, con María Callas como protagonista. Entreteje secuencias teatrales y abstracciones digitalizadas con música y voz en *off.* El escenario en Capadocia, Turquía, evoca misterio posapocalíptico y confusión. La obra desafía las convenciones tradicionales de lenguaje, imagen, sonido e identidad. Las definiciones restrictivas de masculino y femenino, homosexual y heterosexual, sujeto y objeto, pasado y presente, se funden en una única entidad llena de posibilidades para una nueva y mejor comprensión de la humanidad.

**ARTISTA DESCONOCIDO**

*Medea*
Siglo I d.C.
Fresco
127 x 104 cm
Museo Arqueológico Nacional, Nápoles

Medea se prepara para asesinar a sus hijos en esta pintura mural de una casa acomodada de Pompeya. Ella está de pie, fuera del edificio, abandonada por su esposo Jasón. Empuña una daga en una mano y con la otra intenta esconder el arma. Sus dos hijos juegan detrás, vigilados por un viejo pedagogo (tutor), y ella mira hacia otro lado con expresión melancólica. Plinio el Viejo, que murió en la erupción del Vesubio que destruyó Pompeya en el año 70 d.C., analizó las influencias griegas en las pinturas de Medea en su *Historia natural*, señalando que esta representación estaba basada en un fresco del artista griego Timomaco de Bizancio, activo durante el siglo I a.C. Las escenas de Medea contemplando su crimen aparecen en otras pinturas murales de Pompeya y Herculano, en particular (y de forma similar) en la Casa de Jasón, que pueden haber estado influidas por Timomaco. Los frescos como este (que procede del peristilo de la Casa de los Dioscuri) fueron decoraciones para viviendas particulares y los temas elegidos en Pompeya sugieren la preferencia hacia escenas que alentaban la reflexión filosófica, que aquí se pone de manifiesto en la elección de un episodio que destaca la psicología de la protagonista más que el momento de violencia o sus trágicas secuelas.

## CAROLEE SCHNEEMANN

*Cuerpo ojo: 36 acciones transformativas para cámara*
1963
2 de 18 copias a la gelatina de plata
Cada una: 20 x 24 cm
Fotografías de Erró

Pionera de las *performances* basadas en el cuerpo, la estadounidense Carolee Schneemann (nacida en 1939) es reconocida como una de las primeras artistas feministas. *Cuerpo ojo* fue una acción privada realizada en el estudio de la artista, sin público, que solo se conserva en formato fotográfico. La artista quería combinar su presencia física, desnuda, con los materiales del entorno artístico en el que realizaba sus pinturas y construcciones –pintura, yeso, grasa–, para que el cuerpo femenino se convirtiera a la vez en sujeto y objeto de la mirada activa. La práctica artística feminista surgió en el período de apogeo del feminismo de segunda generación, cuando las tendencias dominante la modernidad, especialmente el expresionismo abstracto, se consideraban la culminación de siglos de abandono, desautorización y exclusión de las artistas femeninas en el canon de la historia del arte. A menudo, la pintura era vista como territorio exclusivo del género masculino, mientras que la disciplina emergente de la *performance,* sobre todo si se utilizaba el cuerpo desnudo, quedaba al margen de estas tradiciones onerosas y represivas. Una reflexión sobre el mito de Medea podría relacionarse con la noción de arquetipos y la agenda activista: el hecho de denunciar a las mujeres como brujas a lo largo de la historia es un ejemplo frecuente de la percepción de peligro del colectivo femenino en la teoría feminista, mientras que el ataque feminista al patriarcado puede verse como un paralelismo contemporáneo de la furia de Medea despechada.

## EDUARDO PAOLOZZI

*Medea*
1964
Aluminio
206 x 183 x 114 cm
Museo Kröller-Müller, Otterlo, Países Bajos

Una fusión de líneas rectas y formas sinuosas caracteriza esta escultura de aspecto industrial. Hecha de aluminio, pertenece a una serie de obras abstractas que el artista escocés Eduardo Paolozzi (1924–2005) realizó en los años sesenta en una pequeña fábrica de ingeniería. La sección cuadrada y acanalada se fabricó siguiendo el diseño de Paolozzi, mientras que los elementos tipo serpiente los dobló y soldó el propio artista. Las formas retorcidas tipo tentáculo en las que se apoya la escultura pueden interpretarse como alusiones a varios episodios de la historia de Medea: desde las serpientes que tiraron del carro alado en el que huyó de Corinto, a la serpiente que hechizó para que Jasón pudiera robar el vellocino de oro. También hay una referencia a las formas del grupo de Laocoonte (p. 210), la escultura helenística que representa a un sacerdote troyano y a sus hijos atacados por serpientes marinas (Paolozzi hizo referencia explícita a esta escultura en una obra previa, cuya forma es muy similar). Aunque la inspiración de esta obra podría ser la película *Jasón y los argonautas*, de 1963, la mitología interesó siempre a Paolozzi y a lo largo de su carrera realizó esculturas de Jasón, Diana y el Cíclope, entre otros personajes mitológicos.

# LA GUERRA DE TROYA

## DEL JUICIO DE PARIS AL REGRESO DE ULISES

La guerra de Troya fue el hecho histórico más determinante de la literatura grecorromana, el punto en el que la mitología se fusionó con la historia. Homero, en su poema épico *La Ilíada*, se centra en el último año de la guerra. Los orígenes del conflicto son, a la vez, una disputa divina y una huida humana. Eris, diosa de la discordia, enloquece de ira por no haber sido invitada al banquete de bodas de Peleo y Tetis. Decidida a vengarse, arroja sobre la mesa la «manzana de la discordia» que ha cogido del jardín de las Hespérides. La fruta de oro lleva un mensaje inscrito: «Para la más hermosa», que provoca una pelea entre Hera, Afrodita y Atenea. Zeus delega el fallo del concurso en un príncipe troyano, Paris. Todas las diosas intentan sobornarlo. Afrodita promete que le dará la mujer más bella del mundo, Helena de Esparta, y Paris le entrega la manzana. El rapto de Helena por Paris fue el catalizador de la guerra de Troya y la complicidad de ella (¿raptada o seducida?) se ha debatido desde entonces. Según una versión de la historia, Helena de Troya fue solo un espíritu enviado por los dioses para provocar la guerra; la verdadera Helena pasó los diez años de la contienda en Egipto. Esta versión fue dramatizada por Hilda Doolittle en el poema «Helena en Egipto« (1961) que, posteriormente, se convirtió en el tema de una *performance* de Joan Jonas (p. 199).

Menelao, el esposo legítimo de Helena, y su hermano Agamenón, rey de Micenas, reúnen a un ejército para navegar hasta Troya. Pero los vientos adversos enviados por la diosa Artemisa, a quien Agamenón había ofendido al matar uno de sus ciervos sagrados, les obligan a recalar en el puerto de Aulis. A través de un oráculo, Artemisa exige que Agamenón sacrifique a su hija Ifigenia para expiar su crimen y garantizar una travesía segura para la flota griega. Resuelto el problema, los griegos zarpan hacia Troya e inician un largo asedio de diez años. Hacia el final de la guerra, cuando comienza *La Ilíada*, estalla una pelea en el campamento griego. Aquiles, el mayor héroe griego, se niega a luchar, enfurecido porque Agamenón ha raptado a su concubina. Cuando su amante Patroclo muere en el campo de batalla, él vuelve a la lucha consumido por la pena y el arrepentimiento. El propio Aquiles murió más tarde a manos de Paris. Después Ájax y Ulises compitieron por sus armas. Ganó Ulises y eso condujo a Ájax a la locura suicida. El final de la guerra de Troya lo urdió Ulises, regalando un enorme caballo de madera a los troyanos como supuesta ofrenda de paz a Atenea. Escondidos en el vientre del caballo iban los mejores guerreros griegos. El sacerdote troyano Laocoonte sospechó que era un ardid y advirtió: «Temo a los griegos, incluso si traen regalos». Pero fue silenciado y muerto por un par de serpientes marinas enviadas por Poseidón (p. 210). El caballo de Troya atravesó las puertas de la ciudad y los griegos la arrasaron.

Tras el saqueo de Troya, los griegos iniciaron el viaje de regreso. Agamenón regresó con su esposa adúltera y murió en sus manos en el baño. El largo y tortuoso viaje de Ulises a Ítaca es el tema del otro gran poema épico de Homero: *La Odisea*. Una de sus gestas fue el encuentro con Polifemo, el cíclope con un solo ojo, una figura tragicómica conocida por ser amante de la ninfa acuática Galatea y la víctima de Ulises. Cuando este y sus hombres desembarcaron en la isla del cíclope, Polifemo los encerró en su cueva y empezó a alimentarse de ellos. Ulises y los supervivientes conspiraron para cegar al cíclope con una gran estaca ardiente mientras dormía aturdido por el vino. Después, los hombres escaparon escondidos entre las ovejas de Polifemo cuando este hizo salir al rebaño de la cueva para pastar. Al comprobar que sus prisioneros habían huido y oír que Ulises se burlaba de él desde la seguridad de su barco, el cíclope, enfurecido, arrojó una roca al mar y casi desencadenó el hundimiento de la nave. Al final, Ulises sobrevivió y regresó con su fiel esposa Penélope.

## NIKLAUS MANUEL DEUTSCH

*El juicio de Paris*
1517–1518
Témpera sobre lienzo
223 x 160 cm
Öffentliche Kunstsammlung, Basilea

El artista suizo Niklaus Manuel Deutsch (1484–1530) reubica el mito clásico en los bosques de su tierra natal y allí sitúa el concurso de belleza que, como un flirteo cortesano, desencadenó la guerra de Troya. Paris, sentado al pie de un árbol, roza el vientre de Afrodita con la mano abierta. Ella avanza con el cuerpo apenas cubierto por una túnica transparente, mientras su hijo Eros, con los ojos vendados, apunta una de sus flechas hacia Paris. El simbolismo (el amor es ciego) revela una figura ausente: Helena, cuyo amor le ha sido prometido a Paris por Afrodita siempre que sea la ganadora del concurso de belleza. Las dos diosas perdedoras giran el rostro sin ocultar su decepción. Atenea, identificada por la espada y el escudo, parece abatida y Hera, vestida como una dama de la nobleza, como corresponde a su condición de reina de los dioses, mira a Afrodita con incredulidad. Las anatomías distorsionadas de las figuras se identifican con la tradición gótica del norte de Europa, que no valoraba la precisión anatómica tanto como la tradición italiana. Los detalles de la ropa y la expresión facial compensan esta ligera rareza y recuerdan la artesanía medieval de los tapices, la ilustración de manuscritos y los vitrales.

## WILLIAM ROBERTS

*Juicio de Paris*
1933
Óleo sobre lienzo
40,5 x 52 cm
Colección privada

Si las figuras de Paris y el pastor se parecen a las de unos atletas urbanos, podría ser porque el británico William Roberts (1895–1980) se diera a conocer, sobre todo, por sus representaciones satíricas de las actividades cotidianas en Londres: montar en bicicleta, ir de compras o al cine, a un salón de baile o a un ring de boxeo. *Juicio de Paris* no celebra la belleza de las tres diosas rivales, como lo hacen, por ejemplo, Rubens o Renoir. Sus mujeres son terrenales y, salvo por su desnudez, bien podrían estar divirtiéndose en una piscina. Roberts desarrolló un estilo distintivo de figuras redondeadas y corpulentas que, a menudo, interactuaban con gestos expresivos y un audaz contacto visual. En las raras ocasiones en que aborda temas de antiguos mitos o de la Biblia –que describe como «mitología cristiana»–, no hay cambio de actitud ni de estilo. Aquí, solo el entorno sugiere un paisaje del sur de Europa. Mientras las tres diosas miran a Paris suplicando que las elija, él, con la manzana en la mano, parece reacio a tomar una decisión; podría dar la manzana a su perro saltarín como ganador del concurso de belleza, subrayando el concepto de imprevisibilidad del destino de Roberts.

## JOAN JONAS

*Helena en Egipto: líneas en la arena*
2004
Instalación, vídeo monocanal, caja con arena y relieve, yeso, copia a la gelatina de plata, pintura sobre lienzo y otros materiales
Dimensiones variables
Presentada en la Tate Modern, Londres, 2004

Esta es una obra típica de la artista estadounidense Joan Jonas (nacida en 1936), entre el mito y la historia, la realidad y la ficción. La obra entreteje varias narraciones, empezando por un poema de Hilda Doolittle, *Helena en Egipto* (1961), que narra la guerra de Troya desde la perspectiva de Helena, restableciendo la agencia femenina y la subjetividad en un relato típicamente masculino, de actitudes machistas y orgullo herido. Jonas pone en escena el poema de Doolittle en Las Vegas actual, con imágenes de la pirámide del Hotel Luxor parpadeando en una gran pantalla. Estas imágenes se entremezclan con fotografías de las auténticas pirámides de Egipto tomadas por la abuela de la artista en 1910. La estratificación del mito, la arquitectura falsa, la historia personal y la *performance* establecen una dialéctica entre lo «real» y lo «ficticio», cuestionando la autenticidad de Helena de Troya como personaje histórico y apuntando a la asimilación de antiguas civilizaciones y mitologías en la cultura contemporánea. Pionera en el arte de la *performance* que surgió a finales de los sesenta, la práctica híbrida de Joan Jonas combina las escenas teatrales, la narrativa personal y un elemento escultórico interactivo generalmente realizado por la propia artista.

## FREDERICK SANDYS

*Helena (Helena de Troya)*
c. 1867
Óleo sobre panel
38,4 x 30,5 cm
Walker Art Gallery, Liverpool

Esta imagen de la última *femme fatale* es, a la vez, llamativa y desconcertante. La pequeña pintura es un retrato de vívidos naranjas, rojos y piel rosada. La encendida masa pelirroja del pelo de Helena, pintada con minuciosidad, cae en cascada sobre su torso desnudo, adornado con collares rojos y dorados. Esta pintura del artista británico Frederick Sandys (1829–1904) primero fue propiedad del emprendedor y marchante de arte victoriano Ernest Gambart y en 1871, se vendió en Londres con el título de *Helena*. Se exhibió por primera vez en la Royal Manchester Institution en 1878. A principios del siglo xx, la audaz composición atrajo la atención de la pintora estadounidense Anna Lee Merritt (1844–1930), quien, en 1907, escribió a Samuel Bancroft, coleccionista de Sandys y de arte prerrafaelita: «Uno de mis amigos tiene una bella *Helena de Troya* de Sandys. No hay nada más hermoso que su pelo y el brillo de su piel. La superficie es exquisita y la expresión cruel, como debió ser Helena». *Helena* pertenece a una serie de heroínas de la Antigüedad pintadas por Sandys en la década de 1860, entre las que también estaban Casandra y Medea. Pero con su llameante cabello rojizo, que quizá prefigura la destrucción de Troya bajo las llamas, este retrato de Helena es uno de los mejores y más originales.

**GIAMBATTISTA TIEPOLO**

*Sacrificio de Ifigenia*
1757
Fresco
3,5 x 7 m
Villa Valmarana ai Nani, Vicenza

En 1757, Giovanni Battista (Giambattista) Tiepolo (1696–1770) y su hijo, Giovanni Domenico (Giandomenico, 1727–1804), recibieron el encargo de pintar los frescos de Villa Valmarana «ai Nani» («de los enanos», llamada así por las estatuas de travertino erigidas en el muro perimetral), cerca de Vicenza. El padre se hizo cargo del vestíbulo y de cuatro salas de la planta baja, cubriéndolas con escenas dramáticas de mitología y de la guerra de Troya (p. 204), mientras que el hijo pintó las paredes de la casa de invitados con escenas costumbristas de carnavales y campesinos: un contraste deliberado. En el *Sacrificio de Ifigenia,* Agamenón, a la derecha, se cubre con su capa para no presenciar la muerte de su hija, mientras su verdugo se prepara para clavarle una daga en el pecho. Sacerdote, víctima y espectadores miran hacia arriba y ven el venado, conducido por dos cupidos flotando sobre una nube, que Diana ha enviado en el último momento para sustituir a Ifigenia. Tiepolo era un maestro de la escenografía y usaba vestidos exóticos y decorados arquitectónicos para atraer la atención del espectador, tal como se haría en una obra de teatro o una ópera. La acción violenta desborda la ficción para entrar en el espacio del público, realzado por el ilusionismo de la figura a la derecha, cuya mano envuelve la columna.

**MARK ROTHKO**

*Sacrificio de Ifigenia*
1942
Óleo y grafito sobre lienzo
127 x 94 cm
Colección privada

Ifigenia, hija de Agamenón y Clitemnestra, fue enviada a la muerte para apaciguar a la diosa Artemisa y garantizar que la flota griega llegara a Troya. Rothko (1903–1970) representa el sacrificio en términos abstractos, casi surrealistas, con la figura de Ifigenia reducida a una forma cónica de color negro de la que sobresalen unas piernas anaranjadas. Las formas rojas dentadas que hay detrás de ella sugieren dolor y sangre derramada, mientras que la forma de mesa en la parte inferior parece un altar de sacrificios. Unos brazos espectrales e incorpóreos intentan alcanzar a la joven, ocultando parcialmente una figura irregular con un único ojo que podría representar a Clitemnestra. Como muchas de las pinturas de Rothko de esa época, esta se inspira en la *Orestíada,* trilogía del dramaturgo griego Esquilo. Su intención era dar a conocer los traumas de su época mediante tragedias intemporales. La muerte de un inocente en un periodo conflictivo tenía un significado especial para un artista preocupado por las turbulencias que vivía Europa occidental en ese momento. Según las palabras de Rothko: «La imagen no trata de una anécdota concreta, sino del espíritu del mito, que es genérico en todos los mitos de cualquier época».

**EXEQUIAS**

*Ájax y Aquiles jugando*
c. 540–530 a.C.
Cerámica pintada, técnica de figuras negras
Altura: 61 cm
Museo Gregoriano Etrusco, Museos Vaticanos, Roma

Esta escena de gran carga psicológica no ha quedado registrada en la literatura antigua, pero un espectador griego habría reconocido a los protagonistas y sus implicaciones. Aquiles y Ájax juegan a los dados durante una pausa de la guerra de Troya. La concentración de las figuras, todavía armadas, es evidente: Aquiles saca un cuatro (*tesara*, escrito en una especie de bocadillo de cómic delante de él), mientras que Ájax solo logra un tres *(tria)*. La escena presagia el futuro: Ájax recuperará el cuerpo de Aquiles, muerto en batalla, pero perderá contra Ulises por conseguir la armadura de Aquiles; abrumado por la vergüenza, se empalará con su espada (página siguiente). Aquiles, el mayor guerrero griego, domina no solo el juego, sino también la escena, con la pluma de su casco por encima de la cabeza de su amigo. El nerviosismo de Ájax se expresa sutilmente en su talón izquierdo levantado y en la pierna tensa, una postura que contrasta con la tranquilidad de Aquiles. El exquisito dibujo de Exequias (activo c. 550–525 a.C.), con los detalles incisos en las siluetas negras, le ha valido el apodo de mejor pintor de vasijas griegas; esta pieza, firmada por él como alfarero y pintor y utilizada para contener vino o aceite, se considera su obra maestra.

**EXEQUIAS**

*Suicidio de Ájax*
c. 540 a.C.
Cerámica pintada, técnica de figuras negras
Altura: 45,1 cm
Museo del Castillo, Boulogne-sur-mer, Francia

Vencido por la vergüenza, el héroe griego Ájax se prepara para morir y clava su espada en el suelo para dejarse caer sobre ella. Esta poderosa silueta se concentra en la tensión psicológica del momento, provocando compasión por el héroe deshonrado, pero digno. El innovador alfarero y pintor ateniense Exequias (activo c. 550–525 a. C.) fue un gran narrador. Su tema favorito era la guerra de Troya y parece que tuvo preferencia por Ájax, el más grande de los héroes griegos después de Aquiles. La escena sucede algo después de la célebre composición de Aquiles y Ájax jugando a los dados (página anterior). Aquiles ha sido asesinado y Ájax ha perdido contra Ulises para conseguir la armadura de Aquiles. La derrota lo vuelve loco y mata al ganado de sus compatriotas, convencido de que está asesinando a los griegos. Al recuperar la cordura, se retira a una playa solitaria, donde tiene lugar la última escena del drama. Parte de la tragedia de Ájax, como la ve Exequias, es la soledad y la vulnerabilidad de este valiente héroe. Ájax ha colocado cuidadosamente a su lado el casco, el escudo y la lanza –el mismo equipo que aparece en la escena anterior con Aquiles– y allí permanecerá como recuerdo.

## JACQUES-LOUIS DAVID

*Patroclo*
1778
Óleo sobre lienzo
122,5 x 170 cm
Museo Thomas Henry, Cherburgo, Francia

Solo el arco y las flechas en primer plano sugieren que este podría ser Patroclo, el héroe griego cuya muerte es uno de los puntos de inflexión, y el momento más intenso, de la guerra de Troya tal como la cuenta Homero en *La Ilíada*. El estudio de esta figura lo pintó el francés Jacques-Louis David (1748–1825) en Roma y después lo envió a París para su evaluación, según exigían las condiciones de su beca de cinco años en la Ciudad Eterna. Durante el siglo XVIII, numerosos artistas y diletantes acudieron a Roma para visitar museos, monumentos, antiguas esculturas, ruinas y nuevos hallazgos arqueológicos. Cuando David estuvo en Italia, en 1775, creía que no se dejaría seducir por las obras de la Antigüedad, porque «carecían de vida». Pero al visitar las excavaciones de Herculano y Paestum y las colecciones de Pompeya en Nápoles, dijo que se sentía como si le hubieran operado de cataratas. De vuelta en Roma, revisó la colección de esculturas antiguas en el Museo Capitolino con renovado interés. Para la pose del protagonista de este óleo se basó en *Gálata moribundo*, la escultura más famosa del museo, que era una copia romana de un bronce griego de Pérgamo; David pintó utilizando los contrastes de luz desarrollados por Caravaggio. Más tarde pintó el *Funeral de Patroclo* (1778) y, poco después, desarrolló el estilo neoclásico por el que es famoso.

**ANDREA MARY MARSHALL**

*Autorretrato como Aquiles*
2015
Copia cromogénica
61 x 91,4 cm

Una mujer desnuda, sentada de espaldas a la cámara, agarra una flecha que parece estar clavada en su tobillo. Este autorretrato pertenece a la serie *Diosa* de la artista neoyorquina Andrea Mary Marshall (nacida en 1982), en la que usa fotografía, dibujos a gran escala y escultura de técnicas mixtas para explorar elementos de la mitología griega desde una perspectiva feminista. Aquí, la artista se presenta como Aquiles, el gran guerrero y héroe de la guerra de Troya, que murió tras ser herido en el talón. Si bien el arte de la Antigüedad griega tiene gran atractivo para Marshall, lo que más le interesan son las historias de héroes trágicos cuyos defectos hablan de forma notoria sobre la condición humana. La pose que adopta aquí está inspirada en la escultura *Aquiles moribundo* (1884), del alemán Ernst Herter, que es la pieza central de los jardines del Achilleion en Corfú. Pero mientras que el Aquiles de Herter mira al cielo como si buscara la ayuda divina del Olimpo, la cabeza de Marshall mira hacia abajo: una actualización apropiada para una cultura secular y materialista que no cree en lo sobrenatural. Como reflexión sobre la fuerza y la debilidad, la fotografía de Marshall sugiere que, incluso las mujeres más fuertes, están sujetas, como Aquiles, a los accidentes del destino y a la vulnerabilidad humana.

**GIOVANNI BATTISTA TIEPOLO**

*La furia de Aquiles*
1757
Fresco
c. 3 x 3 m
Villa Valmarana ai Nani, Vicenza

Esta pintura se asemeja a la escena de una gran ópera, congelada en mitad de la acción. Los actores principales se reúnen en el escenario, enmarcados por un arco de mármol a modo de decorado. Al fondo, pintados con un color muy pálido, hay un «coro» de soldados que observa boquiabierto la violencia frustrada que sucede frente a ellos. Aquiles camina hacia el barbudo Agamenón –identificado como líder militar de los griegos por el bastón de mando en su mano izquierda– mientras desenvaina la espada.
El anciano retrocede, protegiendo instintivamente su cuerpo con el brazo. Sin embargo, antes de que Aquiles pueda atacar, aparece la diosa Atenea y lo retiene sujetándole por el cabello. Agamenón había enfadado a Aquiles al raptar a su esclava Briseida. Este fresco, de una serie realizada por Tiepolo (1696–1770) para Villa Valmarana (p. 200), se encargó para entretener a los residentes y los huéspedes de la villa y poner de relieve que sus mecenas conocían *La Ilíada* de Homero, que empieza con esta historia de ira implacable.
Los gestos teatrales y las expresiones exageradas usadas por Tiepolo, lo convirtieron en el preferido por los clientes que buscaban decorados cultos y entretenidos.

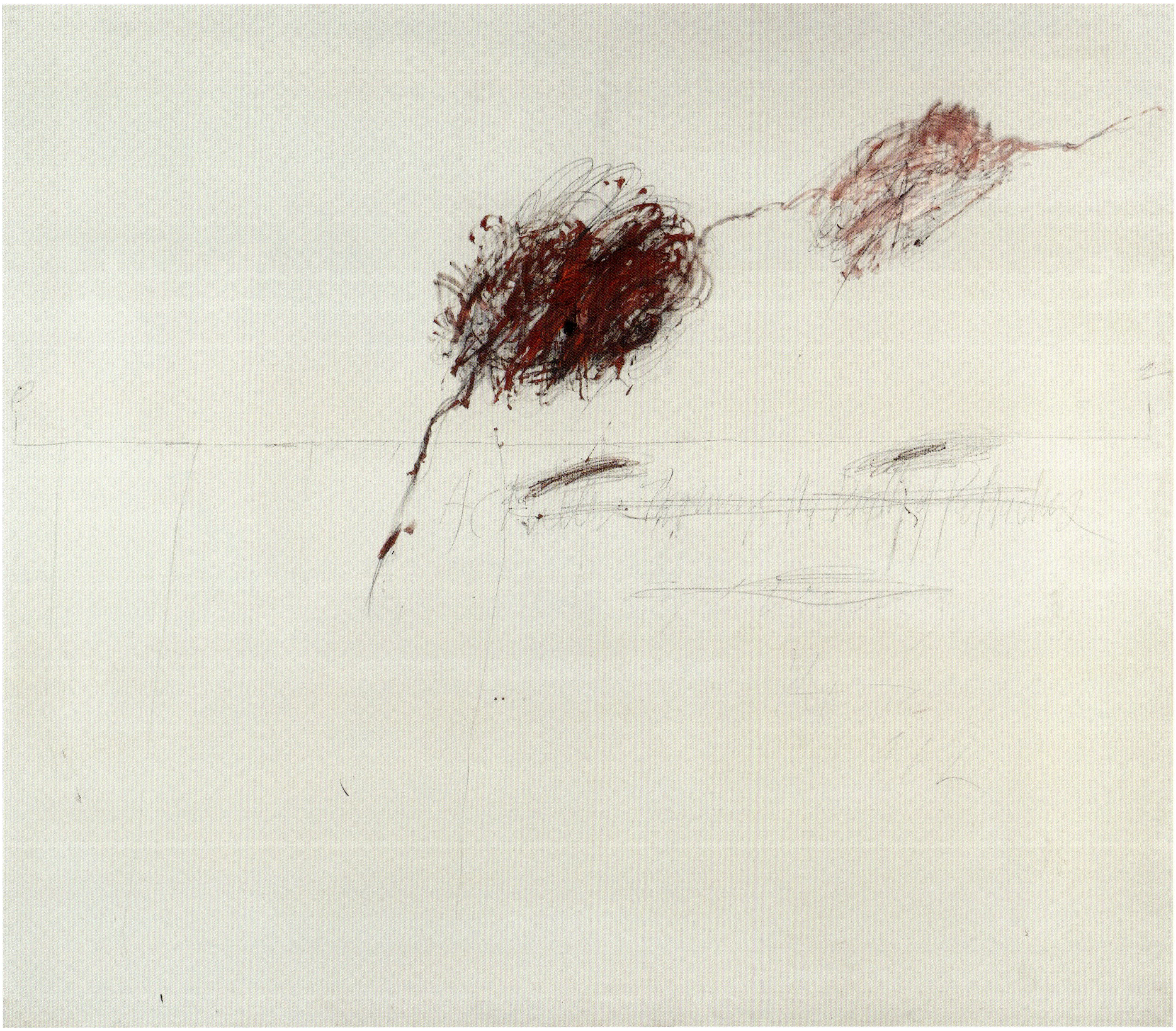

## CY TWOMBLY

*Aquiles llorando la muerte de Patroclo*
1962
Óleo, lápiz y grafito sobre lienzo
259 x 305 cm
Museo Nacional de Arte Moderno, Centro Georges Pompidou, París

Patroclo ha sido asesinado por el héroe troyano Héctor cuando llevaba la armadura de su amigo Aquiles en el campo de batalla: es un punto de inflexión en la guerra de Troya. Aquiles, enfurecido, mata a Héctor, pero *La Ilíada* de Homero describe su intenso dolor, más evocador cuando Patroclo se le aparece en un sueño: Aquiles se le acerca y el alma de Patroclo desaparece entre el humo. Aquí, Aquiles aparece como un garabato rojo en la parte superior de la pintura y parece que agarra la pequeña forma rosa (con el nombre de Patroclo escrito dentro), apenas conectados por una fina línea de lápiz en este instante de la separación final. El rojo intenso representa tanto la ira del héroe (tema central de *La Ilíada*) como su pasión por Patroclo. Para el estadounidense Cy Twombly (1928–2011), ambos son amantes y la desesperada necesidad de no dejar marchar al amado es especialmente poderosa. La obra de Twombly muestra su pasión por el arte, la arqueología y la literatura del mundo antiguo. Se instaló en Roma en 1957 y rechazó el expresionismo abstracto de su época, introduciendo referencias a la mitología y la historia griega y romana y, sobre todo, a la épica homérica.

## EL GRECO

*Laocoonte*
1610–1614
Óleo sobre lienzo
137,5 x 172,5 cm
Galería Nacional de Arte, Washington, DC

Este lienzo es una interpretación libre del relato de Laocoonte en la historia de la guerra de Troya. El Greco (apodo de Doménikos Theotokópoulos, 1541–1614) debía estar familiarizado con la célebre escultura clásica del tema (p. 210) hallada en un viñedo romano un siglo antes, pero aquí prescinde de la precisión geográfica y arqueológica y ubica el relato en las afueras de Toledo (España), donde vivió desde 1577 hasta su muerte. La extrema distorsión de los cuerpos, tan característica de su estilo, dota a la composición de una cualidad tortuosa y agónica. Esta obra de la última época combina la coloración que el artista aprendió en Venecia con una figuración audaz y un gesto expresionista formulado con pinceladas espontáneas y atrevidas. El sacerdote troyano Laocoonte lucha con una larga serpiente que está a punto de clavarle los dientes. A ambos lados están sus hijos, uno luchando con otra serpiente, que le muerde en el costado, y el otro, ya muerto, con la sangre goteando de su cabeza. El castigo a Laocoonte fue por advertir al pueblo de Troya («Temo a los griegos, aun si traen regalos») de que el gran caballo de madera, evocado aquí en la criatura que galopa por las colinas, no era un obsequio, sino una trampa mortal.

RICHARD DEACON

*Laocoonte*
1996
Madera de haya vaporizada, aluminio y pernos de acero
4,3 x 3,6 x 3,6 m
Colección de la Fundación Leschot, Suiza

El grupo escultórico de mármol *Laocoonte y sus hijos* (p. 210) ha fascinado a los artistas desde que se descubrió en 1506. Esta obra de Richard Deacon (nacido en 1949) condiciona la intención narrativa de la escultura –el sacerdote troyano y sus hijos estrangulados y asfixiados por serpientes enviadas por los dioses– a las cualidades formales abstractas. Los sinuosos tubos de madera que se enrollan entre sí con una sensación de dinamismo, reflejan el movimiento envolvente de las serpientes en lugar del de los protagonistas humanos de la historia. Sin parte frontal o posterior definida, la escultura de Deacon anima al espectador a moverse a su alrededor, contemplando y examinando el objeto. Su cristalización del enérgico movimiento destila la vitalidad de la escultura clásica en una línea de fuerza continua. Las costillas de madera no solo recuerdan al esqueleto de una serpiente, sino que también son una expresión visual de velocidad. Aunque el mito original no se menciona (solo en el título), el movimiento creciente y en cascada de la escultura sugiere el poder intimidatorio de la naturaleza frente a la fragilidad humana. Ante la pieza, el espectador puede sentirse tan enredado en sus espirales como el propio Laocoonte.

## AGESANDRO, POLIDORO Y ATENODORO DE RODAS (ATRIB.)

*Laocoonte y sus hijos*
c. 27 a.C.- 68 d.C., posiblemente copia de un original griego helenístico, siglo III-II a.C.
Mármol
Altura: 184 cm
Museo Pío-Clementino, Museos Vaticanos, Roma

Con su maraña de serpientes enrolladas y carne en tensión, *Laocoonte* es una de las obras más conocidas e impactantes, visual y emocionalmente, de la escultura antigua. El sacerdote troyano Laocoonte, castigado por los dioses por tratar de salvar a Troya, se retuerce en el centro, con el torso arqueado de dolor al intentar liberarse de las mordeduras de las serpientes, el rostro angustiado, las extremidades flexionadas tensando su cuerpo en una contorsión que no solo transmite la fuerza de sus movimientos, sino que también señalan la escultura como barroca, rebosante de energía y emoción. A la derecha, su hijo menor se derrumba, quizá ya muerto, su cuerpo flexible como versión familiar del sufrimiento desnudo; a la izquierda, el hijo mayor intenta liberarse y mira con horror a su padre, lo que obliga al espectador a mirar de nuevo el sufrimiento de la figura central. La escultura probablemente se encargó en el período de la dinastía Julio-Claudia y podría pertenecer a un programa más amplio de iconografía política para destacar que la familia imperial descendía del príncipe troyano Eneas: era preciso castigar a Laocoonte para asegurar la caída de Troya, sin la cual Eneas no habría fundado Roma. A parte de esto, la escultura es un impactante recordatorio del peligro de desafiar a los dioses y, por extensión, al emperador.

## MARIA LASSNIG

*Laocoonte mujer*
1976
Óleo sobre lienzo
193 x 127 cm
Neue Galerie Graz, Universalmuseum Joanneum, Austria

Una mujer en cuclillas lucha con una gigantesca serpiente en esta recreación de la historia de Laocoonte realizada por la artista austríaca Maria Lassnig (1919–2014). Aunque es más conocida por sus obras sobre la «conciencia del cuerpo» –autorretratos en los que intenta representar su aspecto exterior y, a la vez, cómo se siente por dentro–, Lassnig también experimentó una gran fascinación por la Grecia clásica. A lo largo de su carrera artística visitó Creta, Chipre y Santorini en repetidas ocasiones y realizó centenares de acuarelas retratando el paisaje y los monumentos antiguos. También grandes pinturas al óleo, como esta, en las que su propia imagen, a menudo sin pelo, sustituía a los protagonistas masculinos de la mitología griega, presentándose a sí misma como Atlas, el rey Minos, Urano, Sísifo, Zeus y, como en este caso, el sacerdote troyano condenado. Mientras que el rostro de Laocoonte en la famosa escultura helenística (página anterior) muestra angustia al sucumbir a la estrangulación, la versión de Lassnig es más ambigua. Su mano izquierda agarra con fuerza la cabeza de la serpiente, pero su cuerpo no está en tensión, solo parece mantener a la bestia en equilibrio. ¿Se está resignando a su suerte o ha conseguido someter a su adversario? La artista deja que el espectador decida cómo acaba esta historia.

## ARTISTA DESCONOCIDO

*Caballo de Troya*
c. 675–650 a.C.
Terracota
Altura: 140 cm
Museo Arqueológico, Miconos, Grecia

Se trata de la representación más antigua de una de las historias griegas mejor conocidas: el caballo de Troya. Esta decoración en relieve del siglo VII a.C. adorna el cuello de un gran jarrón de almacenamiento o ánfora descubierta en 1961 por un granjero en la isla de Miconos, con huesos humanos en el interior. En esta escena animada, el caballo va sobre ruedas y atestado de soldados griegos, visibles detrás de las ventanas que recorren el cuerpo del animal hasta el cuello. Otros guerreros griegos, con cascos ornamentados, lanzas y escudos con umbos, rodean al caballo, algunos intentando descender de él o subir (se muestran de perfil, según la convención griega arcaica). El caballo, elemento clave para la derrota de Troya, se representa con minuciosos detalles, desde la crin hasta los tendones de las patas traseras. Debajo de esta escena, el cuerpo del ánfora se halla cubierto por tres hileras de pequeños relieves que representan el saqueo de la ciudad y la matanza de mujeres y niños. La decisión del artista de enfocar la acción en el asesinato de ciudadanos indefensos y no en el campo de batalla parece ser un intento de matizar la célebre victoria griega, provocando simpatía hacia las víctimas.

**ARTISTA DESCONOCIDO**

*El caballo de Troya*
Siglo I d.C.
Fresco
40 x 62 cm
Museo Arqueológico Nacional, Nápoles

Virgilio narró la historia de la caída de Troya en su poema épico *Eneida* (siglo I a.C.), una celebración de la gloria de Roma y del emperador Augusto a través de la historia del héroe troyano Eneas; él escapa de Troya mientras la ciudad arde para cumplir su destino de fundar Roma. Este relato se debió de conocer bien en Pompeya. La pintura mural representa el momento en que el caballo es arrastrado por los troyanos hasta las puertas de la ciudad, sin saber que dentro del animal se esconden Odiseo (Ulises) y un grupo de héroes griegos que van a saquear la ciudad, poniendo fin a una guerra de diez años. Un grupo de troyanos tira de las cuerdas, mientras que otro alumbra el camino con antorchas; el caballo es casi tan alto como las murallas, a la derecha de la pintura. En una esquina, los sacerdotes troyanos inclinan la cabeza agradeciendo a los dioses por lo que creen un feliz acontecimiento, suponiendo que el caballo es una oferta de paz del ejército griego derrotado. El centro emocional de la escena es la figura de Casandra, a la izquierda, con una sirvienta y arrodillada para rezar a su protectora, Atenea. La hija del rey Príamo y la reina Hécuba estaba condenada por Apolo a decir la verdad y no ser creída. Es el momento más dramático de su historia, pues ella conoce el destino de Troya y también su trágico final: hecha prisionera del rey griego Agamenón, será asesinada por la esposa de este, Clitemnestra, al poco de llegar a Micenas.

## HELEN FRANKENTHALER

*Las puertas de Troya*
1955
Óleo y esmalte sobre lienzo
182,9 x 124,1 cm
Museo de Arte Moderno, Nueva York

Durante diez años, los troyanos habían mantenido a raya a los griegos. A pesar del asedio y los ataques, las puertas de Troya se mantuvieron cerradas, impenetrables. Sin embargo, hay un sorprendente sentido dinámico en este lienzo casi abstracto, en el que un par de imponentes y oscuras puertas negras dividen el cielo y la tierra en el centro de la tela, proyectando su larga sombra hacia el extremo inferior y más allá del espectador. Helen Frankenthaler (1928–2011) –gran pintora abstracta norteamericana, a menudo marginada, pionera de la pintura de campos de color– muestra un resquicio de luz que entra por las murallas, como si capturara el instante en el que los incautos troyanos abren las puertas para recibir el supuesto obsequio de sus enemigos. En primer plano, un curioso paisaje blanco articulado por manchas azul oscuro podría recordar, con un poco de imaginación, un caballito de juguete sobre una base plana. Las puertas se vuelven antropomórficas: el resquicio evoca una figura humana con los brazos extendidos, como si acogiera un regalo; alternativamente, las vetas negras podrían representar a los soldados griegos saltando para tomar por sorpresa a los troyanos, todavía dormidos. Detrás de las puertas, el cielo azul opaco se ve interrumpido por formas salvajes y marcas inesperadas, como para demostrar que la ciudad está siendo arrasada. Impactante pero incierta, la alusiva abstracción de Frankenthaler capta la imaginación tan vívidamente como el mito que la inspira.

## ARTISTA DESCONOCIDO

*El caballo de Troya entrega su carga*
Finales del siglo xv
Colores sobre pergamino
38 x 27 cm
Biblioteca Nacional de Francia, París

El artista anónimo del siglo xv ha comprimido hábilmente el tiempo para mostrar las distintas etapas de la derrota de Troya en una única ilustración. En primer plano están los soldados griegos ocultos dentro del caballo de Troya, rompiendo las murallas de la ciudad; en el plano medio, los griegos marchan hacia el centro de la ciudad, mientras que en el fondo se ven los cadáveres esparcidos en la plaza y las llamas sobre los tejados. Troya se representa como una ciudad medieval europea, con su arquitectura gótica captada con gran detalle. La ilustración forma parte del manuscrito *Le recueil des histoires de Troye* (La recopilación de las historias de Troya), escrito hacia 1464 por Raoul Lefèvre, capellán de Felipe el Bueno, duque de Borgoña. Felipe encargó esta recopilación para acompañar la anterior *Histoire de Jason* (Historia de Jasón, c. 1460), también de Lefèvre. Las dos obras convierten las leyendas griegas en relatos caballerescos, presentando a los héroes como fundadores míticos de la dinastía borgoñona. Felipe se sintió atraído por la leyenda de Troya para glorificar y fortalecer su posición –la mayoría de los monarcas europeos remontaba su linaje a los reyes troyanos–. Las conquistas de los argonautas tuvieron especial resonancia en la época de las cruzadas; Felipe creó una Orden del Vellocino de Oro en 1430 y, en 1454, se comprometió a librar la guerra santa contra los turcos.

## RAFAEL Y SU TALLER

*El incendio del Borgo* (detalle)
1514–1517
Fresco
Ancho (todo el fresco desde la base): c. 6,7 m
Palacio Pontificio, Vaticano, Roma

En este detalle de un fresco realizado para una habitación de los apartamentos privados del papa León X (papado de 1531 a 1521), un joven lleva a un anciano sobre su espalda. El sutil entrelazamiento de sus cuerpos dota de ternura a su relación y sugiere que podrían ser padre e hijo. El joven toma con delicadeza la muñeca del anciano con la mano, como si fuera consciente de su fragilidad física. Aunque el fresco de Rafael (Raffaelo Sanzio, 1483–1520) del que forma parte esta escena representa un episodio de la historia medieval, esta figura en concreto recuerda un episodio de un relato mucho más antiguo: el de Eneas y Anquises. Eneas rescata a su padre Anquises y su hijo Ascanio del incendio de Troya. El niño que mira al joven podría ser Ascanio. A pesar de que el tema del fresco tiene lugar siglos después de la narración clásica, la yuxtaposición de relatos podría ser intencionada. Se creía que Eneas era el legendario fundador de Roma y, a menudo, lo pintaron artistas renacentistas y barrocos que vivían en la ciudad. Incluir estas figuras clásicas era una manera de crear un hilo conductor entre los distintos periodos de la historia y hallar correspondencias entre ellos.

## GIAN LORENZO BERNINI

*Eneas y Anquises*
1618–1619
Mármol
Altura: 2,2 m
Galería Borghese, Roma

El joven héroe Eneas, desnudo salvo por un paño entre las piernas, rescata a su anciano padre Anquises del incendio de la ciudad de Troya, mientras que su hijo Ascanio le sigue detrás. Bernini (1598–1680) crea un conjunto que reúne tres generaciones, la más joven sosteniendo a la más anciana. Anquises es frágil en comparación con su hijo, aunque sus extremidades nervudas siguen reflejando vitalidad. Se sube con torpeza sobre el hombro de su hijo y sostiene una pequeña escultura, dentro de otra escultura, que representa a los *penates*, los dioses del hogar, en cuya base se guardan las cenizas de los ancestros. La pequeña escultura votiva simboliza la generación que precede a Anquises. El cuerpo de Ascanio, oculto detrás de su padre en esta imagen, ofrece apoyo a toda la pieza; sostiene una lámpara de aceite, símbolo del hogar y de la continuidad del linaje familiar. Esta escultura fue la primera de una serie de encargos que realizó el cardenal Scipione Borghese, en cuyo palacio romano se exhiben actualmente. Dado que, según la leyenda, Eneas era el fundador de Roma, el tema se consideraría adecuado para su ubicación. La evocación de una genealogía fuerte y heroica debió, sin duda, complacer al cliente.

## ADAM ELSHEIMER

*El incendio de Troya*
Posterior a 1601
Óleo sobre cobre
36 x 50 cm
Alte Pinakothek, Múnich

Eneas, vestido de soldado romano, huye de la destrucción de Troya en la oscuridad de la noche, con su padre Anquises sobre la espalda y el resto de la familia a su alrededor. Cientos de troyanos –algunos desnudos y otros con ropas del siglo XVII– escapan cuesta abajo de la ciudad en llamas. El caballo de Troya, levemente iluminado, puede verse casi en el centro de la pintura, con los últimos guerreros griegos saliendo de su interior. Los incendios se propagan por la ciudad y el resto de la escena está iluminado por la luz de las lámparas y las antorchas, a menudo con pequeños toques brillantes. El artista alemán Adam Elsheimer (1578–1610) pasó gran parte de su vida en Roma, donde llegó a ser conocido como *il diavolo per gli cose piccolo* («un diablo para los detalles») y elogiado por sus escenas nocturnas y por pintar grandes temas en formatos muy pequeños. Era un perfeccionista obsesivo que trabajaba casi como un miniaturista; empleaba óleo sobre cobre, a menudo cubierto con una aleación de color plateado para reforzar la luminosidad. Elsheimer basó su visión del saqueo de Troya en la historia de Eneas que aparece en la *Eneida* de Virgilio, describiendo la catástrofe con notable realismo y empatía. En medio de la confusión y el pánico, la intención de la mayoría de los ciudadanos es escapar, pero algunos intentan salvar todo lo que pueden: bienes domésticos, animales e, incluso, un pesado arcón.

## ARTISTA DESCONOCIDO

*Polifemo*
c. 150 a.C. o posterior
Mármol
Altura: 38,3 cm
Museo de Bellas Artes, Boston

Esta cabeza de Polifemo –reconocible por su único ojo– pertenecía originalmente a un grupo escultórico que debió decorar una fuente pública o el jardín de una villa privada. El cabello rebelde del cíclope, su ceño fruncido y la poblada barba revelan un carácter indómito y una violencia animal, aunque aquí parece sorprendentemente calmado. Este Polifemo no está borracho ni dormido, ni enfurecido por el dolor, lo que hace pensar que el grupo al que pertenecía esta cabeza no representaba su cegamiento, sino, quizá, su cortejo a la ninfa Galatea: sus labios se separan como si estuviera a punto de cantar, el ojo cegado por el amor, como lo describe Ovidio en su obra *Metamorfosis*. El mito habría sido apropiado para una fuente o un jardín acuático y la evidencia de otros frescos coetáneos –como el de la villa imperial de Boscotrecase, cerca de Pompeya– hacen imaginar al gigante sentado en una roca contemplando a la ninfa, que podría estar en el agua, indiferente al cortejo. El espectador que se aproxima a la escultura asume el papel del desafortunado amante de Galatea, Acis, cuya visión despierta en Polifemo una furia asesina.

## ODILON REDON

*El cíclope*
c. 1914
Óleo sobre cartón montado sobre panel
63,5 x 50,8 cm
Museo Kröller-Müller, Otterlo, Países Bajos

Desde detrás de una roca, el cíclope Polifemo mira anhelante a la ninfa Galatea dormida. En *La Odisea* de Homero, Polifemo es un gigante feroz y devorador de hombres, pero aquí se muestra como una gentil criatura enamorada. Odilon Redon (1840–1916) basó esta pintura en el relato de Ovidio sobre el amor no correspondido del cíclope y Galatea; el objeto de su pasión le rechaza por Acis, un bello pastor. Más tarde, el celoso Polifemo mata a Acis, pero la pintura de Redon se centra en el amor ciego del gigante. La belleza de Galatea contrasta con la fealdad de Polifemo, que el artista enfatiza colocando al cíclope detrás de una roca y a la ninfa en medio de un paisaje exuberante. Con los ojos cerrados, Galatea habita en el mundo de los sueños, mientras Polifemo la observa atentamente con su único ojo. Redon estaba muy interesado en la naturaleza y la función de los ojos y se inspiró en los descubrimientos científicos del siglo XIX sobre la visión ocular. Sin embargo, como pintor simbolista, el francés practicó un estilo subjetivo y onírico que tiende hacia el subconsciente. Esta pintura también puede interpretarse como un presagio de la Primera Guerra Mundial, en la que el cíclope representa la amenaza inminente de violencia.

## BAI YILUO

*Civilización*, 2007
12 bustos de cerámica con peanas, horcas
Altura (cada uno): 160 cm
Vista de la instalación, Saatchi Gallery, Londres

Doce bustos clásicos montados sobre peanas han sido perforados violentamente con grandes horquillas. Entre las cabezas ensartadas hay emperadores y filósofos, junto con otras figuras cuyas identidades hace tiempo que se olvidaron o nunca fueron conocidas por el público actual. Pero sus identidades no son tan importantes como lo que representan. Para Yiluo (nacido en 1968), los bustos encarnan la civilización occidental, mientras que los utensilios agrícolas sugieren un cambio en la dinámica de poder y la destrucción de la cultura a manos de bárbaros o fuerzas revolucionarias. Las horquillas perforan los ojos de varios bustos recordando indirectamente el mito del cíclope cegado, en especial al del grupo de Sperlonga, un conjunto de esculturas antiguas que muestran episodios de *La Odisea* y que se descubrió en Italia, cerca de la antigua villa del emperador romano Tiberio (p. 227). La dramática escena central de esta obra, Polifemo cegado, se compone de una combinación similar de fragmentos clásicos y una lanza en diagonal. Además de todo esto, la instalación de Yiluo evoca un tema clásico en la épica y la tragedia: el de la ceguera frente al conocimiento o la clarividencia. El ciego Polifemo personifica este tema y Yiluo, aludiendo indirectamente al mito antiguo, favorece la reflexión sobre civilización y salvajismo, educación e ignorancia.

## JAIME PITARCH

*Cíclope,* 2007
Gafas desmontadas y reconstruidas
9 x 7 x 16 cm

Para esta escultura, el artista español Jaime Pitarch (nacido en 1963) desmontó un par de gafas y luego las reconstruyó como una pieza de lente única. Aunque lleva el nombre del mítico cíclope, este objeto rediseñado no serviría al ciego Polifemo, cuyo único ojo fue arrancado por Ulises y sus hombres. Ni tampoco ayudaría a un cíclope miope, pues es demasiado pequeño para caber en una cabeza humana y menos aún en la de un gigante tuerto. Es un objeto inútil, típico de la obra de Pitarch, que despoja de funcionalidad los objetos cotidianos. Al rechazar un objeto diseñado para mejorar la vista, Pitarch invoca el tema de la ceguera, que no solo es el centro del mito del Cíclope, sino que prevalece en la literatura antigua como metáfora de la incertidumbre y la ignorancia. Para Pitarch, la era posindustrial en la que vivimos es tan compleja que resulta imposible entender por completo sus estructuras y sistemas. Así como el Cíclope quedó apartado del mundo por la ceguera y la reclusión, también nosotros a menudo estamos ciegos a las complejidades de la vida en el mundo moderno. La sensación de desplazamiento y alienación es parte esencial de esta y otras obras de Pitarch.

## WILLIAM BAZIOTES

*Cíclope*
1947
Óleo sobre lienzo
121,9 x 101,6 cm
Instituto de Arte de Chicago

Hay algo primitivo en el color carne de esta interpretación amorfa del Cíclope, obra del estadounidense William Baziotes (1912–1963). La figura recortada que llena la mayor parte del lienzo se compone de una enorme cabeza con un único ojo azul, cuello y dos extremidades sobre un fondo verde. La cabeza aparece vuelta hacia arriba y lo que podría ser la boca es una línea en zigzag, como si emitiera un sonido incoherente. A diferencia del monstruo del relato épico de Homero, que devoraba a los hombres de Ulises, este parece más vulnerable que amenazador, encaramado solo en su silla en lugar de preparado para el ataque. En los años previos a la Segunda Guerra Mundial, Nueva York se convirtió en refugio para los surrealistas europeos que huían del fascismo. A Baziotes le influyeron las ideas surrealistas sobre el dibujo automático y la exploración del subconsciente. A menudo se le asocia con los expresionistas abstractos –era amigo íntimo de Jackson Pollock, de su compañero Lee Krasner y de Robert Motherwell, y participó en exposiciones en la galería Art of This Century de Peggy Guggenheim, descubridora de muchos artistas de su grupo–, pero su obra conservó una cualidad distintiva más vinculada al surrealismo. Desde mediados de los años cuarenta, sus obras se volvieron más líricas e inquietantes, compuestas de formas orgánicas simplificadas flotando en brumosos fondos pastel, como este Cíclope abstracto.

## PINTOR DE POLIFEMO

*El cegamiento de Polifemo*
c. 670–650 a.C.
Terracota pintada
Altura: 1,42 m
Museo Arqueológico, Eleusis, Grecia

Esta gran ánfora, usada para guardar aceitunas, vino o aceite, fue reutilizada como urna funeraria para un niño. Hallada en Eleusis, está decorada en el cuello con una representación del cegamiento de Polifemo: el cíclope se sienta de perfil, a la derecha, mientras Ulises, enmarcado en blanco, avanza con dos de sus compañeros desde la izquierda y se impulsa hacia arriba para clavar la estaca en el ojo del gigante. El artista ha detenido el tiempo, representando de forma simultánea lo que en la epopeya de Homero son varios episodios: Polifemo todavía está bebiendo el vino que le dormirá y permitirá el ataque de Ulises y, al mismo tiempo, parece que se está arrancando la estaca después de su mutilación, aullando de dolor. El espacio también es flexible: partes del cuerpo se deslizan sobre el borde del friso, mientras que la estaca traza la línea interior del marco del dibujo. Esta inestabilidad representativa prevalece sobre la huida inminente de los griegos de su cueva-prisión; en un contexto funerario, también sugiere los límites difusos entre la vida y la muerte. En el cuerpo del recipiente se ha pintado a Perseo huyendo de la Gorgona con la cabeza de Medusa, otra evasión que depende de no ser visto. Si se interpreta junto al episodio de Polifemo, podría sugerir que la liberación del espíritu del niño difunto también depende de que no miremos de cerca la urna.

## ARTISTA DESCONOCIDO

*El cegamiento de Polifemo*
c. 15–20 d.C.
Mármol
c. 3,5 x 6 m
Museo Arqueológico Nacional y Gruta de Tiberio, Sperlonga, Italia

En el siglo I d.C., las cenas del emperador romano Tiberio en su pabellón de banquetes de verano eran un gran acontecimiento. El *triclinium* (comedor) al aire libre estaba situado frente a una gruta natural a orillas del mar. En la entrada y el interior de la cueva había una serie de grupos escultóricos que ilustraban episodios de *La Odisea* o, quizá, de la *Eneida*. Este gran conjunto, que representa a Ulises (Odiseo) y sus compañeros cegando al gigante Polifemo, encontró en la parte posterior de la gruta un perfecto espacio natural para reproducir la cueva oscura del contexto literario. El efecto teatral se mejoró con lámparas escondidas detrás de máscaras grotescas; se pedía a los invitados que se sentaran a contemplar la escultura o caminaran a su alrededor, como si formaran parte de la escena. En el año 26 d.C., durante un banquete, se produjo un gran desprendimiento de rocas que mató a muchos asistentes, aunque Tiberio pudo escapar; tras este episodio, el lugar fue abandonado. La gruta y todo su contenido cayeron en el olvido hasta 1957, cuando se redescubrió; las esculturas habían quedado reducidas a escombros. Los arqueólogos pudieron reconstruir partes de los cuatro grupos escultóricos principales. La reconstrucción se basó en evidencias procedentes de hallazgos, conjeturas e imaginación.

## PELLEGRINO TIBALDI

*Polifemo y la huida de los griegos*
1550–1551
Fresco
Palacio Poggi, Bolonia

Pellegrino Tibaldi (1527–1596) recibió el encargo de diseñar los frescos para los techos de dos grandes salas del palacio Poggi de Bolonia, residencia privada de Giovanni Poggi. Como nuncio papal –una especie de diplomático religioso–, Poggi pidió escenas relacionadas con viajes y exploraciones y, de ahí, los viajes de Ulises (Odiseo). En vez de ilustrar esos relatos, Tibaldi los replanteó como una épica burlona, inyectando ironía y trivialidad en unas historias habitualmente heroicas. Aquí, el cegado Polifemo sale de su cueva agitándose inútilmente mientras intenta localizar a Ulises y sus compañeros. Debajo de él, los hombres escapan cubiertos con las pieles de las ovejas del cíclope, escabulléndose del gigante. Ulises, que en un momento de orgullo revela su nombre a Polifemo, no puede dejar de mirar al gigante mientras escapa. Se quita la piel de oveja, mira hacia arriba y casi es aplastado por el gigantesco dedo del monstruo. Los artistas manieristas, como Tibaldi, solían interpretar la mitología clásica de forma humorística y muy caprichosa. Los frescos eran un entretenimiento en el palacio de Poggi, una interpretación deliberadamente exagerada y teatral que debió divertir y excitar a los huéspedes del nuncio papal.

## ROMARE H. BEARDEN

*El cíclope*
1977
*Collage* de varios papeles con grafito sobre fibra de madera
36,8 x 27,9 cm
Colección privada

Esta imagen del artista afroamericano Romare H. Bearden (1911-1988) pertenece a su serie de *collages* de 1977, titulada *Una odisea negra*, que era una reinterpretación del poema épico de Homero en la que sus protagonistas negros desafían la hegemonía blanca característica de los héroes históricos y la mitología clásica. En *El cíclope*, el monstruo de un solo ojo se asoma de su cueva rocosa, con la lengua sobresaliendo de la boca en una mueca. Un buitre negro con el ojo rojo se posa en un saliente, acentuando la sensación de amenaza. Bearden utiliza colores brillantes y formas recortadas para representar un paisaje fantástico que parece complicar aún más el relato de Homero sobre un aterrador reino de gigantes devoradores de hombres. La colosal escala del cíclope comparada con la de los guerreros de Ulises, empequeñecidos a bordo de su barco que se aleja hacia la isla, presagia una confrontación mortal entre el hombre y el monstruo. Bearden desarrolló su característico estilo de *collage* con representaciones dinámicas de escenas de Harlem y de rituales religiosos y espirituales. *Una Odisea negra* recuerda los colores brillantes de la última etapa de Henri Matisse, quien, como Bearden, se inspiró en los ritmos liberadores del jazz y en las pinturas negras de los antiguos jarrones atenienses. La serie traza paralelismos entre el viaje de Ulises y la migración de afroamericanos de los estados del sur al norte de Estados Unidos y también evoca temas relacionados con el desplazamiento, la injusticia y la opresión.

## PINTOR DE SAFO (ATRIB.)

*Ulises atado al vientre de un carnero*
c. 510 a.C.
Terracota pintada, técnica de figuras negras
Altura: 34 cm
Badisches Landesmuseum, Karlsruhe, Alemania

La parte frontal de esta vasija representa a un Ulises barbudo escapando de la cueva de Polifemo bajo el vientre de un carnero. Fue un motivo popular en este tipo de vasijas para aconsejar al espectador que no se emborrachase como el desafortunado cíclope. Insistiendo en la analogía, el artista ha llenado el espacio alrededor de la pareja con palabras sin sentido, aludiendo a la embriaguez de Polifemo y al juego de palabras de Ulises (este había dicho a Polifemo que su nombre era Outis, «nadie» en griego. Cuando, al oír sus gritos, los cíclopes vecinos preguntaron quién le estaba atacando, Polifemo exclamó: «¡Outis!», y nadie acudió en su ayuda.) Inusualmente, se muestra a Ulises empuñando su espada, con la cabeza en la dirección hacia donde avanza, quizá para señalar su valentía al enfrentarse al monstruo. En el reverso se ve una decoración con seis amazonas armadas –enemigas tradicionales de los griegos e identificables por sus ropas orientales– montadas en un veloz carro tirado por cuatro caballos. Por lo tanto, la fuga de Ulises se convierte en una partida hacia la batalla, pero que queda socavada por su ridícula posición debajo del carnero, convirtiéndola en una persecución cómica. Como tal, es Ulises, y no Polifemo, quien ofrece un modelo negativo para quien mire la vasija, indicando que beber en exceso puede comprometer incluso a un héroe homérico.

**HENRY FUSELI**

*Ulises escapa de Polifemo ciego*
1803
Óleo sobre lienzo
92 x 72 cm
Colección privada

Un gigante de aspecto abatido, con la cabeza inclinada, se agacha en la boca de una cueva y cubre la cuenca vacía del ojo con una mano, mientras que con la otra acaricia a una de sus ovejas. Por debajo del animal sobresale un par de piernas humanas, lo que el gigante ignora. Es el ciego Polifemo, el cíclope que perdió la vista a manos de Ulises. En esta obra, el artista suizo Henry Fuseli (1741–1825) muestra al astuto héroe y sus hombres escapando de su captor ocultos bajo sus ovejas. Pero el foco de la composición no son los griegos, sino el cíclope, cuyo lenguaje corporal sugiere una gran y profunda tristeza. Desesperado por la pérdida de la visión, aparece aquí como una criatura trágica, digna de simpatía. El uso que hace Fuseli de la iluminación subraya el contraste entre la ceguera y la visión, un tema clave del episodio homérico. La luz del amanecer se proyecta en la entrada de la cueva, bañando la espalda del cíclope, mientras que la oveja está iluminada por una fuente no identificada. Esta iluminación artificial del animal y de Ulises otorga al espectador la capacidad de percibir lo que está oculto para el gigante ciego.

EDIPO

Y LA

ESFINGE

DESTINO

SIN

ESCAPATORIA

La historia de Edipo, tal como la cuenta Sófocles, dramaturgo griego del siglo v a.C., se ha convertido en uno de los mitos antiguos con mayor repercusión actual. A Sigmund Freud, padre del psicoanálisis, le fascinaba la obra de Sófocles, *Edipo rey*, por el tema del autoconocimiento y la forma en que se va abriendo camino paulatinamente a través de un proceso doloroso y acumulativo.

Edipo, que era descendiente de Cadmo, hermano de Europa (p. 251), emigró a Tebas. Los tebanos vivían aterrorizados por la Esfinge, un híbrido de león, ave y mujer, que protegía la entrada y solo permitía el acceso a los viajeros que respondían correctamente al enigma que les planteaba: «¿Qué animal anda a cuatro patas por la mañana, a dos a mediodía y a tres por la noche?». Edipo rompió el dominio de la criatura sobre Tebas al resolver el enigma: «el hombre» (gatea al inicio de su vida, camina sobre dos pies en la edad adulta y se ayuda de un bastón en la vejez). La pintura de Moreau, de 1864 (p. 234), muestra a la Esfinge lanzando una seductora mirada femenina a un escéptico y desnudo Edipo. En *El beso de la Esfinge*, fantasía decimonónica de Franz von Stuck (p. 238), el abrazo se vuelve carnal y mortífero: el artista se retrata a sí mismo sucumbiendo al irresistible encanto de la Esfinge.

Al resolver el enigma, Edipo venció al embrujo mortal de la Esfinge, que se devoró a sí misma. Él se convirtió en el rey de Tebas y se casó con Yocasta, viuda del rey anterior, Layo. Al inicio de la obra de Sófocles, Edipo gobierna Tebas desde hace años cuando una plaga cae sobre la ciudad. Un oráculo anuncia que la plaga desaparecerá cuando se identifique y elimine al asesino de Layo. En el transcurso de la obra queda claro que Edipo fue el asesino de Layo. Este y Yocasta habían tenido un bebé y un oráculo predijo que ese niño asesinaría un día a su progenitor; para evitarlo, lo dejan en la ladera de una montaña para que muera. Pero el bebé (Edipo) es rescatado y entregado al rey y la reina de Corinto, que lo crían como si fuera suyo. Cuando Edipo crece, un oráculo le avisa que asesinará a su padre y se casará con su madre, por lo que abandona Corinto y a sus supuestos padres para huir de su destino. En su viaje hacia Tebas, se pelea con un extraño y le mata.

Solo más tarde, por las revelaciones de los mensajeros y sus propias y escalofriantes deducciones, Edipo se da cuenta de que sus «padres» de Corinto no eran tales y que el hombre que mató en el camino era Layo, su verdadero padre. Más terrible aún fue comprender que Yocasta, su esposa y madre de sus hijos, era su propia madre. Horrorizado, Edipo se arrancó los ojos y abandonó la ciudad. Su automutilación es recreada como una sangrienta pieza *gore* por el vienés Hermann Nitsch (p. 242), cuya obra es una expresión sensacionalista de la teoría freudiana.

Para Sigmund Freud, la historia de Edipo encarna un aspecto crucial y olvidado de la sexualidad masculina: la tendencia del niño a dirigir su incipiente sexualidad hacia su madre y canalizar sus primeros instintos de celos hacia su padre. Que Edipo se arranque los ojos es una señal de la negación de los hombres a reconocer sus impulsos inconscientes. La historia es también un relato de soberbia y arrogancia: el pecado de Edipo (matar a Layo), su deseo tiránico de saber más y su convicción de poder cambiar el destino, sellan su perdición.

## GUSTAVE MOREAU

*Edipo y la Esfinge*
1864
Óleo sobre lienzo
206,4 x 104,8 cm
Museo Metropolitano de Arte, Nueva York

En medio de un paisaje rocoso, un joven delgado y desnudo sostiene una larga lanza mientras una criatura alada, con cabeza y senos de mujer y cuerpo de leona, se aferra agresiva a su torso, mirándole fijamente. Esta llamativa pintura ilustra el momento en que Edipo se enfrenta con la monstruosa Esfinge, que desafía al héroe a resolver su enigma. En primer plano se ven los espeluznantes restos de las víctimas que no han respondido correctamente a la bestia: huesos humanos, un pie y una mano encrespada, ejecutados con asombroso detalle. El pintor francés Gustave Moreau (1826–1898) eligió este episodio mitológico, en parte, porque admiraba la versión del tema hecha, en 1808, por Jean Auguste Dominique Ingres (p. 239). Aunque la historia era conocida en su época, el estilo de Moreau se distanciaba del movimiento realista dominante en la década de 1860. Se ha sugerido que su interés por el tema, que retomó varias veces, está relacionado con una preocupación creciente en Francia por la aparición de mujeres con poder social y político. Fue, sobre todo, el filósofo Pierre Joseph Proudhon quien instó a los hombres a someter a las mujeres para evitar, según decía, la degeneración cultural. Moreau quizá simpatizaba con las ideas de Proudhon y orientó su pintura como una victoria del hombre sobre un monstruo femenino.

## PINTOR DE EDIPO (ATRIB.)

*Edipo y la Esfinge*
c. 470–460 a.C.
Terracota pintada, técnica de figuras rojas
Altura: 7,2 cm
Museo Gregoriano Etrusco, Museos Vaticanos, Roma

Vestido con atuendo de viajero y sentado en una roca, Edipo resuelve el enigma planteado por la Esfinge de Tebas. Con la cabeza apoyada en una mano, en una postura contemplativa que más tarde popularizaría *El pensador* de Rodin (1903), el héroe responde a la bestia, que le mira desde lo alto de una columna jónica, una posición que la imbuye de una autoridad casi divina. Esta escena está pintada en el interior de una copa griega; en el exterior, un grupo de sátiros borrachos cuyas cuerpos vacilantes parodian la solución del enigma: uno se balancea sobre una pierna mientras orina en una jarra y las piernas enredadas de otros dos se convierten en cuatro cuando bailan, un niño sátiro es golpeado con una sandalia y su torturador se sostiene momentáneamente sobre tres piernas. Solo un sátiro mira más allá del friso y se encuentra con la mirada del espectador. Sostiene un ánfora de vino y su imagen refleja la del espectador, invitándole a la fiesta. El espectador vería a estos sátiros antes que la Esfinge del interior y así entendería la comedia –y la amenaza– de sus poses al terminar el vino. De repente, frente a la Esfinge y su temible cuerpo de leona, podía replantearse no seguir bebiendo como los sátiros.

**FERNAND KHNOPFF**

*El arte de la Esfinge*
1896
Óleo sobre lienzo
151 x 50,5 cm
Museos Reales de Bellas Artes de Bélgica, Bruselas

Esta enigmática escena socava la versión habitual del encuentro entre Edipo y la Esfinge: en lugar de enfrentarse con un monstruo feroz que ha asesinado a innumerables predecesores, Edipo es acariciado por una seductora hembra cuyo cuerpo recuerda al de un guepardo. La Esfinge cierra suavemente sus ojos felinos, mientras que el hombre parece calmado y poderoso, mirando con confianza al espectador. La figura de la *femme fatale* fue relevante en el arte flamenco y alemán de finales del siglo XIX, reflejando los debates críticos de género que a menudo reducían a las mujeres a tentaciones sexuales o histéricas. El pintor simbolista belga Fernand Khnopff (1858–1921) era conocido por imbuir sus obras de formas misteriosas. Aquí, por ejemplo, Edipo lleva un bastón adornado y está en un paisaje árido salpicado de columnas corintias e inscripciones que recuerdan a jeroglíficos; la pintura evoca varias culturas de la antigüedad, desde los griegos a los egipcios, sugiriendo multitud de símbolos de poder y dominio. Los diversos títulos de la obra (también se la ha llamado *La caricia* o *Las caricias)* reflejan las múltiples interpretaciones que pueden atribuirse a la pintura. Una de ellas sugiere que la hermana del artista, Marguerite, fue la musa de Khnopff para Edipo, cuya característica mandíbula da al protagonista un aire andrógino.

## FRANZ VON STUCK

*El beso de la Esfinge*
1895
Óleo sobre lienzo
163 x 146 cm
Museo de Bellas Artes, Budapest

En esta dramática y altamente sensual interpretación del mito de Edipo, el pintor simbolista alemán Franz von Stuck (1863–1928) muestra al héroe en un abrazo mortal con una Esfinge *femme fatale*, ambos eclipsados por un cielo del color de la sangre coagulada. Ella se inclina sobre una losa rocosa y rodea a Edipo con sus garras de león, impidiendo que huya con su brazo musculoso, mientras él cae de rodillas. Atrapados en un beso erótico, sus cuerpos ocupan por completo el espacio pictórico. La carne pálida y mortal de la Esfinge, con moteados azules y amarillos que le confieren un aspecto magullado, la asemejan a un vampiro chupando la sangre a su víctima. Aquí, la Esfinge encarna la idea de la mujer bella pero peligrosa, arquetipo del engaño y la amenaza. A finales del siglo XIX, muchos pintores, incluido Gustav Klimt, representaron temas que reflejaban la lucha de sexos, apoyados en textos como los del psicoanalista austríaco Sigmund Freud y el dramaturgo sueco August Strindberg. Von Stuck, miembro de la Secesión vienesa, se inspiró en temas mitológicos por influencia del pintor simbolista suizo Arnold Böchlin, cuyas obras incluían a Heracles, Afrodita y Euterpe, musa de la poesía.

## JEAN AUGUSTE DOMINIQUE INGRES

*Edipo y la Esfinge*
1808-1827
Óleo sobre lienzo
189 x 144 cm
Museo del Louvre, París

Esta fue una de las pinturas que Jean Auguste Dominique Ingres (1780–1867), ganador del Premio de Roma, envió desde Italia a París, en 1808, como muestra de su progreso académico (p. 204). Las condiciones del premio exigían que presentara un estudio de desnudo masculino pintado al natural. Ingres basó la pose de su modelo en una estatua clásica del Louvre, mientras que para la esfinge de estilo griego se inspiró en una del Museo Vaticano. También hay indicios del interés de Ingres por las pinturas de la cerámica griega en los dos protagonistas y en las sombras que les rodean. La pintura no tuvo buena acogida en París: sus contornos se juzgaron mal definidos y la iluminación demasiado apagada. Ingres conservó la obra durante casi veinte años, antes de retomarla como pintura histórica para el Salón de 1827. Agrandó a la Esfinge, agregó el hombre aterrorizado del fondo y redujo el arcaísmo original. En esta versión más romántica, Edipo sigue manteniendo la calma y controlando la situación, mientras que los restos de las anteriores víctimas de la Esfinge están dispersos por el suelo. Los gestos de sus manos indican que ha resuelto el enigma, mientras que la mirada de ella sugiere que sabe que la han derrotado.

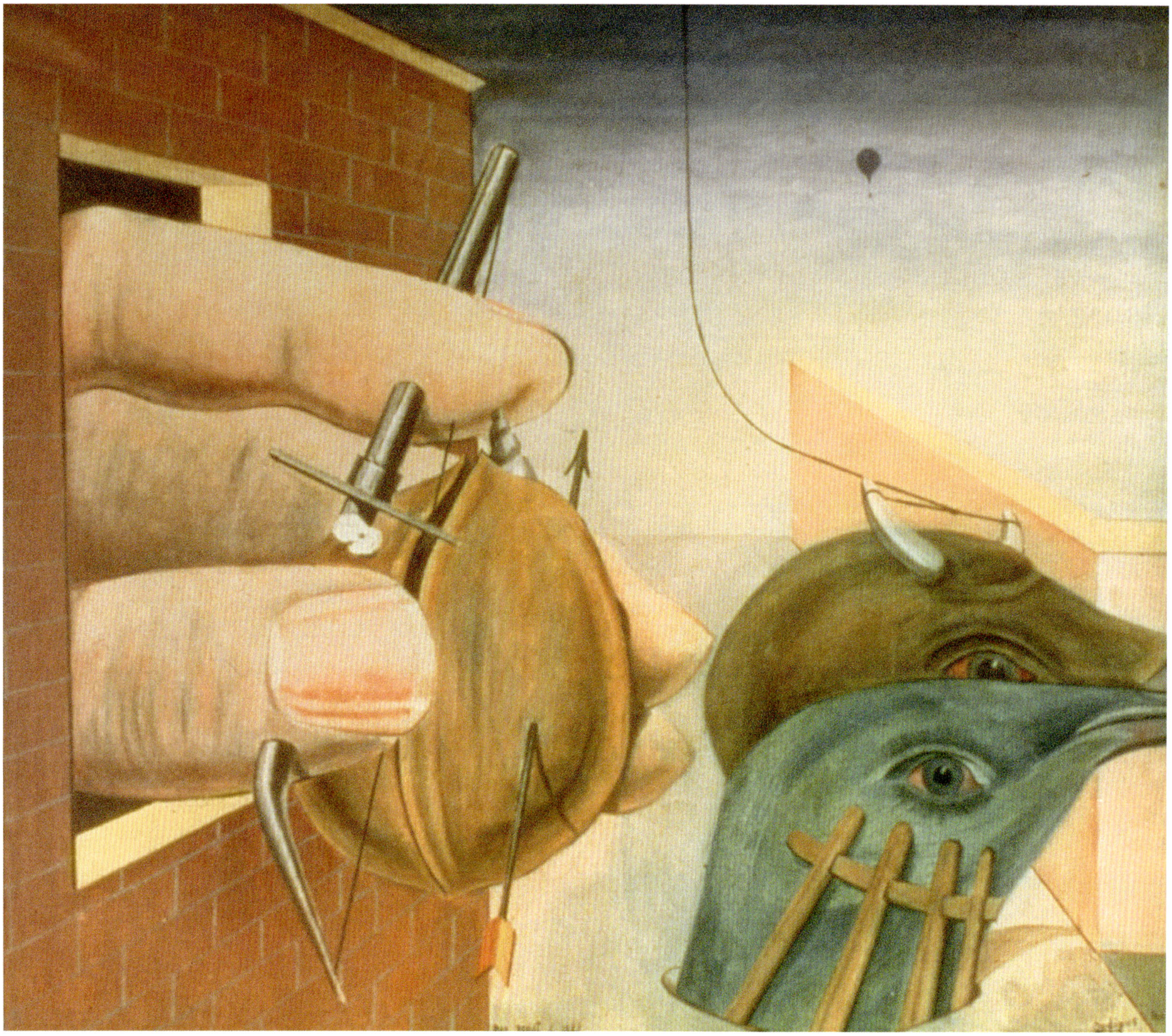

**MAX ERNST**

*Edipo rey*
1922
Óleo sobre lienzo
93 x 102 cm
Colección privada

Esta obra es un buen ejemplo del compromiso del dadaísta alemán Max Ernst (1891–1976) con las teorías de Sigmund Freud y su uso de los mitos antiguos para explicar el comportamiento. Freud entendió que el mito de Edipo, que mata a su padre por error y se casa con su madre, representaba una verdad poderosa e inmutable sobre el desarrollo psicosexual: nuestra relación con el progenitor del sexo opuesto es tan fuerte y vigorosa que buscamos desplazar al de nuestro mismo sexo. En su primera etapa, el pintor enfocó sus obras a abordar las teorías freudianas y más adelante, inició los *collages,* lo que le permitió yuxtaponer formas muy divergentes y crear escenas imposibles. En *Edipo rey,* una mano perforada con un misterioso dispositivo mecánico, que alude tanto a la penetración sexual como a la perforación o mutilación de los pies de Edipo cuando era bebé, sostiene una pequeña nuez marrón con una hendidura oscura, tentadora pero inalcanzable. La nuez, símbolo del sexo femenino, está rodeada de imágenes de penetración pero, a la vez, es una analogía visual del enigma que se abre (resuelve), con una interacción de ocultación y exposición. Las criaturas que presencian la escena tienen ojos humanos, una referencia al castigo autoinflingido de Edipo al arrancarse los ojos para expiar su ceguera ante la verdad.

## LOUISE BOURGEOIS

*Edipo*
2003
10 esculturas de tela, acero inoxidable, madera y vidrio
177,8 x 182,9 x 91,4 cm
The Easton Foundation, Nueva York

Lo mitológico, universal y biográfico se reúnen en esta inquietante instalación en la que diez figuras ilustran parte del relato de Edipo. Algunas de las pequeñas esculturas de tela encerradas en una vitrina se refieren tanto a la experiencia humana como a la historia trágica: un niño pequeño, una pareja teniendo sexo, una madre amamantando a su bebé, un joven ayudando a su frágil padre. Otras, más macabras, son específicas del mito: Edipo cegado por los alfileres del vestido de Yocasta, la cabeza de dos caras del oráculo, la Esfinge, Layo asesinado. En sus obras, Louise Bourgeois (1911–2010) miraba su infancia y sus relaciones familiares en busca de emociones universales. De ahí, que sus trabajos desarrollen muchos de los temas de los mitos, aunque nunca tan directamente como aquí. La madre de Bourgeois era costurera y el negocio familiar estaba dedicado a la restauración de tapices, por lo que es natural que la artista utilizase en sus obras las técnicas que había aprendido de niña. El mito está tan conectado con el concepto de complejo de Edipo freudiano como con la tragedia de Sófocles, un marco adecuado para una artista que se sometió a psicoanálisis durante gran parte de su vida.

## ARTISTA DESCONOCIDO

*El cegamiento de Edipo*, siglo II d.C.
Piedra caliza, 59 x 87 cm
Rheinisches Landesmuseum, Trier, Alemania

Con velo y la cabeza gacha en un gesto de dolor, Edipo se palpa la cara con la mano, examinando sus ojos cegados. Este relieve fragmentado representa el terrible clímax de la saga de Edipo; pertenece a un monumento funerario decorado con varios relatos mitológicos, conocido como *Iphigenienpfeiler*. Los monumentos funerarios romanos a menudo están decorados con escenas de los mitos griegos, generalmente para abordar la tragedia de la muerte, ya sea mejorando las virtudes del difunto por analogía con célebres héroes y heroínas, o expresando el dolor de la pérdida a través de imágenes de muertes súbitas y violentas. Estos mitos también ofrecen consuelo a los allegados, mostrando relatos mitológicos de dolor extremo para paliar la tristeza del espectador. En *Edipo rey* de Sófocles, Edipo se arranca los ojos después de ver ahorcada a su esposa y madre, Yocasta, que se suicida al conocer la verdad de su relación; en la versión romana de Séneca, la muerte de Yocasta se produce tras la automutilación de Edipo. La inclusión de esta escena en un monumento funerario debió ofrecer un potente paralelismo para los afligidos espectadores, no solo para ver su pérdida con cierta perspectiva, sino también para evitar una respuesta tan radical.

## HERMANN NITSCH

*Edipo*, 1990
Óleo sobre yeso, venda de gasa, A: 30 cm
Colección privada

El inmaculado yeso blanco de una cabeza clásica está manchado con pintura roja líquida que sale de las cuencas de los ojos, cubiertos con una gasa empapada de restos de sangre. Esta escultura del vanguardista austríaco Hermann Nitsch (nacido en 1938) representa a Edipo al final de su aciaga vida, con los ojos arrancados, simbolizando que está, y ha estado siempre, ciego al enigmático universo. Nitsch, miembro del grupo de Accionistas vieneses, es conocido por su arte experimental en el que emplea materiales como sangre, carne, leche y vino. A mediados de los años cincuenta, fundó el *Orgien Mysterien Theater* (Teatro de orgías y misterios) en Viena, cuyas *performances* o «acciones» envolventes, según su opinión, sacaban el arte de los museos para llevarlo a la vida real. Sus *happenings*, en los que presentaba matanzas, crucifixiones y sacrificios, se inspiraron en la mitología griega y en los versículos cristianos. En 1956, Nitsch empezó a escribir un drama –inacabado– que fusionaba la tragedia del mito de Edipo con los nibelungos de la mitología germánica y nórdica, los mitos de Atreides del escritor de ciencia ficción Frank Herbert y los cuentos de hadas populares. Nitsch abandonó el proyecto cuando se dio cuenta de que no conseguía la intensidad emocional que exigía su arte.

**TACITA DEAN**

*Pan ciego*
2004
Producto final en una serie de 5 fotograbados
48 x 80 cm
Museo Británico, Londres

La narración de Pan ciego es, en realidad, una historia perdida que se sitúa entre las dos primeras obras del ciclo tebano de Sófocles, *Edipo rey* y *Edipo en Colono.* Al final de la primera tragedia, el rey se ciega con los alfileres del vestido de su madre/esposa ya difunta, Yocasta, yendo al exilio con su hija Antígona. La segunda obra empieza cuando los viajeros llegan a Colono, donde muere Edipo. (La tercera concluye con la trágica muerte de Antígona en Tebas.) En *Pan ciego,* la británica Tacita Dean (nacida en 1965) usó palabras escritas con tiza sobre cinco fotograbados para proporcionar «indicaciones escénicas» de los viajes de Edipo y Antígona entre Tebas y Colono; la obra pertenece a una serie de «dibujos sobre pizarra» inspirados en obras de Shakespeare, paisajes de tormentas y marinos con nubes, que luego se convirtieron en obra gráfica. Dado el interés de Dean por el cine, el título podría referirse a una «toma panorámica» *(panning shot),* teniendo en cuenta cómo el espectador lee los cinco paneles, aunque también podría referirse a Pan, dios griego de los pastores, la música y la poesía. Del mismo modo, «ciego» podría evocar a Edipo: ciego a su destino en la primera obra y ciego literalmente en la segunda.

## ALBERTO SAVINIO

*Edipo y Antígona*
1928
Óleo sobre lienzo
80 x 65 cm
Museo de Arte Moderno Mario Rimoldi, Cortina d'Ampezzo, Italia

En la tragedia de Sófocles *Edipo en Colono*, la fiel Antígona, hija de Edipo y Yocasta, guía a su padre ciego y abrumado por la culpa hacia el exilio autoimpuesto. Al llegar a un camino rocoso se detienen para descansar y descubren que ese lugar –sagrado para las Furias– es donde Edipo está destinado a morir. Estalla una feroz tempestad que Edipo interpreta como un signo de Zeus de que su final está cerca. Muere, pero Sófocles explica que su muerte es más bella que la de cualquier otro hombre. Al igual que la tragedia, esta pintura es una mezcla de dureza y serenidad. Alberto Savinio (Andrea de Chirico, 1891–1952) empezó su carrera como compositor. Al igual que su hermano mayor, Giorgio de Chirico, también él nació en Grecia y estudió lenguas antiguas, literatura, música y filosofía; pero no empezó a pintar hasta 1926. Conocidos como los Dioscuri, nombre de los hermanos Cástor y Pólux (Polideuces), que se unieron a los argonautas para buscar el vellocino de oro, los dos hermanos compartían muchos intereses. Ambos pintaron y escribieron sobre temas mitológicos (pp. 59, 182) y usaron imágenes y técnicas parecidas en sus obras: arquitectura sesgada, maniquíes, desnudos, figuras sin rostro y bloques de colores brillantes. *Edipo y Antígona* tiene gran sentido escenográfico, recordando que los hermanos colaboraron en el teatro.

## HENRY FUSELI

*La muerte de Edipo*
1783–1784
Óleo sobre lienzo
149,8 x 166,4 cm
Walker Art Gallery, Liverpool

El viejo Edipo recibe augurios de su muerte inminente. Con las manos en alto, el rey ciego de Tebas escucha atentamente cómo los rayos y los truenos del inframundo lo convocan a su destino. Con la piel mortalmente pálida, sus angustiadas hijas Ismene y Antígona se aferran a él, llorando. El suizo Henry Fuseli (1741–1825) basó esta emotiva pintura en un episodio de *Edipo en Colono*, la segunda de las tres obras del ciclo tebano del dramaturgo griego Sófocles. La pintó en un momento en el que las tragedias griegas estaban de moda entre la élite literaria de Londres, ciudad adoptiva de Fuseli. Él, también erudito de la cultura griega, demostró su sofisticación situándose en la vanguardia de la tendencia intelectual de la época. La pintura también mostró su ingenio como artista, ya que los versos de la obra en que se basa la composición los recita un mensajero. La escena de Fuseli es, pues, una invención imaginativa sobre la acción explicada por otro. Longino, estudioso de lo sublime del siglo I d.C., señaló esa parte del texto de Sófocles como un ejemplo sobresaliente de grandeza en la literatura. Fuseli podría haber seguido el ejemplo de Longino en un momento en que estos temas se estaban poniendo de moda en los círculos académicos en los que se movía.

# ELENCO DE PERSONAJES

Así como los primeros cristianos tomaron símbolos paganos y tradiciones preexistentes para su nueva religión, los antiguos romanos adoptaron prácticas de culto y mitos extranjeros al entrar en contacto con otras culturas a través de la guerra o la expansión pacífica. Muchos dioses de otros países, en particular de Grecia, se unieron con deidades latinas existentes o se agregaron al panteón romano, y sus historias y genealogías se adaptaron para encajar en el mundo romano.

Esta lista proporciona los nombres griegos y latinos de los principales dioses y héroes mencionados en este libro y una breve descripción de su esfera de influencia. Los doce dioses olímpicos originales, residentes en el monte Olimpo, se muestran en negrita.

La elección del nombre griego o latino en este libro varía según el contexto de cada obra de arte. Las obras de la Grecia antigua se analizan con los nombres griegos (también usados en la introducción y los textos que abren cada capítulo) y para las romanas se toman los nombres latinos. Al héroe Ájax siempre se le nombra así.

Los artistas del Renacimiento debieron usar la terminología latina de la época, por lo que en sus obras se emplean los nombres romanos de dioses y héroes. En las obras posrenacentistas, modernistas y contemporáneas aparecen nombres griegos o latinos según la elección del artista, tal como aparecen en el título, o según el criterio de los editores.

Es inevitable que la ortografía, sobre todo de los nombres griegos que originalmente se escribían en alfabeto griego, no sea del todo coherente. En algunos casos hemos optado por la ortografía más utilizada y no la que parece más precisa etimológicamente (Dédalo no Daídalos; Ícaro, no Íkaro).

| GRIEGO | LATÍN | |
|---|---|---|
| Áyax | Ájax | Héroe de la guerra de Troya |
| **Afrodita** | Venus | Diosa del amor y la belleza |
| **Apolo** | Apolo | Dios de la música, la profecía y la medicina |
| **Ares** | Marte | Dios de la guerra |
| **Artemisa** | Diana | Diosa virgen de la caza, el parto y los animales |
| **Atenea** | Minerva | Diosa virgen de la sabiduría y las artes |
| **Deméter** | Ceres | Diosa de la agricultura, la cosecha y la fertilidad |
| Dioniso/Dionisos | Baco | Dios del vino y del teatro |
| Eos | Aurora | Aurora |
| Erinias | Furias | Diosas ctónicas de la venganza |
| Eris | Discordia | Diosa de la discordia |
| Eros | Amor / Cupido | Dios del amor |
| Gaia | Tierra / Tellus | Diosa de la Tierra |
| Hades | Plutón | Dios de los muertos y rey del inframundo |
| Hebe | Juventas | Diosa de la juventud |
| Helios | Sol | Dios del Sol |
| **Hefaistos/Hefesto** | Vulcano | Dios de la fragua y la metalurgia |
| **Hera** | Juno | Reina de los dioses del Olimpo, diosa del matrimonio |
| Heracles | Hércules | Héroe hijo de Zeus y Alcmena |
| **Hermes** | Mercurio | Dios mensajero, transportador de ánimas al inframundo |
| **Hestia** | Vesta | Diosa de la casa y del hogar |
| Hipnos | Somnus | Dios del sueño |
| Cronos | Saturno | Padre de Zeus y de los doce olímpicos |
| Leto | Latona | Madre de Apolo y Artemisa |
| Nike | Victoria | Diosa de la victoria |
| Odiseo | Ulises | Héroe de la guerra de Troya |
| Pan | Fauno | Dios de los pastores y los cabreros |
| Perséfone | Proserpina | Reina del inframundo, diosa de la primavera |
| Poseidón | Neptuno | Dios del mar |
| Rea | Ops | Esposa de Cronos, madre de Zeus |
| Selene | Luna | Diosa de la Luna |
| Sémele | Stimula | Madre de Dioniso |
| Temis | Justicia | Diosa de la ley y la justicia |
| Tiqué | Fortuna | Diosa del azar y la buena fortuna |
| Urano | Urano | Padre de los titanes y los cíclopes |
| Zeus | Júpiter | Rey de los olímpicos, dios del clima y los rayos |

Los antiguos griegos y romanos imaginaron a sus dioses como versiones inmortales de sí mismos, con las mismas emociones, debilidades y virtudes, y con unas relaciones familiares similares. Estos árboles genealógicos ilustran los linajes más comunes de muchos dioses y héroes, empezando por los mitos de la creación con los que los seres humanos dieron sentido a la naturaleza.

Los dioses y otros inmortales aparecen escritos en negrita; los matrimonios y otras uniones se muestran con líneas de puntos y círculos negros; los descendientes se indican con líneas continuas y círculos blancos.

## AL PRINCIPIO

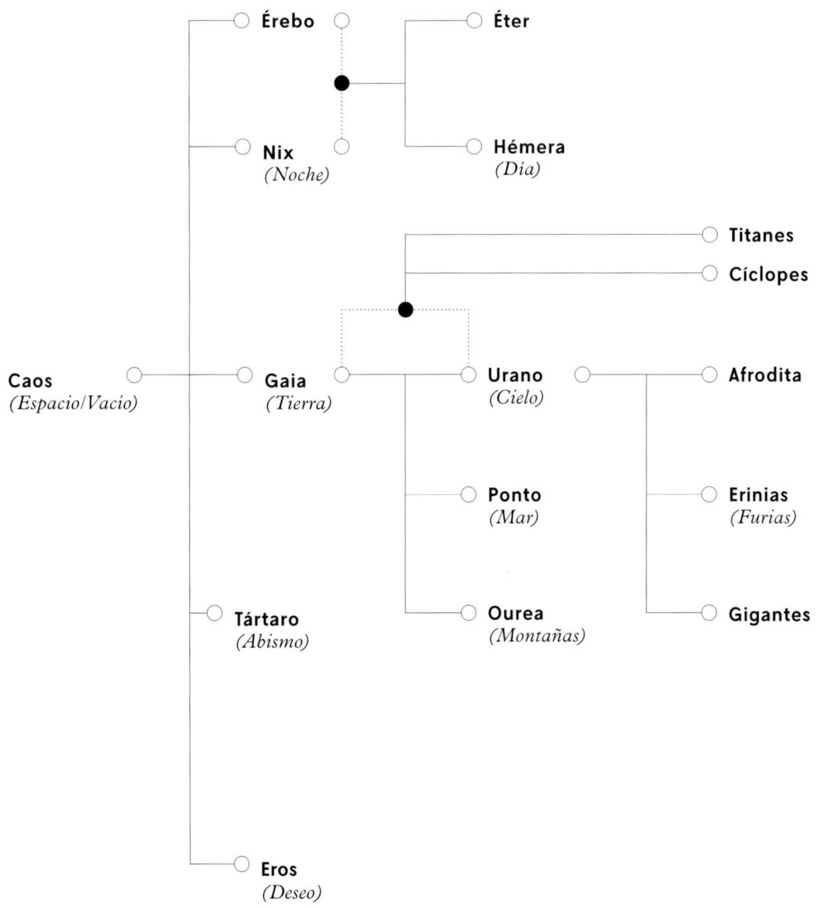


## TITANES

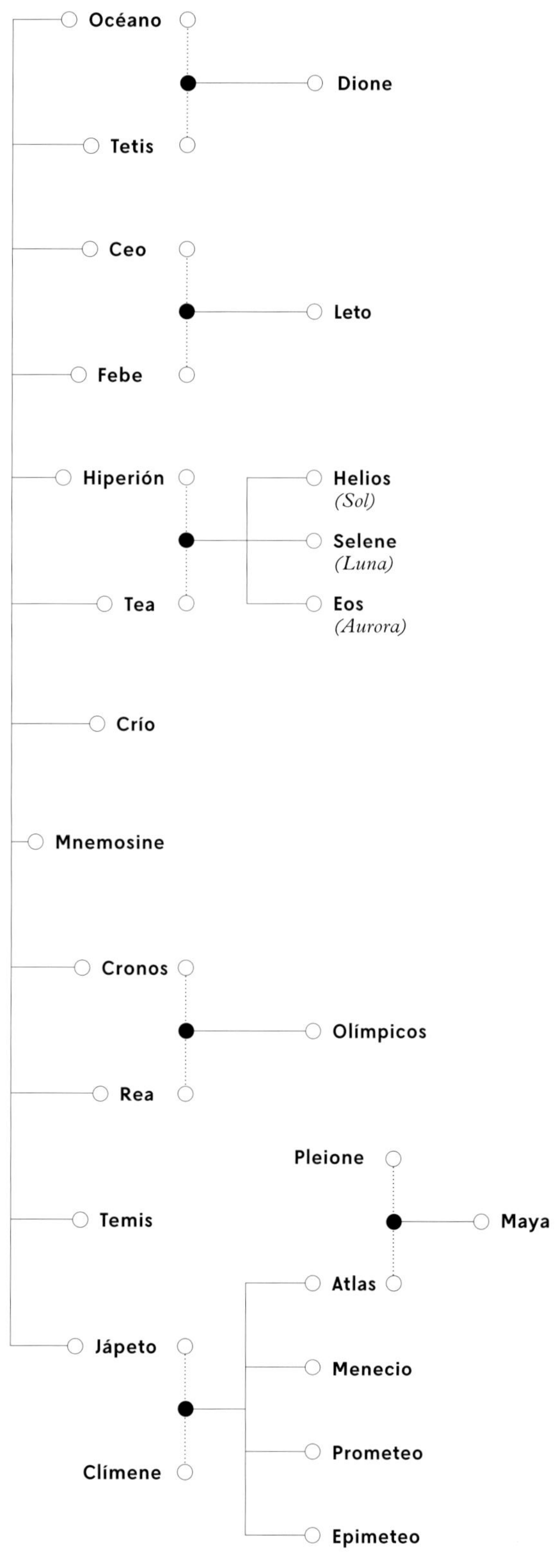

## LOS OLÍMPICOS Y SU DESCENDENCIA

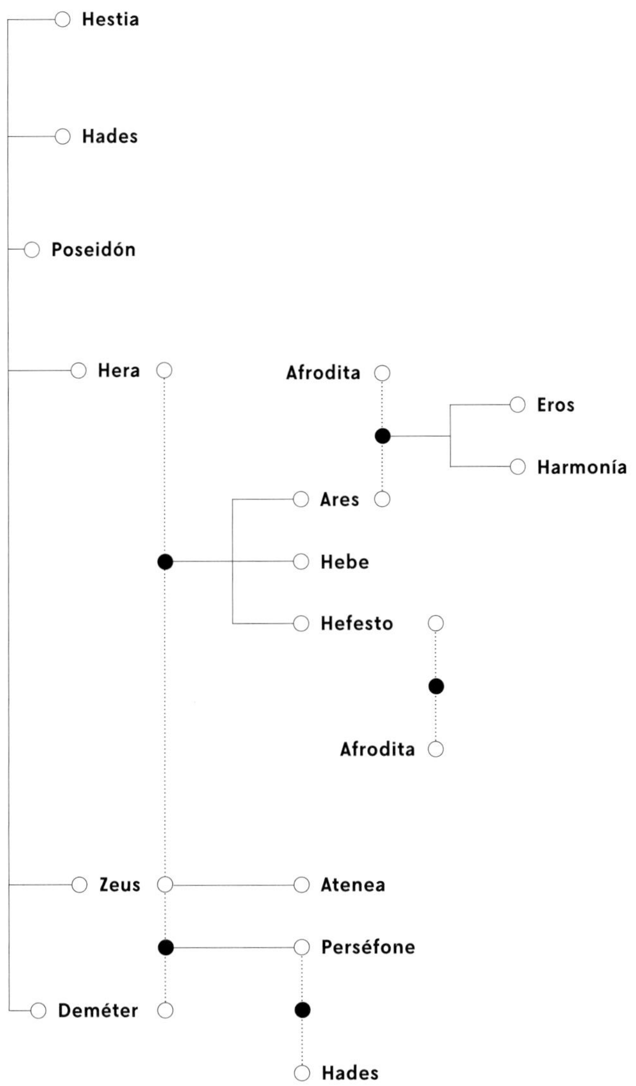


## LOS AMORES DE ZEUS

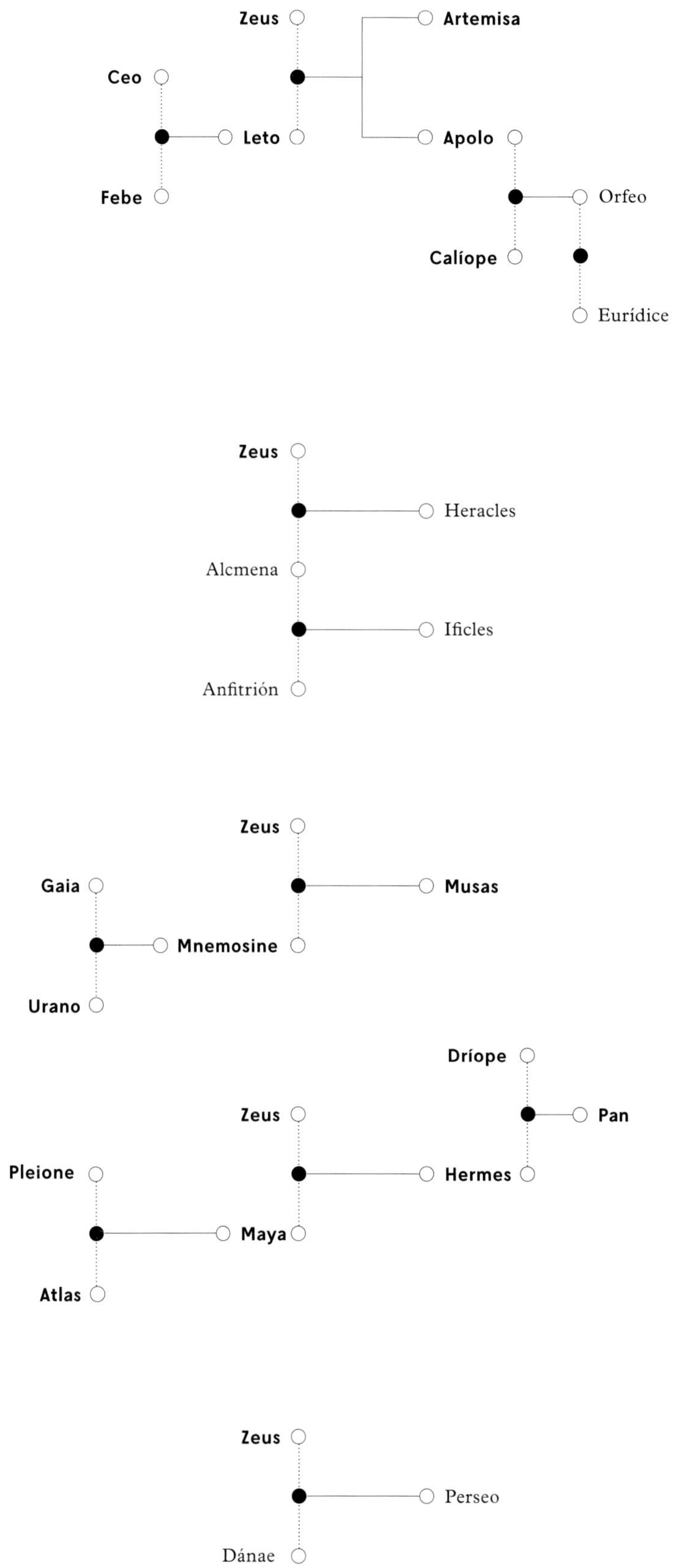

# CASA DE PÉLOPE

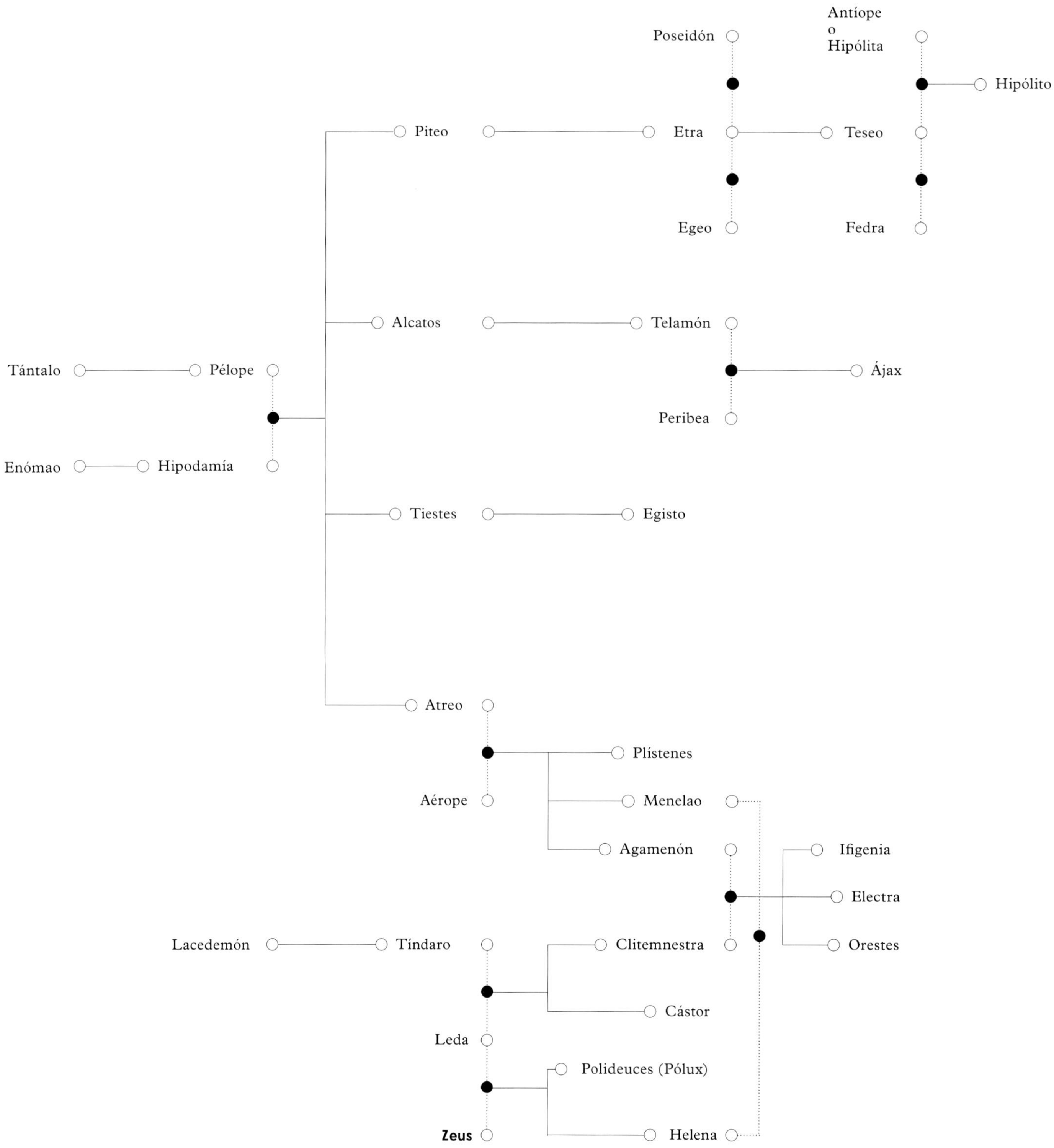

## CASA DE LÁBDACO EN TEBAS Y MINOS EN CRETA

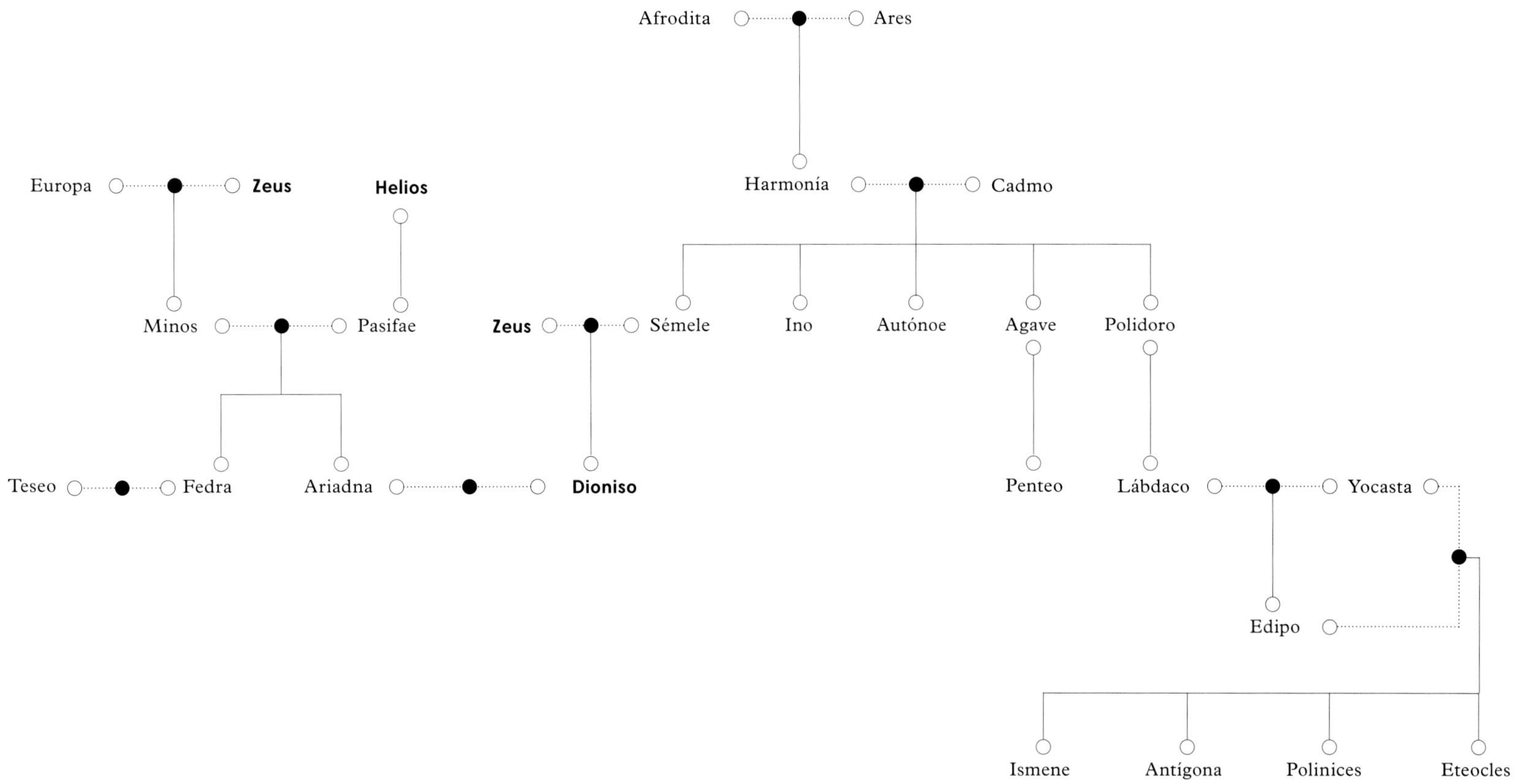


## REINOS DE YOLCO Y LA CÓLQUIDA

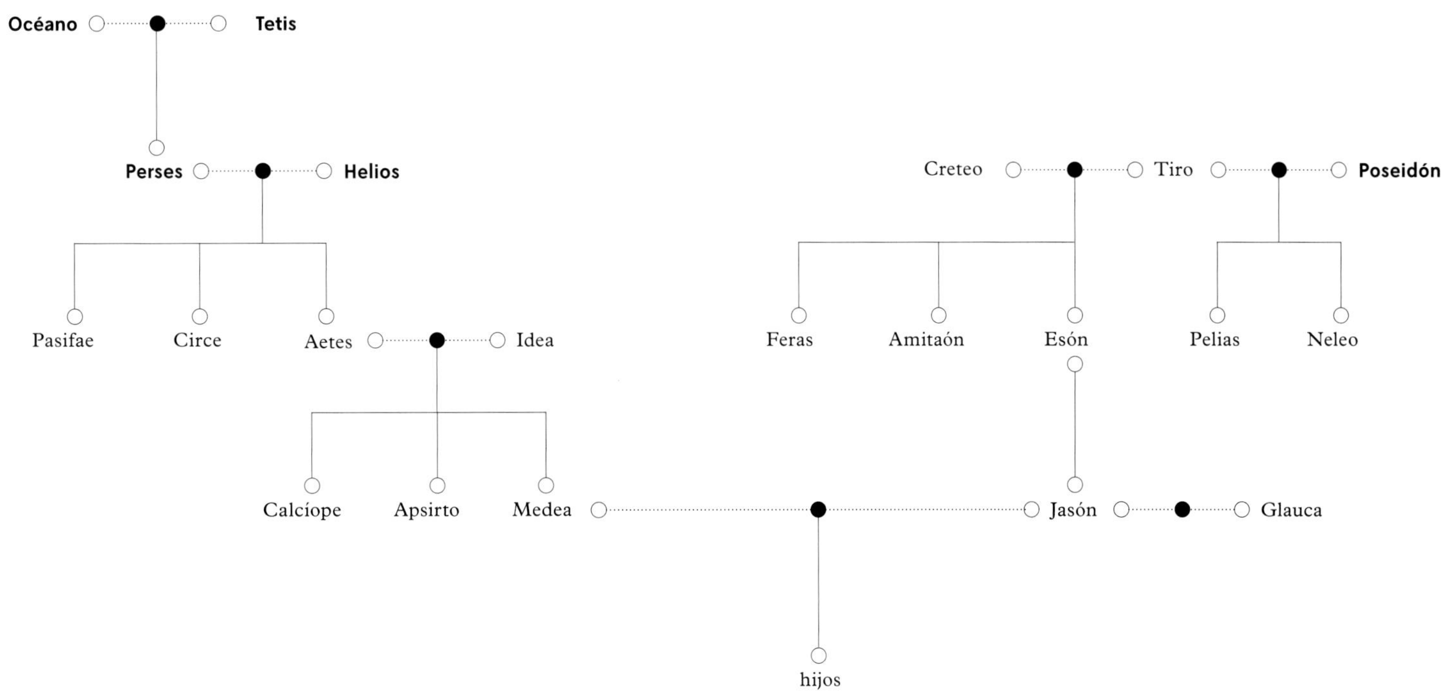

# CASA DE PRÍAMO EN TROYA

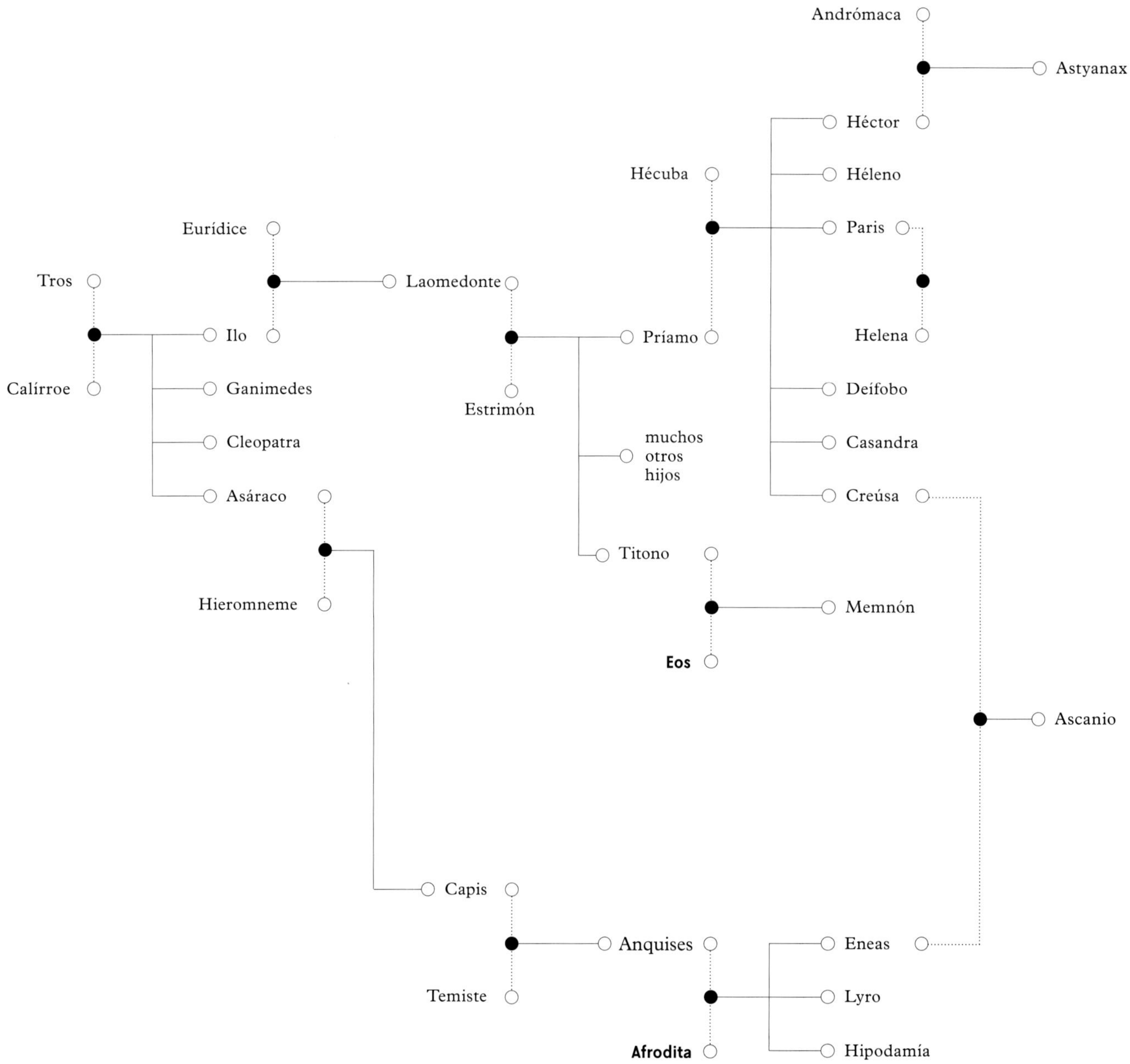

## ULISES

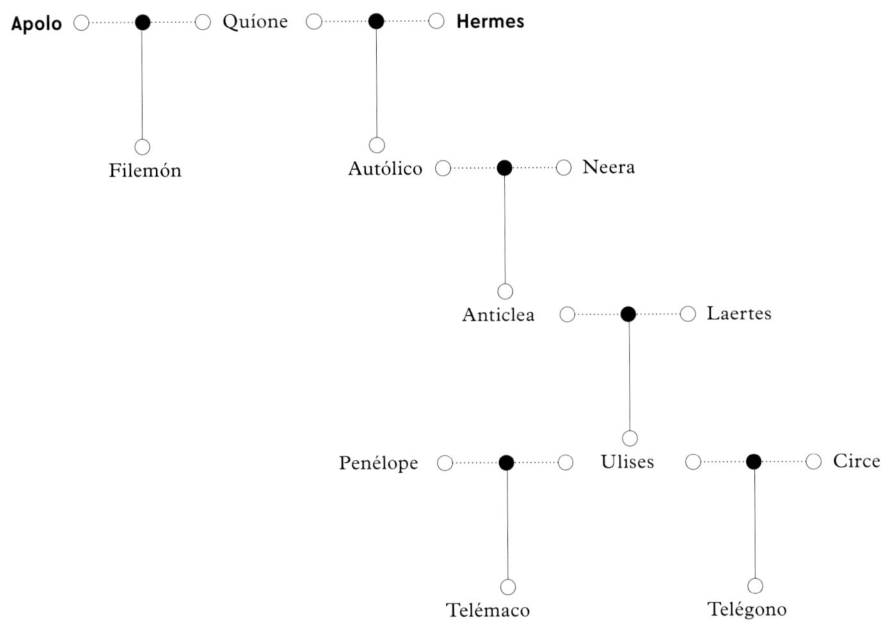


## AQUILES

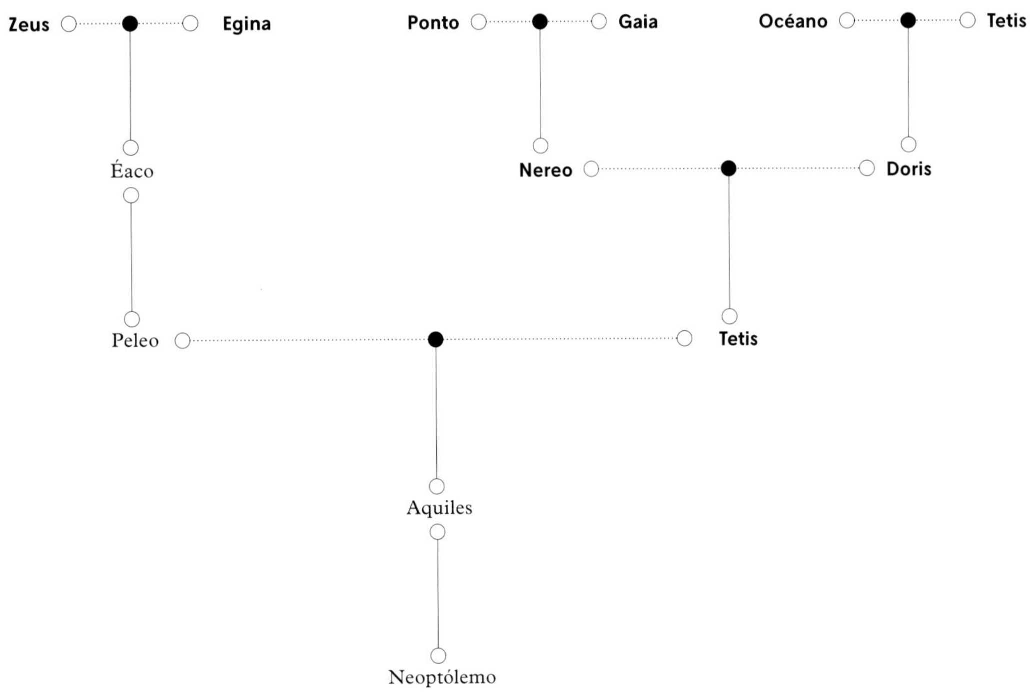

# ÍNDICE

Los textos en cursiva se refieren a ilustraciones.

## C



## D

**E**



**F**



**G**



**H**

## Z

## CRÉDITOS DE LAS IMÁGENES

© ADAGP, París, y DACS, Londres 2018: 113t; Cortesía de Adriano Casanova, colección privada; Fotografía: Carolina Krieger: 31; akg-images: 92, 114, 230 / Pietro Baguzzi: 37 / De Agostini Picture Library: 46t / Erich Lessing: 52–53, 66, 227, 242t; Alamy Stock Photo / The Artchives: 236–237 / B. Christopher / © dacs 2018: 183, CFimages / The Easton Foundation/vaga, Nueva York /dacs, Londres 2018: 129 / classicpaintings: 179 / interfoto: 24 / Lebrecht Music and Arts Photo Library: 152b / Takahiro Yumada: 222–223, xyz pictures: 22–23; Copyright the Estate of the Artist. Cortesía de Richard Saltoun Gallery: 174t; © Cortesía del artista: 113; © Cortesía del artista: 190b; Cortesía del artista y Blain Southern: 133; Cortesía del artista; Esther Schipper, Berlín / © a dagp, París y dacs, Londres 2018 / Foto: Guillaume Ziccarelli: 27; Cortesía del artista y Hauser & Wirth. Fotografía, The National Gallery, Londres. © Mark Wallinger: 165t; Cortesía del artista y Marian Goodman Gallery: 25t; Cortesía del artista y Marian Goodman Gallery. Copyright: Rineke Dijkstra: 33; Cortesía del artista y Metro Pictures, Nueva York: 95b; Cortesía del artista y Spencer Brownstone Gallery: 225; Cortesía del artista y Galleri Nicolai Wallner (Fotografía Anders Sune Berg): 139; Cortesía del artista y Pilar Corrias Gallery: 47; Art Resource, ny / © 1998 Kate Rothko Prizel & Christopher Rothko / ars, ny y dacs, Londres: 201; © Atelier Hermann Nitsch: 242b; © Belvedere, Viena: 75b; Berlinische Galerie, Landesmuseum für Moderne Kunst, Fotografie und Architektur / © dacs 2018: 102; Bibliothèque nationale de France: 59t, 215; Bridgeman Images: 158 / Cleveland Museum of Art, Ohio / Leonard C. Hanna, Jr. Fund: 189, / Colección de Claude Herraint, París: 240, / Galerie Würthle, Viena: 111 / Harvard Art Museums/Fogg Museum, Bequest of Grenville L. Winthrop: 46b / Kunsthaus, Zúrich: 187 / Louvre, París: 95t / Mead Art Museum, Amherst College, Massachussetts / Adquisición del museo: 165b / Rijksmuseum Kröller-Müller, Otterlo: 221 / Saint Louis Art Museum, Missouri / Adquisición del museo y donación de Edward Mallinckrodt, Sydney M. Shoenberg Sr., Horace Morison, Mrs. Florence E. Bing, Morton D. May en honor de Perry T. Rathbone, Mrs. James Lee Johnson Jr., Oscar Johnson, Fredonia J. Moss, Mrs. Arthur Drefs, Mrs. W. Welles Ho: 108–109 / State Hermitage Museum, St Petersburg: 63t / © Walker Art Gallery, National Museums Liverpool: 198, 245 / Watts Gallery, Compton, Surrey / © Trustees of Watts Gallery: 73; Cortesía de dc Moore Gallery, Nueva York / © Romare Bearden Foundation/dacs, Londres/VAGA, Nueva York 2018: 229; Cortesía de Chemould Prescott Road y el artista: 55; © George Condo 2018. Cortesía del artista y Skarstedt, Nueva York: 65; © dacs 2018: 117b; Davis Museum at Wellesley College, Wellesley, MA, Donación de Edythe Kumin Shulman (clase de 1932). Objeto núm.: 1980.102: 171; Richard Deacon / Foto: Dave Morgan: 209; © The Easton Foundation/vaga, Nueva York/dacs 2018, Foto: Christopher Burke: 241; © Foto Ekdotike Athenon: 78–79; © Tracey Emin. Todos los derechos reservados, dacs/Artimage 2018. Imagen cortesía de White Cube: 106; © Propiedad de Leonora Carrington /ars, ny y dacs, Londres 2018: 48; Fotógrafo Peter Muscato. © The Felix Gonzalez-Torres Foundation. Cortesía de Andrea Rosen Gallery, Nueva York: 74; Cortesía de Gagosian / © Chris Burden / licencia de The Chris Burden Estate y dacs 2018: 93; © Anya Gallaccio. Todos los derechos reservados, dacs/Artimage 2018: 156; © Galleria Continua, San Gimignano, Pekín, Le Moulin: 128; Getty Images: / Bettmann: 83, Torsten Blackwood: 36 / dea/G. Dagli Orti: 226 / DeAgostini: 103, 104, 125t, 144 / Fine Art Images/ Heritage Images: 30, 101 / Foto Josse/ Leemage/ Getty Images: 126 / Mondadori Portfolio: 191, 213 / Universal ImagesGroup: 204; Foster Goldstrom, Oakland, California / Foto D. James Dee / Cortesía del artista: 125b; Foto Andy Keate; Cortesía de Herald St, Londres: 173; © Damien Hirst y Science Ltd. Todos los derechos reservados, dacs 2018. Fotografía de Prudence Cuming Associates: 155, © Damien Hirst y Science Ltd. Todos los derechos reservados, dacs/Artimage 2018. Foto: Prudence Cuming Associates Ltd: 127; Cortesía de Jersey Heritage Collections: 141; Foto: John Riddy / © Anish Kapoor. Todos los derechos reservados, dacs 2018: 153; Anselm Kiefer, Foto: Atelier Anselm Kiefer: 94; Copyright Kienholz. Cortesía de L.A. Louver, Venice, ca: 162; © Reproducido con permiso de The Provost and Fellows of King's College, Cambridge: 77b; © Jeff Koons: 61; Coll. Kröller-Müller Museum, Otterlo / © Trustees of the Paolozzi Foundation, Licencia de dacs 2018: 193; © Yayoi Kusama. Cortesía de Ota Fine Arts, Tokio/Singapur y Victoria Miro, Londres: 138; Cortesía de Andrea Mary Marshall: 205; Cortesía de Mariane Ibrahim Gallery: 34–35; Cortesía del Archivo de Maurizio Cattelan / Foto Jacopo Zotti: 157; National Gallery of Art, Washington, DC / Samuel H Kress Collection, Acc. nº 1946.18.1: 208; The Nelson-Atkins Museum of Art, Kansas City, Missouri. Adquirido gracias a la generosidad de la Yellow Freight System Foundation, Mrs Herbert O. Peet, Richard J. Stern, Doris Jones Stein Foundation, Jacob L. y Ella C. Loose Foundation, Mr and Mrs Richard M. Levin, y Mr and Mrs Marvin Rich, F86-57. Foto: Jamison Miller. © Benton Testamentary Trusts/umb Bank Trustee/vaga, ny/dacs, Londres 2018: 77t; Neue Galerie Graz, Universalmuseum Joanneum. © Maria Lassnig Foundation. Foto: N. Lackner / umj: 211; Cortesía de Nogueras Blanchard, Barcelona/Madrid. Foto: Jose Jasso: 54b; © Giulio Paolini: 86; © Richard Patterson. Cortesía de Timothy Taylor, Londres / Nueva York: 49b; © Richard Prince, cortesía de Sadie Coles hq, Londres. Colección privada: 123; Colección privada: 197; Colección privada / Foto: Archives H. Matisse / © Succession H. Matisse/ dacs 2018: 89; Colección privada / © The Lucian Freud Archive / Bridgeman Images: 135; Regole d'Ampezzo, Museum of Modern Art 'Mario Rimoldi', Cortina d'Ampezzo: 244; rex/ Shutterstock: Alinari: 75t, 132, 170, 178 / Alfredo Dagli Orti: 50, 239 / Gianni Dagli Orti: 85, 168 / Ray Tang / © Roger Hiorns. Todos los derechos reservados, dacs 2018: 23 / Universal History Archive / Universal Images Group/rex/ Shutterstock: 82; Foto © rmn: / Foto © Centre Pompidou - mnam-cci, Dist. rmn-Grand Palais / Philippe Migeat / © Cy Twombly Foundation: 207 / Foto © rmn-Grand Palais (musée du Louvre) / Michèle Bellot: 149 / Foto © rmn-Grand Palais (musée du Louvre) / Gérard Blot: 148; / Foto © rmn-Grand Palais (Musée national Picasso-París) / Thierry Le Mage / © Succession Picasso/dacs, Londres 2018: 44 / Foto © rmn-Grand-Palais (musée du Louvre) / Hervé Lewandowski: 190t / Foto © rmn-Grand Palais (musée du Louvre) / René-Gabriel Ojéda: 186; Derrick Cross, 1983 © Robert Mapplethorpe Foundation. Reproducido con permiso: 175; © Robert Rauschenberg Foundation/dacs, Londres/vaga, Nueva York 2018: 113b; San Francisco Museum of Modern Art, Adquirido gracias a las donaciones de Phyllis C. Wattis, Elaine McKeon, Judy y John Webb, Bobbie y Michael Wilsey, Jean y Jim Douglas, Susan y Robert Green, Pat y Bill Wilson, y el Accessions Committee Fund: donación de Frances y John Bowes, Shawn y Brook Byers, Emily L. Carroll y Thomas W. Weisel, Doris y Donald Fisher, Diane y Scott Heldfond, Maria Monet Markowitz y Jerome Markowitz, y el Modern Art Council. © jess – Reproducido con permiso de The Jess Collins Trust. Fotografía: Ben Blackwell: 140; The Doris and Donald Fisher Collection en el San Francisco Museum of Modern Art. Fotografía: Katherine Du Tiel / © The Isamu Noguchi Foundation y Garden Museum / ars, Nueva York y dacs, Londres 2018: 21b; © Wilhelm Sasnal, cortesía de Sadie Coles hq, Londres. Colección privada: 169; ©2018. Foto Scala, Florencia: 21t, 28, 42, 60, 68–69, 87, 200, 202, 206, 210, 216, 235; ©2018. Foto Scala, Florencia / Art Resource, ny / The Art Institute of Chicago. Walter M. Campana Memorial Prize Fund, 1947.468: 224; ©2018. Foto Scala, Florencia / Art Resource, NY / Copyright de la imagen The Metropolitan Museum of Art / The Metropolitan Museum of Art, Nueva York. Legado de William H. Herriman, 1920. Acc. nº 21.134.1: 217 / The Metropolitan Museum of Art, Nueva York. © dacs 2018: 59b / The Metropolitan Museum of Art, Nueva York. Donación de J. Pierpoint Morgan, 1909. Acc. nº: 09.136.1.: 184–185 / The Metropolitan Museum of Art, Nueva York. Donación de Louis C. Raegner, 1927. Acc. nº: 27.200: 124 / The Metropolitan Museum of Art, Nueva York. Donación de Henry Walters, 1917 (17.37.59): 174b / The Metropolitan Museum of Art, Nueva York. Donación de Felix M. Warburg y su familia, 1941 (41.1.210): 152t / The Metropolitan Museum of Art, Nueva York. Adquisición, 1871, Inv. 71.56: 154 / The Metropolitan Museum of Art, Nueva York. Adquisición, Donación de The Horace W. Goldsmith Foundation , a través de Joyce y Robert Menschel, 1992. Acción artística de Yves Klein © The Estate of Yves Klein c/o a dagp, París, dacs, Londres 2018 - Colaboración de Harry Shunk y János Kender. © J. Paul Getty Trust: 88 / The Metropolitan Museum of Art, Nueva York. Robert Lehman Collection, 1975. Acc. nº: 1975.1.162: 160 / The Metropolitan Museum of Art, Nueva York. Rogers Fund, 1906 (06.1021.88): 177 / The Metropolitan Museum of Art, Nueva York. © The Barnett Newman Foundation, Nueva York / dacs, Londres 2018: 72 / The Metropolitan Museum of Art, Nueva York. © The Pollock-Krasner Foundation / ars, ny y dacs, Londres 2018: 43; © 2018. Foto The Philadelphia Museum of Art/ ArtResource / Scala, Florencia / Philadelphia Museum of Art, Filadelfia. Adquisición de W. P. Wilstach Fund, 1950: 29 / The Louise and Walter Arensberg Collection, 1950 / © Succession Brancusi – Todos los derechos reservados. adagp, París y dacs, Londres 2018: 26; © 2018. Foto Scala, Florencia /bpk, Bildagentur für Kunst, Kultur und Geschichte, Berlín: 38–39, 218–219 / Foto: Elke Estel/Hans-Peter Klut: 58, 64; © 2018. Foto Scala, Florencia / Manuel Cohen: 90; © 2018. Foto Scala, Florencia / A. Dagli Orti: 211; © 2018. Foto Scala, Florencia / DeAgostini Picture Library: 67, 196, 212; © 2018. Foto Scala, Florencia / Foto Josse: 116; © 2018. Foto Scala, Florencia. Cortesía de Ministero Beni e Att. Culturali e del Turismo: 32, 70, 76, 150, 172, 217 / Luciano Romano: 120, 134; © 2018. Foto Scala, Florencia / Copyright de la imagen Museo Nacional del Prado © Foto mnp: 20, 107; © 2018. Foto Scala, Florencia / Museum of Fine Arts, Boston. Todos los derechos reservados / Julia Bradford Huntingdon Adquisición de James Fund y el Museo con fondos donados por aportación. Inv. nº: 10.185: 159 / Adquisición del Museo con fondos donados en honor de Edward W. Forbes. Inv. nº: 63.120: 220; / © 2018. Foto Scala, Florencia / The Museum of Fine Arts Budapest: 238 / © 2018. Foto Scala, Florencia / © 2018. Imagen digital, The Museum of Modern Art (MOMA), Nueva York / Adquirido a través de Carter Burden, Barbara Jakobson y Saidie A. May Funds y compra. Acc. n.º: 418.1981_a-b. / © Sandro Chia. dacs, Londres/ VAGA, Nueva York 2018: 146 / © 2018. Imagen digital, The Museum of Modern Art (MOMA), Nueva York. Donación de Mr. and Mrs. Allan D. Emil. Acc. nº: 189.1956 / © Helen Frankenthaler Foundation, Inc. / ars, ny y dacs, Londres 2018: 214 / © 2018. Imagen digital, The Museum of Modern Art (MOMA), Nueva York. Roxanne H. Frank Fund y Ann and Lee Fensterstock Fund. Acc. nº: 278.2004 / © R. Hamilton. Todos los derechos reservados, dacs 2018: 100; © 2018. Copyright The National Gallery, Londres/Scala, Florencia / National Gallery, Londres. Acc. nº: 1666. Adquisición, 1824: 115 / National Gallery, Londres. Acc. nº: ng35. Adquisición, 1826: 62 / National Gallery, Londres. Adquirido con una subvención especial y aportaciones de The Art Fund, Pilgrim Trust y a través de un llamamiento público, 1972. Acc. nº: 3937: 163 / National Gallery, Londres. Wynn Ellis Bequest, 1876, Acc. nº: 1724 © 2018: 122 / © 2018. Copyright The National Gallery, Londres / Scala, Florencia. Adquirido conjuntamente por la National Gallery y National Galleries of Scotland con aportaciones del Gobierno escocés, el National Heritage Memorial Fund, The Monument Trust, The Art Fund (con una aportación de la Wolfson Foundation), Artemis Investment Mangement Ltd, Binks Trust, Mr Bussson en nombre de eim Group, Dunard Fund, The Fuserna Foundation, Gordon Getty, The Hintze Family Charitable Foundation, J. Paul Getty Jnr. Charitable Trust, John Dodd, Northwood Charitable Trust, The Rothschild Foundation, Sir Siegmund Warburg's Voluntary Settlement y llamamiento público, 2009: 164; © 2018. Foto Scala, Florencia / Spectrum / Heritage Images / Scala, Florencia: 71; © 2018. Foto Scala, Florencia / White Images: 112 / © dacs 2018: 182; Cortesía de Carolee Schneemann, p·p·o·w, y Galerie Lelong, Nueva York / © Carolee Schneeman: 192; sik-isea Zurich: 231; Smithsonian American Art Museum, Washington, DC, Donación de The Joseph and Robert Cornell Memorial Foundation / Art Resource, ny © The Joseph and Robert Cornell Memorial Foundation/vaga, ny / dacs, Londres 2018: 161; Imagen © 2010, Sotheby's Londres / © Propiedad de Bahman Mohassess: 49t; Copyright: Jana Sterbak. Cortesía de Jana Sterbak & Barbara Gross Galerie, Múnich: 145; Stiftung Arp e.V., Berlín / Rolandswerth: 121; © Tate, Londres 2018: 45, 51, 188 / Cortesía del artista y Gavin Brown's Enterprise, Nueva York / Roma: 199 / © Propiedad de John Armstrong / Bridgeman Images: 84 / © Propiedad de Duncan Grant. Todos los derechos reservados, dacs 2018: 99 / © Foundation Paul Delvaux, Sint-Idesbald - sabam Bélgica / dacs 2018: 117t / © Salvador Dalí, Fundació Gala-Salvador Dalí, dacs 2018: 136–137, © The Trustees of the British Museum: 54t, 63b, 98 / Cortesía del artista, Frith Street Gallery, Londres y Marian Goodman Gallery, Nueva York / París: 243; Unesco / © Succession Picasso / dacs, Londres 2018: 91; Foto: Stephen White. Cortesía de White Cube: 151; Daniel Zakharov, photography & art, www.danielzakharov.de / Cortesía de Vadim Zakharov: 110.

## AGRADECIMIENTOS

La editorial y los editores deseamos expresar nuestro más sincero agradecimiento a James Cahill, editor consultor, por su erudición y trabajo, y a los colaboradores de este libro por su experiencia especializada y su entusiasmo.

La introducción y los resúmenes de cada capítulo han sido escritos por James Cahill. Los artículos sobre cada obra son de Ruth Allen (pp. 54t, 60, 75t, 83, 104, 144, 150, 176, 177, 190t, 210, 220, 226, 230, 235, 242t), James Cahill (pp. 86, 106, 113b, 117b, 126, 162), Louisa Elderton (pp. 54b, 55, 75b, 95t, 236–237, 238, 242b), Donato Esposito (pp. 30, 45, 58, 82, 103, 115, 179, 198), Diane Fortenberry (pp. 46t, 49t, 67, 127, 200, 202), Elizabeth Fullerton (pp. 27, 46b, 47, 48, 70, 71, 87, 89, 91, 94, 108–109, 110, 122, 129, 132, 134, 153, 158, 164, 178, 190b, 212, 215, 224, 229), Henry Little (pp. 25b, 36, 65, 88, 95b, 100, 102, 113t, 123, 139, 155, 157, 173, 192, 199, 240), Helen Luckett (pp. 20, 22, 24, 26, 28, 34–35, 38–39, 42, 43, 52–53, 59, 63b, 66, 72, 78–79, 85, 92, 101, 105, 112, 125b, 148, 159, 163, 183, 184–185, 186, 189, 203, 204, 218–219, 227, 239, 244), Rebecca Morrill (pp. 147, 211), Matthew Price (pp. 23, 61, 138, 151, 169, 214), Richard Shone (pp. 44, 49b, 63t, 73, 77b, 84, 99, 133, 160, 187, 197), Ben Street (pp. 21, 29, 31, 32, 37, 62, 64, 68–69, 76, 98, 114, 116, 120, 125t, 149, 152b, 154, 161, 165b, 170, 171, 174b, 188, 196, 201, 206, 208, 209, 216, 217, 228), David Trigg (pp. 51, 77t, 107, 111, 117t, 121, 124, 128, 135, 136–137, 145, 146, 152t, 165t, 182, 193, 205, 221, 222–223, 225, 231, 234, 245) y Samantha Woods (pp. 25t, 33, 50, 74, 90, 93, 140, 141, 156, 168, 172, 174t, 175, 191, 207, 213, 241, 243).

Muchas gracias también a Emma Barton, Theresa Bebbington, Vanessa Bird, Tim Cooke, Jenny Faithfull, Catalina Imizcoz, Sarah Scott y Guy Tindale por sus servicios editoriales.

PHAIDON PRESS LIMITED
Regent's Wharf
All Saints Street
Londres N1 9PA

PHAIDON PRESS INC.
65 Bleecker Street
Nueva York, NY 10012

phaidon.com

Primera edición en español 2018


ISBN 978 0 7148 7743 3



Editores de proyecto: Diane Fortenberry y Rebecca Morrill
Editor consultor: James Cahill
Documentalista: Jenny Faithfull
Producción: Lisa Fiske
Responsable de la edición española: Capucine Coninx

Diseño de Atlas
Traducción del inglés: Glòria Bohigas Arnau
Realización de la edición en español:
Karakter Servicios Editoriales, S.L.

Impreso en China